| 추천사 |

최근 부산의 영적 흐름이 바뀌고 있습니다. 건강한 교회를 지향하는 뜻있는 목회자들의 연합 운동이 척박한 부산 땅에서 활발하게 이루어지고 있습니다. 이러한 영적 운동은 제자 훈련의 진정한 철학과 원리를 붙들기 위해 고민하며 애쓰는 박정근 목사님의 역할이 크다고 봅니다. 제가 아는 박 목사님은 숫자적인 성장에 안주하지 않고, 한 사람 한 사람을 진정한 그리스도의 제자로 세우기 위해 씨름하는 분입니다. 훈련되고 준비된 성도들이 사회적 책임을 다하도록 사역의 길을 열어주는 목회자입니다. 이러한 열매를 위해 자신의 인격과 삶으로 모범을 보임으로 성도들에게 존경받는 목회자입니다. 또한 박 목사님은 귀에 들리는 설교와 적용이 강한 설교로 잘 알려진 강해 설교자입니다. 이번에 아브라함의 생애를 통해 얻은 귀한 통찰력을 책으로 엮게 된 것을 기쁘게 생각합니다. 목회의 생생한 현장 속에서 성도 한 사람 한 사람을 향한 박 목사님의 사랑과 열정이 이 설교 속에 아름답게 녹아 있습니다. 이 책을 통해 수많은 영혼이 복의 근원, 복의 통로로 쓰임받는 역사가 있게 될 것을 확신합니다.

───— **옥한흠**(사랑의교회 원로목사, 국제제자훈련원 원장)

홍수가 나면 제일 필요한 것이 물입니다. 물은 넘쳐나는데 물을 구하기가 어렵습니다. 저는 이것이 이 시대의 영적 그림이라고 느껴집니다. 설교가 넘쳐나는데 참 설교가 그리워지는 시대입니다. 말씀의 홍수 시대에서 우리는 아직도 말씀을 그리워합니다. 박정근 목사님은 보기 드문 이 시대의 강해자입니다. 그의 진지한 성찰로 창세기 강해가 태어났습니다. 창세기의 키워드는 바로 온 인류의 영적 축복입니다. 이 강해서 안에 이런 축복의 성찬이 고스란히 펼쳐지고 있습니다. 이런 강해서의 탄생은 바로 한국 교회의 축복입니다. 진지한 강해에 목말라하는 모든 강해 동역자와 진정한 축복의 강수에 젖고 싶어하는 모든 성도에게 이 책을 기쁨으로 추천합니다. 이 책의 메시지가 우리 모두의 축복이 됨을 확신하기 때문입니다. 주저하지 말고 이 책의 주인이신 분에게서 내려오는 복을 누리십시오. 그리고 그분의 기대처럼 복이 되는 인생을 사모하십시오.

───— **이동원**(지구촌교회 담임목사)

복의 근원이 되라

복의 근원이 되라

민음의 삶으로 인도하는
아브라함 이야기

박정근 지음

차례

서문 | 6

1장 복의 통로가 되기 위하여 | 9
　| 창세기 12:1-9

2장 축복의 땅에 기근이 찾아올 때 | 27
　| 창세기 12:10-20

3장 풍요 속에서 맞이하는 고난 | 45
　| 창세기 13:5-18

4장 승리하는 삶을 살기 위하여 | 63
　| 창세기 14:14-24

5장 하나님은 어떤 분이신가? | 81
　| 창세기 15:1-6

6장 하나님과의 언약식 | 97
　| 창세기 15:7-17

7장 고난의 아름다운 색깔 | 115
　| 창세기 15:10-14

8장 언약 + 고통의 물감 = 축복 | 133
　| 창세기 15:12-21

9장 하나님의 약속을 누리기 위하여 | 149
　| 창세기 16:1-6

10장 우리의 아픔을 아시는 하나님 | 165
　| 창세기 16:7-16

11장 약속하신 열매를 받기 위하여 | 181
　| 창세기 17:1-11

12장 언약의 백성들이 해야 할 일 | 195
　| 창세기 18:1-5

13장 언약 백성의 성품 | 211
　| 창세기 18:22-33

14장 부끄러운 구원 | 225
　| 창세기 19:23-29

15장 실패를 감싸는 은혜 | 241
　| 창세기 20:1-7

16장 최후에 웃는 자가 되기 위하여 | 257
　| 창세기 21:1-8

17장 모리아 – 순종의 길 | 273
　| 창세기 22:1-14

18장 천국에 이르는 계단 막벨라 | 289
　| 창세기 23:16-20

19장 복된 가정 | 305
　| 창세기 24:1-9

서문

　인간은 누구나 복을 간구한다. 어느 누가 복을 싫어하겠는가? 믿는 자든 믿지 않는 자든 우리 모두는 복을 받기 원한다. 믿음의 사람들에게도 하나님께 복을 받는 것은 정말 중요한 일이다. 가끔 기복 신앙의 잘못됨을 지적하다가 하나님이 주시는 복 자체를 부정하는 사람들이 있다. 그것은 바람직한 일이 아니다. 성경에는 믿는 사람들이 받을 복에 대해 분명히 말씀하고 있기 때문이다. 그리스도인이 하나님께 복을 간구하는 것은 지극히 성경적인 일이다.

　그러나 성경은 우리에게 하나님의 복을 받는 일보다 더 큰 복이 있다고 말씀하신다. 그것은 바로 우리가 복의 통로가 되는 것이다. 하나님 앞에서 내가 복의 대상이 되는 것도 중요하지만, 다른 사람에게 하나님의 복을 전달하는 축복의 통로가 되는 것은 더더욱 중요한 일이다.

　하나님의 복을 거론할 때, 우리 그리스도인들에게 가장 먼저 떠오르는 성경의 인물이 있다면 아마도 아브라함일 것이다. 그는 타락한 인류 가운데서 가장 먼저 하나님께 부름을 받는 영광을 누렸다. 하나님은 그에게 나타나셔서 이렇게 복주셨다. "내가 너로 큰 민족을 이루고 네게 복을 주어 네 이름을 창대케 하리니"(창 12:2). 이 얼마나 놀라운 복인가? 하나님이 그에게 수많은 후손을 주시고, 복을 주시며, 그의 이름을 창대케 하실 것이라 말씀하신다. 이보다 더 큰 복이 어디에 있겠는가? 이것이야말로 우리가 진정 꿈꾸어야 할 복이 아니겠는가?

그러나 아브라함을 향한 하나님의 복은 거기에서 끝나지 않았다. 만일 아브라함의 복이 거기까지였다면 그의 복은 그리 대단한 것이 아니었을 것이다. 왜냐하면 그러한 복은 그리스도 밖에 있는 사람들도 한결같이 구하는 복이기 때문이다. 아브라함이 믿음의 조상이 된 것은 그 복 뒤에 다른 복이 있었기 때문이다. 그 복에 대해 성경은 이렇게 말씀하신다. "너는 복의 근원이 될지라 너를 축복하는 자에게는 내가 복을 내리고 너를 저주하는 자에게는 내가 저주하리니 땅의 모든 족속이 너를 인하여 복을 얻을 것이니라 하신지라"(창 12:2 하-3). 복의 근원! 나 혼자만 받는 복이 아니라 다른 사람에게도 복을 주는 복의 근원! 그것이 하나님이 아브라함에게 주신 복의 요점이었다. 그리고 하나님은 오늘도 우리를 그 복된 자리로 부르고 계신다. 우리 모든 그리스도인들은 복의 대상이 아니라 복의 통로로 부름받은 자들인 것이다.

그러나 이 시대 교회의 실상은 어떤가? 오늘날 교회 안에서 하나님의 복을 받은 사람들은 많을지 몰라도, 하나님이 주신 복을 다른 사람들에게 전달하는 사람은 지극히 드물다. 복의 대상이 되기 위해 간구하는 사람은 많지만, 막상 자신이 복의 통로가 되게 해달라고 기도하는 사람은 너무나 적다. 이것이 바로 교회가 영향력을 잃어가는 원인인 것이다. 오직 자신이 받을 복에만 몰두하는 사람들이 가득 찬 교회가 어떻게 세상을 밝히는 등불이 될 수 있겠는가? 오늘날과 같은 이 시대에 복의 근원이 필요하다. 나의 복에만 집착하지 않고 다른 사람들에게 하나님의 복을 전달하는 복의 통로가 필요하다. 오늘 당신이 바로 그 복의 근원이 되어 보지 않겠는가? 나로 인해 내 후손들이 대대로 하나님께 복을 받고, 나의 이웃이 하나님의 복 안에 거하며, 더 나아가 온 세상이 주의 복을 받고 복의 근원이 되는 그 일이 이루어지기를 간절히 소원한다.

2008년 8월 영안교회 목양실에서
박정근

1장
복의 통로가 되기 위하여

창세기 12:1-9

여호와께서 아브람에게 이르시되 너는 너의 본토 친척 아비 집을 떠나 내가 네게 지시할 땅으로 가라 내가 너로 큰 민족을 이루고 네게 복을 주어 네 이름을 창대케 하리니 너는 복의 근원이 될지라 너를 축복하는 자에게는 내가 복을 내리고 너를 저주하는 자에게는 내가 저주하리니 땅의 모든 족속이 너를 인하여 복을 얻을 것이니라 하신지라 이에 아브람이 여호와의 말씀을 좇아 갔고 롯도 그와 함께 갔으며 아브람이 하란을 떠날 때에 그 나이 칠십 오세였더라 아브람이 그 아내 사래와 조카 롯과 하란에서 모은 모든 소유와 얻은 사람들을 이끌고 가나안 땅으로 가려고 떠나서 마침내 가나안 땅에 들어 갔더라 아브람이 그 땅을 통과하여 세겜 땅 모레 상수리 나무에 이르니 그 때에 가나안 사람이 그 땅에 거하였더라 여호와께서 아브람에게 나타나 가라사대 내가 이 땅을 네 자손에게 주리라 하신지라 그가 자기에게 나타나신 여호와를 위하여 그곳에 단을 쌓고 거기서 벧엘 동편 산으로 옮겨 장막을 치니 서는 벧엘이요 동은 아이라 그가 그곳에서 여호와를 위하여 단을 쌓고 여호와의 이름을 부르더니 점점 남방으로 옮겨 갔더라.

우리의 인생길에는 여러 가지 길이 있는 것 같지만, 알고보면 다음의 두 가지 중 하나로 귀착됩니다. 하나는 복의 길이고, 다른 하나는 저주의 길입니다. 예수님은 이것을 넓은 문과 좁은 문으로 표현하셨습니다. 그리고 길이 편하고 좋다고 넓은 문으로 들어가는 사람은 결국 사망으로 향하게 되고, 좁은 문으로 들어가는 사람은 생명으로 향하게 된다고 말씀하셨습니다. 우리는 어떻게 하면 이땅에 사는 동안 저주의 길로 들어서지 않고 복된 길로 걸어갈 수 있을까요?

본문은 그에 대한 분명한 답을 주고 있습니다. 본문은 하나님이 최초로 아브라함을 부르시던 장면을 기록하고 있습니다.

아브라함은 원래 그의 아버지 데라와 함께 갈대아 우르에서 살고 있었습니다. 그 삶의 형편이 어떠했는가에 대해서는 자세히 알 수 없지만, 여호수아 24장 2절에서는 아브라함의 가정에 대해 이렇게 묘사하고 있습니다. "여호수아가 모든 백성에게 이르되 이스라엘 하나님 여호와의 말씀에 옛적에 너희 조상들 곧 아브라함의 아비, 나홀의 아비 데라가 강 저편에 거하여 다른 신들을 섬겼으나."

이 말씀에 의하면 그 당시 아브라함의 집안은 다른 신을 섬긴 것이 분

11

명합니다. 그렇다면 아브라함의 집안은 하나님을 전혀 알지 못했을까요? 이에 대해서는 신학자들 간에 의견이 분분합니다. 그런데 힌트를 얻을 수 있는 또 하나의 구절이 있습니다. "아브라함의 하나님, 나홀의 하나님, 그들의 조상의 하나님은 우리 사이에 판단하옵소서" 창 31:53. "그들의 조상의 하나님"이란 구절로 보건대 아브라함의 가정이 하나님을 전혀 알지 못했던 것은 아닌 것 같습니다. 아니, 분명히 하나님을 알고 있었다고 보아야 할 것입니다. 아마 하나님을 섬기고 있었는지도 모릅니다.

하지만 성경은 그들이 하나님을 알고, 하나님을 어느 정도 섬기면서도 동시에 다른 신들을 섬겼다고 말씀하고 있습니다. 바로 이런 상황에서 하나님이 아브라함 앞에 나타나셔서 그를 부르십니다. 그런데 놀랍게도 아브라함이 하나님의 부르심에 반응하고 있습니다.

은혜로 택하심

우리가 여기에서 눈여겨보아야 할 대목은 아브라함에게 복을 주시는 이 모든 일들 가운데서 하나님이 철저하게 주도권을 잡고 계시다는 것입니다.

어느 날 하나님이 아브라함 앞에 홀연히 나타나셨습니다. 그리고 그에게 복을 주겠다고 말씀하십니다. 아브라함의 삶이 의로워서가 아닙니다. 다른 집안보다 아브라함의 집안이 하나님을 더 사랑했기 때문도 아닙니다. 본문 말씀과 같이 아브라함은 아버지 데라와 함께 이방 신들을 섬기고 있었습니다. 그런데 어느 날 난데없이 하나님께서 나타나셔서 아브라함에게 복을 주겠다고 말씀하십니다. 전혀 받을 자격이 없는 사람들에게 부어주시는 하나님의 복, 이것을 우리는 은혜라고 부릅니다.

우리에 대한 부르심도 이와 다를 바 없습니다. 우리가 하나님을 택한 것이 아닙니다. 우리가 다른 사람보다 착해서 하나님이 우리를 택하신 것도 아닙니다. 하나님이 은혜로 우리를 택하셨습니다. 우리가 아직 죄인 되었을 때에 그리스도가 우리를 위하여 죽으셨습니다. 아무 공로도 없고 선한 행위도 없었지만 하나님이 어느 날 갑자기 오셔서 우리에게 복을 주신 것입니다.

본문에서 하나님은 아브라함을 은혜로 택하시고, 그 어떤 이유나 공로 없이 네 가지 분명한 약속을 주십니다. "내가 너로 큰 민족을 이루고 네게 복을 주어 네 이름을 창대케 하리니 너는 복의 근원이 될지라 너를 축복하는 자에게는 내가 복을 내리고 너를 저주하는 자에게는 내가 저주하리니 땅의 모든 족속이 너를 인하여 복을 얻을 것이니라 하신지라" 창 12:2-3.

하나님은 먼저 "내가 너로 큰 민족을 이루고"라고 말씀하십니다. 이것은 아브라함의 자손들을 통해 이스라엘이라는 나라가 세워짐으로써 성취됩니다. 그러나 하나님은 거기서 그치지 않고 더 큰 나라를 말씀하고 계십니다. 바로 그리스도 안에서 아브라함의 영적 자손 된 우리 성도들을 통해 하나님의 나라가 세워질 것을 말씀하신 것입니다.

두 번째로 "네 이름을 창대케 하리니"라고 말씀하십니다. 이것이야말로 바벨탑 사건을 통해 당시 사람들이 추구했던 것입니다. 즉, 자신의 힘으로 자기 이름을 내고자 한 것입니다. 우리가 아는 대로 바벨탑 사건은 저주로 끝나고, 그들은 온 지면으로 흩어졌습니다. 그러나 하나님은 오늘 아브라함에게 찾아오셔서 "너의 이름을, 너 스스로의 힘이 아니라 내가 친히 창대케 하고 존귀케 하리라"고 말씀하십니다.

세 번째로 또 놀라운 말씀을 하십니다. "너는 복의 근원이 될지라… 땅의 모든 족속이 너를 인하여 복을 얻을 것이니라."

마지막 네 번째 약속은 "너를 축복하는 자에게는 내가 복을 내리고 너를 저주하는 자에게는 내가 그를 저주하리니"라고 말씀하십니다. 즉, 그를 항상 보호하시겠다는 말씀입니다.

본문이 우리에게 중요한 이유는 그 옛날 아브라함을 불러 복의 통로로 삼으신 하나님이 오늘도 우리를 복의 통로로 여전히 부르고 계시기 때문입니다. 이 말씀은 단순히 과거에 일어났던 아브라함의 일을 우리에게 보여주기 위한 기록이 아닙니다. 이 말씀은 우리 모두를 향한 말씀입니다. 그래서 이 사실을 깨달은 사도 베드로는 가슴이 벅차서 이렇게 외칩니다.

"찬송하리로다 우리 주 예수 그리스도의 아버지 하나님이 그 많으신 긍휼대로 예수 그리스도의 죽은 자 가운데서 부활하심으로 말미암아 우리를 거듭나게 하사 산 소망이 있게 하시며 썩지 않고 더럽지 않고 쇠하지 아니하는 기업을 잇게 하시나니 곧 너희를 위하여 하늘에 간직하신 것이라" 벧전 1:3-4.

하나님은 그리스도 안에서 우리를 택하셨고, 지금도 여전히 우리를 복의 자리로 초대하고 계십니다. 하나님이 하늘에 간직해놓은 이 놀라운 복을 우리가 이땅에 사는 동안 어떻게 누릴 수 있겠습니까? 아니, 나 자신만 누리는 것이 아니라 어떻게 하면 자손 대대로 이 복을 다른 사람에게 전해주는 복의 통로가 될 수 있겠습니까? 하나님은 아브라함을 통해 하나님의 복을 받는, 복의 통로가 되는 몇 가지 방법을 말씀해주고 계십니다.

당신의 갈대아 우르를 떠나라

먼저, 우리가 하나님의 복을 받아서 하나님이 하늘에 쌓아두신 그 복을 이땅에서 누리고 다른 사람들에게 전해주기를 원한다면 옛 삶에서 떠나야 한다고 말씀하십니다. "여호와께서 아브라함에게 이르시되 너는 너의 본토 친척 아비 집을 떠나 내가 네게 지시할 땅으로 가라"창 12:1. 하나님이 아브라함에게 처음으로 나타나셔서 하신 말씀은 떠나라는 것이었습니다. "본토 친척 아비 집을 떠나라." 이것은 말처럼 쉬운 일이 아닙니다.

요즘은 이사가 너무 흔한 일인데다 다른 나라로 이민 가서 사는 것도 그리 어려운 일이 아닙니다. 왜냐하면 오늘날은 전세계가 하나로 연결되어 있기 때문입니다. 그래서 '지구촌'이라는 용어가 생겨나기도 했습니다.

그러나 지금부터 4천 년 전 아브라함이 살던 시대는 지금과는 많이 달랐습니다. 당시에는 국가 간의 국제법도 없고, 보호 조약이란 것도 없었습니다. 그 당시 고향을 떠나 다른 지역으로 가서 사는 것은 생명을 걸어야 할 만큼 위험천만한 일이었습니다. 그런데 지금 하나님은 아브라함에게 그런 위험한 일을 명령하십니다. 게다가 어디로 가야 할지 방향도 알려주시지 않고 무조건 떠나라고만 하십니다. 아브라함이 얼마나 고민스러웠을지 한번 상상해보십시오.

본문에 따르면 아브라함이 살던 곳은 갈대아 우르입니다. 한때 "아브라함이 살던 곳은 미개한 곳이어서 하나님이 떠나라고 하시니까 아브라함이 기꺼이 떠났다"라고 말하는 사람도 있었습니다. 그러나 고고학자들이 갈대아 우르를 발굴했을 때 너무나 문명화된 모습에 놀랐다고 합니다. 거기에는 도서관도 있고, 오늘날로 말하면 대학교도 있고, 2층 건물이 있고, 무더위를 견디기 위한 에어컨 시설도 있었다고 합니다. 고도의 문명이 존재하던 곳이었습니다.

우리 중에 누가 시골에서 살다가 여러모로 불편해서 다른 곳으로 옮겨가고 싶은데 누군가가 와서 그곳을 떠나라고 하면 한번 떠나볼 수도 있을 것입니다. 떠난다고 해서 별로 손해날 것이 없기 때문입니다. 그러나 우리가 사는 곳이 문명의 혜택을 누리고 있는 곳이라면, 우리나라로 말하면 강남의 최고급 아파트에 살고 있는데 하나님이 오셔서 그 좋은 것을 다 버리고 떠나라고 하시면 과연 떠날 수 있을까요? 이것은 참으로 쉬운 일이 아닙니다. 이것이 바로 아브라함이 당면했던 상황입니다.

성경을 보면 하나님은 언제나 자신을 따르는 이들에게 떠남을 말씀하십니다. 예수님의 제자들을 기억합니까? 어느 날 예수님이 갈릴리 호수에서 고기를 잡던 베드로와 안드레를 보고 이렇게 말씀하십니다. "나를 따라오너라 내가 너희로 사람을 낚는 어부가 되게 하리라"마 4:19. 이에 그들이 "곧 그물을 버려두고 예수를 좇으니라"마 4:20 고 했습니다.

그 다음에 또 예수님은 요한과 야고보 형제를 부르십니다. 그들 또한 곧 배와 부친을 버려두고 예수님을 좇았습니다. 이것이 바로 하나님이 우리에게 말씀하시고자 하는 것입니다. 우리가 하나님이 하늘에 쌓아놓으신 복을 받고, 그 복의 통로가 되기 위해서는 '떠나라' 는 하나님의 말씀을 들어야 합니다.

오늘을 살아가는 우리에게 이 말씀이 의미하는 것은 무엇입니까? 하나님을 좇기 위해 우리가 사는 곳에서 다른 곳으로 이사 가야 된다는 말씀입니까? 직장을 버려야 한다는 말씀입니까? 부모와 형제를 포기해야 된다는 말씀입니까? 그렇지 않습니다. 오늘 신약 시대에 살고 있는 우리에게 이 말씀은 그런 뜻이 아닙니다. 우리가 떠나야 할 것은 바로 집과 친척과 직장이 아니라 우리의 옛 습관, 옛 사람입니다. 즉, 옛 삶입니다.

그래서 성경은 우리에게 구체적으로 이렇게 명령하고 있습니다. "너희는 유혹의 욕심을 따라 썩어져 가는 구습을 좇는 옛 사람을 벗어 버리고"엡 4:22. 이것이 첫 번째 조건입니다.

로마서 1-11장에서 구속의 교리를 설명한 바울은 12장에서부터 삶의 적용을 말하면서 "너희는 이 세대를 본받지 말라"12:2 고 했습니다. 여기서 '본받는다는 것' 은 메주 틀을 생각하면 됩니다.

옛날에 메주를 만들 때 네모 반듯한 틀을 놓고 거기에 삶은 콩을 넣은 후 그 위에 보자기를 씌워 발로 밟으면 네모 반듯한 메주가 만들어졌습니다.

이 말씀이 뜻하는 것은 이 세상의 틀에 우리 자신을 짜맞추지 말라는 것입니다. 세상 철학을 좇아가지 말고 오히려 그곳에서부터 변화를 받으라는 것입니다. 마음을 새롭게 함으로 날마다 변화를 받아 하나님의 선하시고 기뻐하시고 온전한 뜻이 무엇인지 분별해야 하는 것입니다.

하나님이 아브라함을 갈대아 우르에서 불러내신 이유는, 그곳이 하나님을 섬기기에 부적합한 곳이었기 때문입니다. 아무리 살기 좋은 곳이라 하더라도 하나님을 섬기기에 부적합한 곳이라면 우리는 언제든지 그곳을 떠나야 합니다. 내 옛 생활이 아무리 내게 만족을 준다고 하더라도 그것이 하나님을 섬기기에 부적합하다면 우리는 그 생활을 버려야만 합니다.

정말로 하나님이 하늘에 쌓아놓으신 복을 받기 원합니까? 이땅을 살아가는 동안 진정 사망의 길이 아닌 복의 길을 걸어가기 원합니까? 그렇다면 먼저 당신의 갈대아 우르에서 떠나야 합니다. 그것이 우리의 부적절한 과거의 습관이든, 돈을 사랑하며 재물 신을 섬겨왔던 잘못된 철학이든, 남을 시기하고 질투하고 원망하고 불평하던 생활이든, 우리를 잘못된 길로 이끄는 친구이든 그 무엇이든지 간에 하나님을 섬기는 데 있어 방해가 되는 옛 생활의 잔재가 있다면 과감히 벗어 던져야 합니다. 그것을 벗어 던지지 않고서는 하나님의 복의 통로가 될 수 없습니다.

그러나 우리 힘으로는 불가능합니다. 하나님께 기도하시기 바랍니다. 주의 형제, 자매들에게 중보 기도를 부탁하십시오. 우리의 삶을 하나님 앞에 깨끗하게 내어놓아야 합니다. 우리가 갈대아 우르에서 떠나는 그 순간, 우리는 하나님이 내신 복의 길을 향하여 출발할 수 있는 것입니다.

100퍼센트 순종의 삶을 살라

두 번째로, 우리가 복의 통로가 되기 위해서는 어떻게 살아야 합니까? 옛 삶을 떠나야 될 뿐만 아니라, 순종의 삶을 살아야 한다고 말씀합니다. 아브라함은 우리가 아는 대로 믿음의 조상입니다. 그가 믿음의 조상이 된 이유는 태생이 좋아서가 아닙니다. 앞에서 언급한 대로 그는 아버지 데라와 함께 이방 신을 섬기는 별로 좋지 못한 가문에서 태어났습니다. 그럼에도 불구하고 아브라함이 믿음의 조상이 된 것은 바로 그의 순종에 그 비밀이 있습니다. "이에 아브람이 여호와의 말씀을 좇아갔고" 창 12:4

하나님이 아브라함에게 나타나셔서 "내가 너에게 복을 주마. 너의 본토 친척 아비 집을 떠나거라"고 말씀하실 때 아브라함이 여호와의 말씀을 좇아간 것입니다.

아브라함의 삶을 연구해보면, 그의 트레이드마크는 바로 순종임을 알 수 있습니다. 훗날 하나님이 아브라함에게 백세에 낳은 아들 이삭을 제물로 바치라고 하셨을 때 그가 어떻게 했습니까? 그는 아침 일찍 일어나 나귀에다 나무를 싣고 이삭과 하인 둘을 데리고 하나님이 지시하신 모리아 산으로 갔습니다. 그전에 누구와도 상의하지 않았습니다. 만일 아브라함이 아침에 일어나서 사라와 상의를 했다고 생각해보십시오. 과연 어떤 일이 일어났을까요? 아마도 아브라함은 머리를 다 쥐어뜯겼을 것입니다. 세상에 아들 죽이는 애비가 어디 있느냐며 정신병원으로 보내졌을지도 모릅니다. 도무지 일이 될 수가 없었을 것입니다.

그러나 아브라함은 그 누구와도 상의하지 않고 아침 일찍 일어나 하나님이 지시하신 땅으로 갔습니다. 어떻게 그런 일이 가능했을까요? 그것은 오직 하나님에 대한 아브라함의 믿음 때문이었습니다. 아브라함은 하나님의 선하심을 믿었고, 하나님의 능력을 믿었습니다. 자신의 본토 친척 아비 집을 떠나 어디로 가야 할지 몰랐지만 하나님을 신뢰했습니다. 아들을 바치라고 했을 때에도 그는 여전히 하나님을 신뢰했습니다. 하나님의 선하심을 전적으로 신뢰한 것입니다.

그래서 성경은 아브라함의 믿음을 이렇게 얘기합니다.

"믿음으로 아브라함은 부르심을 받았을 때에 순종하여 장래 기업으로 받을 땅에 나갈새 갈 바를 알지 못하고 나갔으며" 히 11:8.

"아브라함은 시험을 받을 때에 믿음으로 이삭을 드렸으니 저는 약속을 받은 자로되 그 독생자를 드렸느니라 저에게 이미 말씀하시기를 네 자손이라 칭할 자는 이삭으로 말미암으리라 하셨으니 저가 하나님이 능히 죽은 자 가운데서 다시 살리실 줄로 생각한지라 비유컨대 죽은 자 가운데서 도로 받은 것이니라" 히 11:17-19.

하나님은 분명히 이삭을 통해 아브라함의 자손이 하늘의 별같이 많게 되리라고 약속하셨습니다. 아브라함은 그 말을 믿었기 때문에 자신이 이삭을 죽이더라도 하나님이 다시 살리실 것을 믿은 것입니다. 얼마나 놀라운 믿음입니까? 바로 이러한 믿음이 아브라함으로 하여금 하나님의 말씀에 철저히 순종하게 했습니다.

우리가 왜 하나님의 말씀에 순종하지 못하는지 아십니까? 그 이유는 단 하나입니다. 우리 마음 밑바닥에 하나님에 대한 의심이 있기 때문입니다. 그분의 선하심과 능력을 믿지 못하기 때문입니다. 이러저러한 변명이 있을 수도 있지만 결국 그것으로 결론지어집니다.

왜 우리는 하나님의 방법대로 살지 못합니까? 왜 온전한 십일조를 하나님 앞에 드리지 못합니까? 그 이유는 바로 우리가 하나님을 믿지 못하기 때문입니다. "네 수입의 10분의 1을 바쳐라. 그러면 내가 너에게 복을 주리라"고 약속하신 말씀을 못 믿는 것입니다. 하늘에 간직한 복을 받고, 하나님의 복을 다른 사람에게 전하는 복의 통로는 아무나 될 수 있는 것이 아닙니다. 그분을 믿고 신뢰하는 자만이, 그분의 말씀대로 순종하는 자만이 복의 통로가 될 수 있습니다. 이 믿음과 순종이 우리의 삶 가운데 있기를 바랍니다.

짧은 인생 사는 동안 신앙 생활 한번 제대로 해보고 싶지 않으십니까? 우리가 다 구원의 확신이 있고 천국 갈 줄로 안다면 그까짓 손해 좀 보면 어떻습니까? 하나님의 방법대로 한번 살아보십시오. 절대로 손해보지 않습니다. 설령 굶어 죽는다 해도 하나님 앞에 제대로 십일조 드리면서, 타협하지 말고 하나님이 원하시는 방법대로 한번 살아보십시오. 먼저 하나님의 나라와 의를 구해보십시오. 아브라함과 같이 우리 모두가 그렇게 살 때 복의 통로가 될 줄로 믿습니다. 복의 근원이 되는 것입니다.

날마다 예배의 삶을 살라

세 번째로, 복의 통로가 되기 위해서는 우리의 모든 삶 가운데서 하나님을 예배해야 합니다. 중요한 것은 우리의 모든 삶 속에서 예배해야 한다는 것입니다.

창세기 12장 5-9절은 아브라함의 여정을 기록하고 있습니다. 아브라함은 하나님의 부르심을 받고 자신이 살던 곳을 떠나 하나님이 지시하신 가나안 땅에 들어섭니다. 그런데 그곳에 들어가면 이미 자기 땅이 예비되어 있어 자신은 그저 등기만 하면 될 줄 알았는데, 막상 그곳에 가보니 이미 다른 사람들이 살고 있었습니다.

"마침내 가나안 땅에 들어갔더라 아브람이 그 땅을 통과하여 세겜 땅 모레 상수리나무에 이르니 그 때에 가나안 사람이 그 땅에 거하였더라" 12:5-6.

아브라함이 가나안에 와보니 벌써 땅 임자가 있는 것입니다. 하나님의 복은 저절로 이루어지는 것이 아닙니다. 하나님의 부르심을 받은 복된 길에도 장애물이 있음을 우리는 알아야 합니다. 이것이 하나님의 방법입니다.

왜 하나님은 축복의 땅인 가나안 땅에 장애물을 두셨을까요? 그것은 우리로 하여금, 또 아브라함으로 하여금 하나님을 찾고 의지하게 하기 위해서입니다. 아브라함이 그곳까지 온 것만 해도 정말 대단한 일입니다. 떠나라고 해서 떠났고, 하나님이 가라는 곳으로 아무 말 없이 가나안 땅까지 왔습니다. 그만큼 순종했으면 뭔가 짠 하고 열려야 되는데, 이게 뭡니까?

우리가 순종의 삶을 산다고 해서 언제나 길이 열리고 장애물이 제거되는 것은 아닙니다. 하나님은 그런 식으로 우리를 인도하지 않으십니다. 분명히 순종의 길로 가라고 해서 왔는데, 계곡이 있고 언덕이 있습니다. 왜 그렇습니까? 우리가 탄탄대로만 달리게 되면 마음이 느슨해져서 하나님을 의지하지 않고 하나님을 떠나게 된다는 것을 하나님은 다 알고 계십니다. 그래서 가나안 땅에 가나안 사람들을 심어놓으신 것입니다.

고난이 없는 삶은 우리로 하여금 하나님을 떠나게 만들 뿐입니다. 그 땅에 거하는 가나안인, 즉 장애물로 인해 아브라함은 그곳에서 한 가지 일에 집중하게 됩니다. 그것이 무엇인지 아십니까? 바로 하나님께 단을 쌓고 하나님의 이름을 부르는 것이었습니다. 만일 가나안 사람들이 없었더라면 아무리 신앙이 좋은 아브라함이라 해도 그렇게 단을 쌓고, 하나님의 이름을 간절히 부르지 않았을 것입니다.

"여호와께서 아브람에게 나타나 가라사대 내가 이 땅을 네 자손에게 주리라 하신지라 그가 자기에게 나타나신 여호와를 위하여 그곳에 단을 쌓고 거기서 벧엘 동편 산으로 옮겨 장막을 치니 서는 벧엘이요 동은 아이라 그가 그곳에서 여호와를 위하여 단을 쌓고 여호와의 이름을 부르더니" 창 12:7-8.

여기서 '단을 쌓는다' 는 것은 예배를 뜻합니다. 그러면 여호와의 이름을 부른다는 것은 무엇을 뜻하는 것입니까? 성경 학자들은 두 가지로 얘기합니다. 첫 번째는 간절한 기도요, 두 번째는 선포와 증거라는 것입니다.

저는 이 두 가지가 다 옳다고 생각합니다. 우리가 왜 하나님께 나아가 규칙적으로 예배드리며 여호와의 이름을 날마다 소리쳐 불러야 합니까? 왜 기도해야 합니까? 그리고 왜 하나님의 이름을 만방에 선포하고 증거해야 합니까? 이유는 단 하나입니다. 우리가 가는 축복의 길에 장애물이 있기 때문입니다. 우리는 이미 하나님의 구원을 받아서 복된 사람이 되었습니다. 그러나 우리 앞에는 여전히 많은 장애물들이 있습니다. 많은 어려움과, 유혹과, 육체적인 질병과, 경제적인 문제와, 수많은 영적인 적들이 우리를 둘러싸고 있습니다. 이것이 우리가 하나님 앞에 나아가 날마다 단을 쌓고 여호와의 이름을 부르짖어야 할 이유입니다.

본문에서 우리가 놓쳐서는 안 될 중요한 한 가지 사실이 있습니다. 갈대아 우르를 떠난 사람은 아브라함 혼자만이 아니었습니다. 그의 아버지 데라와 조카 롯도 그와 함께 고향을 떠났습니다. 그러나 그들은 하나님의 복을 받아 누리지 못했습니다. 아버지 데라는 하란에 이르러 그곳이 마음에 들었던지 그냥 주저앉고 맙니다. 그 때문에 아브라함 역시 하란에서 많은 세월을 보내야만 했습니다. 다행히 롯은 하란을 떠나서 아브라함과 함께 가나안에 들어갑니다. 하지만 그는 눈에 보이는 것만 좇다가 소돔과 고모라에 정착하여 결국 하나님 앞에서 그 자손들이 다 멸망하고 맙니다.

이러한 일들을 통해 우리가 알 수 있는 것은 일단 가나안 땅에 들어갔다 하더라도 하나님의 복을 방해하는 것이 많다는 것입니다. 결국 믿음의 조상, 복의 근원이 된 사람은 아브라함밖에 없다고 성경은 말씀합니다.

그러므로 우리가 같은 교회에 다니고, 같이 신앙 생활을 한다고 해서 우리의 길이 다 같은 것은 아닙니다. 우리 가운데서도 축복의 길을 향해 달려가는 사람이 있고, 저주의 길을 향해 달려가는 사람이 있습니다. 그래서 이 말씀이 우리에게 매우 중요합니다.

복된 길로 달려가는 삶을 위해 이렇게 작정하십시오. "하나님, 제가 옛 삶을 떠나겠습니다. 날마다 하나님을 전적으로 신뢰하면서 순종의 삶을 살겠습니다. 그리고 제 앞에 있는 수많은 장애물을 제 힘으로는 건널 수 없음을 알고 날마다 하나님을 예배하고, 찬양하며, 하나님 앞에 나아가 주의 이름을 부르겠습니다."

이 모든 것을 하나님 앞에서 실천함으로써 하나님이 하늘에 쌓아놓으신 복의 근원, 복의 통로가 되는 삶을 사시길 바랍니다.

2장

축복의 땅에
기근이 찾아올 때

...
창세기 12:10-20

그 땅에 기근이 있으므로 아브람이 애굽에 우거하려 하여 그리로 내려갔으니 이는 그 땅에 기근이 심하였음이라 그가 애굽에 가까이 이를 때에 그 아내 사래더러 말하되 나 알기에 그대는 아리따운 여인이라 애굽 사람이 그대를 볼 때에 이르기를 이는 그의 아내라 하고 나는 죽이고 그대는 살리리니 원컨대 그대는 나의 누이라 하라 그리하면 내가 그대로 인하여 안전하고 내 목숨이 그대로 인하여 보존하겠노라 하니라 아브람이 애굽에 이르렀을 때에 애굽 사람들이 그 여인의 심히 아리따움을 보았고 바로의 대신들도 그를 보고 바로 앞에 칭찬하므로 그 여인을 바로의 궁으로 취하여 들인지라 이에 바로가 그를 인하여 아브람을 후대하므로 아브람이 양과 소와 노비와 암수 나귀와 약대를 얻었더라 여호와께서 아브람의 아내 사래의 연고로 바로와 그 집에 큰 재앙을 내리신지라 바로가 아브람을 불러서 이르되 네가 어찌하여 나를 이렇게 대접하였느냐 네가 어찌하여 그를 네 아내라고 내게 고하지 아니하였느냐 네가 어찌 그를 누이라 하여 나로 그를 취하여 아내를 삼게 하였느냐 네 아내가 여기 있으니 이제 데려가라 하고 바로가 사람들에게 그의 일을 명하매 그들이 그 아내와 그 모든 소유를 보내었더라.

우리는 모두 학교에서 역사를 배웁니다. 국사뿐 아니라 서양사, 세계사 등 여러 역사를 배웁니다. 그러면 왜 역사를 공부할까요? 많은 이유가 있겠지만 그 중에서 가장 중요한 이유는 바로 과거로부터 교훈을 얻기 위해서입니다. 잘한 일은 본받고, 과오는 되풀이하지 않기 위해 각급 학교에서 역사를 필수 과목으로 정해서 공부하고 있는 것입니다.

하지만 우리는 언제나 강의보다는 현실의 경험을 통해서 더 많은 것들을 배우게 됩니다. 저 역시 짧은 인생이지만, 인생 경험을 통해 크게 배운 것이 한 가지 있습니다. 그것은 바로 우리 인생에는 언제나 도전과 시험이 있다는 사실입니다.

어릴 때는 이것을 잘 몰랐습니다. 고등학교 때는 그저 대학에만 들어가면 광명한 천국이 찾아올 줄 알았습니다. 대입 시험을 치르고 대학에 갔을 때, 처음 몇 달은 그랬습니다. 그러나 대학 생활도 만만치 않았고, 나름대로 큰 걱정거리가 생겼습니다. 바로 군대 문제였습니다. 군 생활을 할 때도 제대만 하면 모든 문제가 끝나는 줄 알았습니다. 그러나 제대를 하고 대학을 졸업하니 또 다른 문제가 기다리고 있었습니다. 바로 취업의 문제입니다.

이렇듯 단계마다 문제가 있고, 그 문제가 해결되고나면 또 다른 문제가 기다리고 있는 것입니다. 이제 또 취업을 해서 직장을 다닙니다. 그러니까 또 다른 문제가 있습니다. 젊은이라면 누구나 겪어야 하는 결혼의 문제입니다. 그래서 사력을 다해서 용을 썼습니다. '그래. 이 관문만 넘으면, 결혼만 하면 내 인생은 탄탄대로일 거야'라고 스스로 위로하면서 결혼을 했습니다. 그러나 그때는 결혼이 진정한 문제의 시작이라는 사실을 전혀 모르고 있었습니다.

이런 개인적인 경험을 통해 저는 분명한 한 가지 사실을 배웠습니다. 인생은 도전과 시험의 연속이라는 것을 말입니다. 지금까지 그래왔듯이 앞으로도 제 인생에는 갖가지 도전과 시험이 찾아올 것입니다. 이것은 신앙 생활에서도 마찬가지입니다. 신앙 생활이 무엇입니까? 그것은 한마디로 말하면 끊임없는 시험의 연속이요, 도전의 과정이자, 성장의 과정입니다.

물론 우리는 예수 그리스도를 믿음으로써 단번에 완벽한 구원을 얻습니다. 믿는 그 순간 우리는 하나님의 자녀가 되고, 천국을 소유하게 됩니다. 그러나 그 구원이 우리를 이땅에서의 모든 시험으로부터 자유롭게 하는 것은 아닙니다.

성경은 구원받은 하나님의 백성들에게도 고난과 시험이 있다고 말씀하고 있습니다. 하나님은 우리의 믿음을 성장시키기 위해서, 또 우리가 믿는 하나님이 죽은 자의 하나님이 아니요, 산 자의 하나님이시기에 우리의 믿음이 날마다 성장하기를 원하셔서 우리에게 끊임없는 도전과 고난과 시험을 주시는 것입니다.

약속의 땅에도 기근은 찾아온다

본문 창세기 12장 10절 말씀을 보십시오. "그 땅에 기근이 있으므로." 여기서 그 땅은 어떤 땅입니까? 도대체 어떤 땅인데 기근이 있습니까? 그 땅은 바로 하나님이 아브라함에게 친히 약속하신 땅입니다.

아브라함은 그 땅을 얻기 위해 자신의 본토 친척 아비 집과 그 모든 것을 포기하고 어디로 가는지도 모르면서 오직 하나님 한 분만을 신뢰하고 믿음으로 지금까지 버텨왔습니다. 그런 아브라함이 이제 가나안 땅에 들어온 것입니다. 하나님이 약속하신 땅에 입성했습니다.

그런데 성경은 말씀하기를 아브라함이 도착하자마자 그 땅에 대풍년이 아니라 기근이 있었다고 합니다. 놀랍지 않습니까? 이렇듯 약속의 땅에도 기근은 찾아옵니다. 그것도 아주 심한 기근입니다. 우리말 성경에는 그저 '기근'이라고 번역되어 있지만, 히브리어로는 '심한 기근'이라고 표현되어 있습니다. 우리가 잘 알다시피 우리를 괴롭히는 수많은 고난 가운데서도 특히 식량 부족은 우리의 생존을 위협하는 가장 고통스러운 시험이 아닐 수 없습니다.

아브라함이 축복의 땅에 들어서자마자 가장 큰 생존의 위협인 식량 부족, 즉 경제적인 어려움에 직면한 것입니다. 혹시 이런 기근을 당해본 적이 있습니까?

저는 유학시절 이런 경험을 해보았습니다. 양식이 떨어지고, 생활비가 바닥나고, 카드사에 진 빚 때문에 파산 위기를 겪기도 했습니다. 그럴 때마다 저는 하나님께 격렬하게 항의했습니다. "도대체 왜 이래야 합니까? 제가 지금 제 자신의 영달을 위해서 공부하는 것도 아닌데, 어찌하여 하나님은 생활비조차 주시지 않는 겁니까? 왜 저에게 기근을 허락하시는 겁니까? 저로서는 도무지 이해가 되지 않습니다"라고 말입니다.

과거에 이런 어려움을 겪은 분들도 계실 것이고, 지금 그 어려움의 터널을 통과하고 있는 분들도 계실 것입니다. 그러나 성경은 약속의 땅에서도 이런 일이 벌어질 수 있다고 말씀합니다. 구원받은 백성에게도 이 땅을 살아가는 동안 혹독한 경제적 어려움이 있을 수 있다는 것입니다. 바로 이것이 본문이 우리에게 주는 중요한 메시지입니다.

기근은 어느 날 갑자기 찾아옵니다. 다니던 회사가 갑자기 문을 닫았을 때, 믿었던 사람이 부도를 냈을 때, 아이의 담임 선생님이 전화를 해서 아이에게 문제가 생겼다고 이야기할 때, 건강 검진을 받고 그 결과를 알려주는 의사 선생님의 목소리가 밝지 못할 때와 같이 기근은 어느 날 갑자기 우리에게 찾아옵니다. 구원받은 하나님의 자녀인 우리에게 말입니다. 그렇기 때문에 우리 삶에 기근이 찾아올 때, 그것을 이상하게 여기지 말아야 합니다.

그래서 야고보 사도는 이렇게 말씀합니다. "내 형제들아 너희가 여러 가지 시험을 만나거든 온전히 기쁘게 여기라 이는 너희 믿음의 시련이 인내를 만들어 내는 줄 너희가 앎이라"약 1:2-3 .

여기에서 "너희가 여러 가지 시험을 만나거든"이란 구절을 자세히 보십시오. 헬라어에는 가정법이 세분화되어 제1가정법에서 제4가정법까지 있습니다. 지금 여기에 쓰인 가정법은 제1가정법입니다. 제1가정법은 반드시 일어날 일을 가정할 때 사용합니다. 예를 들면 "내일 아침에 해가 뜨거든"이라고 할 때, 내일 아침에 해가 뜹니까, 안 뜹니까? 반드시 뜹니다. 이럴 때 쓰는 것이 바로 제1가정법입니다.

"내 형제들아 너희가 여러 가지 시험을 만나거든." 이 말씀은 우리가 이땅을 살아가는 동안 시험이 있을 수도 있고, 없을 수도 있다는 말이 아닙니다. 아침에 해가 뜨듯이 반드시 우리에게 시험이 찾아온다는 것입니다. 아침에 해가 뜨듯이 반드시 시험이 있을 것인데, 그 시험이 찾아올 때 그것을 이상하게 여기지 말라는 것입니다. 의아해하지 말라는 것입니다.

왜 그렇습니까? 하나님은 우리의 믿음을 성장시키시기 위해, 인내를 길러주시기 위해, 우리를 하나님의 사람으로 만들기 위해서 우리에게 기근을 주시고 시험을 주시기 때문입니다.

바로 이것이 그리스도인의 삶입니다. 약속의 땅에서 벌어지는 일입니다. 이것을 몰라서 얼마나 많은 사람들이 쓸데없이 원망하며, 낙심하는지 모릅니다. 저도 그렇게 어리석을 때가 있었습니다.

하나님이 주신 축복의 땅에서 하나님이 주신 복을 남김없이 다 누리기를 원하십니까? 그렇다면 먼저 약속의 땅에도 기근이 있음을 알아야 합니다. 하나님은 우리의 믿음을 성장시키기 위해 우리에게 도전과 시험을 주십니다. 그러므로 우리는 예상치 못한 기근이 올 때 낙심하지 말아야 합니다. 혼란스러워하지 말아야 합니다.

사탄의 속임수

본문에서 말하고자 하는 것이 무엇입니까? 약속의 땅에 기근이 왔다는 것입니다. 그런데 그 기근이 복입니다. 축복의 땅에 기근이 찾아왔습니다. 하지만 그것은 겉포장만 기근일 뿐, 사실 그 안에는 다이아몬드와 같은 복이 들어 있는 것입니다. 따라서 우리가 약속의 땅에서, 축복의 땅에서 복을 누리기 위해서는 우리의 삶에도 기근이 있음을 알아야 합니다. 그뿐 아니라 기근이 찾아왔을 때는 혼란스러워하지 말고 믿음으로 대처해야 합니다.

그런데 정말 기근이 찾아왔을 때 아브라함은 어떻게 대처했을까요? 본문에서는 기근이 찾아왔을 때 아브라함이 취한 행동을 아주 구체적으로 묘사하고 있습니다. 왜 성경은 아브라함의 행동, 그것도 잘못된 행동을 이렇게 구체적으로 보여주고 있을까요? 그 이유는 우리도 그런 상황이 되면 잘못 행동하기 쉽기 때문입니다. 우리도 아브라함과 같은 성정을 가진 연약한 인간이기 때문에 우리에게 생생한 교훈을 주기 위해 이렇게 구체적으로 기록해놓은 것입니다.

먼저 아브라함은 믿음 없이 애굽으로 떠납니다. 어떤 사람들은 애굽으로 떠난 것 자체가 잘못이라고 얘기를 합니다. 하지만 꼭 그렇게 생각할 필요는 없을 것 같습니다. 사람인 이상 아무리 가나안 땅이 축복의 땅이라고 하더라도 잠시 기근을 피해 애굽으로 갈 수도 있습니다. 하지만 정말 중요한 문제는 애굽으로 내려갈 때 하나님과 전혀 상의 없이, 즉 기도하지 않고 자신의 판단만으로 내려갔다는 것입니다. 그의 동기와 과정에 문제가 있었던 것입니다.

본문을 통해서도 알 수 있듯이 예배의 흔적이 전혀 없습니다. 앞에서 살펴본 창세기 12장 7-8절에서 아브라함은 하나님 앞에 단을 쌓고 여호와의 이름을 불렀습니다. 본문 바로 다음인 13장 4절에서도 아브라함은 여호와께 단을 쌓고 여호와의 이름을 부릅니다.

그러나 기근이 닥쳐와서 애굽으로 떠날 것을 결정하는 동안에는 아브라함의 삶에서 예배와 기도의 흔적이 전혀 없음을 알 수 있습니다. 기근은 아주 짧은 기간 동안에 일어나는 일이 아닙니다. 한 달 동안 비가 오지 않는다고 해서 우리의 인생이 막판으로 몰리지는 않습니다. 기근은 꽤 오랜 기간이 흘렀다는 것을 전제로 합니다. 오랜 기간 동안 그 땅에 비가 오지 않아 가뭄이 든 것입니다. 아마 2-3년이 지났는지도 모르겠습니다. 하지만 그 기간 동안 아브라함은 하나님 앞에 나아가 예배하지 않고, 기도하지도 않고, 자신이 나아갈 길을 구하지도 않았습니다. 이것이야말로 기근이 찾아올 때 우리가 빠져들 수 있는 대표적인 오류의 한 예가 아닐까요? 고난 속에 파묻혀서는 아무 생각도 할 수 없는 것입니다. 눈앞의 어려움에 완전히 함몰되어 하늘을 향해 눈을 들 여유조차 없는 것입니다.

실제로 아브라함은 그렇게 했습니다. 결국 하나님 대신 환경을 바라보고 그에 완전히 압도되고 말았습니다. 우리 인생에 기근이 찾아올 때, 우리의 시선을 어디에 두느냐가 중요합니다. 무엇을 바라보는가, 누구를 바라보는가, 어디를 바라보는가가 중요합니다. 아무리 혹독한 기근이 온다고 해도 우리가 하나님을 바라보고 그분께 여쭈어보면 가장 안전한 길로 인도하실 것입니다.

그러나 기근 속에서 하나님이 아닌 다른 것들, 즉 대상과 시험과 사람을 바라보게 되면 우리는 언제나 잘못된 길을 걸을 수밖에 없습니다. 애굽을 향해 떠난 것이 잘못이 아니라 믿음 없이, 기도 없이 환경에 따라 흔들려서 애굽으로 간 행위가 잘못된 것입니다.

이렇게 해서 아브라함이 애굽으로 가서는 또 어떻게 됩니까? 우리가 잘 아는 대로 아브라함은 애굽에서 거짓말을 합니다. 그것도 아주 교묘한 거짓말입니다. 아마 사라가 당시의 기준으로는 굉장히 예뻤던 모양입니다. 당시는 힘으로 남의 아내를 빼앗는 일이 다반사였기 때문에 애굽에 들어가기 전에 미리 사라와 누이라고 하기로 입을 맞추었나봅니다. 사실 아브라함과 사라는 서로 어머니가 다른 이복 형제였으니 엄밀하게 말하면 거짓말이 아닐 수도 있습니다. 그 당시에는 다들 그렇게 결혼을 했으니까 일단 법적으로는 거짓말이 아닙니다. 그러나 그 내면의 동기는 철저하게 거짓에서 비롯된 것입니다. 놀라운 것은 아브라함이 하나님 앞에 부름을 받고 난 이후에 성경에 기록된 그의 첫 번째 말이 바로 본문에 나오는 말이라는 것입니다. 믿음의 조상 아브라함의 첫 번째 말이 바로 거짓말이었다는 사실은 우리가 얼마나 하나님 앞에 부족한 존재인지를 깨닫게 해줍니다. 우리는 이렇듯 부패한 자들입니다.

본문은 또한 하나님의 은혜가 얼마나 놀라운가를 우리에게 보여주고 있습니다. 우리의 구원은 우리의 행위와 공로로 말미암지 않습니다. 오직 하나님의 은혜만이 그 원인이자 근거입니다. 아브라함이 믿음의 조상이 된 것은 순전히 하나님의 은혜 덕분이지 그의 행위 때문이 아니었습니다. 아브라함은 하나님보다 거짓과 술수를 통해 자신의 안위를 지키려고 했습니다. 그 결과는 무엇입니까? 적어도 겉으로 보기에는 대성공입니다. 자신의 목숨을 보존했을 뿐 아니라 많은 재산까지 얻었으니 기근을 해결한 것입니다.

그러나 내면적인 결과는 전혀 달랐습니다. 그가 믿음 없이 행해서 얻은 것은 축복이 아니라 저주였습니다. 그 거짓말로 아브라함은 사라를 빼앗깁니다. 혹자는 '괜찮은 장사다. 아내 뺏기고 백 억 정도 얻으면 해볼만 하지.' 이렇게 생각할지도 모르지만 이 문제는 아내를 빼앗기는 정도의 문제가 아닙니다. 그 이면에 있는 심각한 문제를 보아야 합니다.

그럼 사라를 빼앗기게 되면 어떤 문제가 생깁니까? 하나님은 아브라함과 사라의 자손 이삭을 통해 이땅에 메시아를 보내기로 작정하셨습니다. 하나님의 원대한 계획 중의 일부입니다. 그런데 사탄이 그것을 안 것입니다. 단지 한 남자가 아내를 팔았다는 정도의 문제가 아닙니다. 그날 바로가 사라를 취했더라면, 사탄의 계획은 성공했을 것입니다. 아마 이땅에 십자가는 없었을지도 모릅니다. 아울러 우리의 구원도 이루어지지 않았을지 모릅니다.

우리의 삶도 마찬가지입니다. 우리는 아브라함과 동일하게 축복을 받은 자입니다. 세상에 하나님의 복을 전달하는 복의 통로로 부름받은 자들입니다. 우리가 단지 우리 자신의 안위를 지키기 위해 쉽게 생각해서 눈 한번 감고 거짓말한 결과는 생각보다 엄청날 수 있습니다. 어쩌면 하나님의 계획에 차질이 생길 수도 있습니다. 그 이면에 담긴 사탄의 궤계를 볼 수 있어야 합니다.

그래서 사도 베드로는 우리에게 이렇게 경고하고 있습니다. "근신하라 깨어라 너희 대적 마귀가 우는 사자같이 두루 다니며 삼킬 자를 찾나니"벧전 5:8. 배가 고파 울부짖는 사자가 먹이를 찾아 헤매는 것처럼 사탄이 지금 그렇게 하고 있는 것입니다. 사탄이 아브라함에게 다가와 아주 간단한 타협안을 내놓습니다. '실제 사촌 누이잖아. 어차피 내 아내라고 버텨봤자 날 죽이고 빼앗아갈 텐데 아내 빼앗기고 목숨 잃는 것보다는 생명을 부지하면서 다른 방도를 생각해봐야 하지 않을까.' 일견 합리적이고 실제로 성공도 했습니다. 거기에다 바로가 사라를 데려가면서 많은 포상금까지 주었습니다.

아브라함의 거짓말로 인한 비극은 여기에서 그치지 않습니다. 우리가 아는 대로 하나님이 바로와 그 집에 재앙을 내렸습니다. 세상에서 축복의 통로가 되어야 할 그가 오히려 세상에 고통을 가져다주는 가해자가 되어버렸습니다. 이 얼마나 비참한 모습입니까?

성경은 우리가 믿음으로 살고자 하지 않을 때 이런 일이 일어날 수 있다고 말씀합니다. 우리가 기근 앞에서 믿음이 아닌 세상적인 방법을 선택할 때 세상이 우리로 말미암아, 우리 가족이 나로 말미암아 고통받을 수 있다고 말씀합니다. 이 세상의 운명이 우리 그리스도인들에게 달려 있다고 믿습니까? 나의 범죄가 주위 사람들을 고통으로 몰아넣을 수도 있습니다. 바로는 희생자였습니다.

또 어떤 일이 일어납니까? 아브라함은 바로에게 책망을 받습니다. 우리가 삶의 기근을 피하기 위해 믿음의 길을 저버릴 때, 우리는 세상 사람들에게 비난을 받을 뿐만 아니라 하나님의 영광을 땅에 떨어뜨리고 맙니다. 오늘날의 교회가 그런 일을 행하고 있지는 않은지 모르겠습니다.

우리가 사회에서 생활할 때 기근이 찾아옵니다. 타협의 순간이 찾아옵니다. 그때 우리가 믿음의 길을 버리고 세상과 타협하게 될 때 어떤 일이 생길까요? 세상 사람들이 우리를 향해 손가락질하기 시작합니다. 믿음의 조상인 아브라함, 바로를 축복해야 될 그가 바로 앞에서 얼굴도 들지 못하고 심하게 꾸중받는 장면을 한번 상상해보십시오. 이 얼마나 비극적인 장면입니까? 바로 이러한 일이 믿음의 조상에게 일어났습니다.

여기서 아브라함이 믿음을 저버리고 애굽에 내려가 타협을 한 결과 얻게 된 또 하나의 부작용에 대해 살펴보겠습니다. 바로에게 실컷 꾸중을 듣고서 가나안으로 되돌아오는 그들의 여행길을 한번 상상해보십시오. 그 부부 사이가 어땠을까요? 두 사람 사이에 한마디의 대화라도 오갔을까요? 사라가 얼마나 상처를 받았을까요? 사라가 정말 순종적인 여자니까 가만 있었지 요즘 여자들같으면 아브라함이 온전치 못했을 것입니다. 사라는 정말 대단한 믿음의 소유자입니다. 창세기 20장에 보면 아브라함이 똑같은 거짓말을 또 하는데도 불구하고 그를 향해 주라고 부릅니다.

저는 목회를 하면서 지금도 이런 상황을 목도하곤 합니다. 어떤 가정에 기근이 찾아옵니다. 여러 가지 시험이 찾아옵니다. 그런데 믿음으로 반응하지 않습니다. 세상적인 방법으로 모든 것을 결정해버립니다. 과연 그 결과가 어떨까요? 부부 사이가 소원해져서 서로 어색해하다가 마침내 부부 관계에 금이 가버립니다. 부부간에, 부모와 자식 간에, 형제 간에 금이 가서 가정이 쪼개지는 모습을 종종 보게 됩니다. 이것이 바로 믿음의 조상 아브라함의 가정에 일어났던 일입니다.

본문은 너무나도 분명히 말하고 있습니다. 이런 일들이 비단 아브라함에게만 있는 것이 아니라 우리 역시 믿음으로 행하지 않고 환경에 눌려서 세상과 타협할 때 동일한 위험에 처할 수 있다고 말입니다. 우리가 하나님의 복은 물론, 복의 통로로서의 기능을 완전히 상실한 채로 이땅을 살아갈 수도 있다고 말입니다. 이것보다 더 무서운 일이 어디 있겠습니까? 세상적인 방법에는 항상 대가가 따름을 기억하시기 바랍니다. 세상적인 방법을 택함으로써 우리에게 닥친 기근이 잠시 해결되는 것처럼 보일 때도 있습니다. 하지만 그것이 우리에게는 복이 아니라 저주일 뿐입니다. 우리가 세상적인 방법을 택했을 때 그것으로 말미암아 많은 부를 손에 거머쥘 수도 있습니다. 그러나 그것은 겉으로 드러난 모습일 뿐입니다.

현재 당신의 부가, 당신의 성공이 하나님께로부터 온 것인지 아니면 세상과의 타협에서 온 것인지를 하나님 앞에서 한번 정직하게 질문해보시기 바랍니다. 세상과 타협해서 얻은 부라면 겉모습과 상관없이 그것은 결코 축복이 아닙니다. 언젠가는 우리를 찌를 가시가 되고 말 것입니다. 당신이 세상적인 부를 얻은 것인지 하나님께로부터 온 복을 얻은 것인지 어떻게 판단할 수 있습니까? 이렇게 질문해보십시오. 혹시 당신이 그 부를 얻기 위해 결코 잃어버려서는 안 될 것을 희생했습니까? 만일 그렇다면 당신은 세상적인 부를 가지고 있는지도 모릅니다.

요즘 아내를 파는 사람이 어디 있겠습니까? 하지만 우리가 문자적으로는 아내를 팔지 않았다고 해도 부를 얻기 위해 아내와의 관계를 희생하였다면, 아이들과 함께 보내야 할 시간을 포기하고 세상적인 성공과 부를 거머쥐고 있다면 그것이 바로 아내를 판 것이고, 아이들을 판 것입니다. 우리는 영원한 것을 위해 일시적인 것을 기꺼이 희생하도록 부름받은 자들이지, 이땅의 가치 없는 것들을 위해 영원한 것을 포기하도록 부름받은 자들이 결코 아닙니다.

그러나 오늘의 현실, 교회의 현실은 그렇지 않은 것 같습니다. 얼마나 많은 성도들이 이런 잘못된 길을 따르고 있는지 모릅니다. 그들은 세상의 성공과 부를 위해 마땅히 희생치 말아야 할 것들을 희생해버립니다. 가정도 희생시키고, 하나님과의 교제도 희생시키고, 예배와 기도도 빼먹고, 하나님 앞에 드려야 할 헌금과 헌신의 생활도 생략해버립니다. 부름받은 자의 삶을 희생합니다. 그리고 세상 것을 움켜쥡니다. 그럼 그 결과는 무엇일까요? 저주입니다.

얼마 전에 미국에서 총기 난사를 했던 조성희 사건을 보면서 제가 미국에서 목회를 할 때 만났던 한 가정이 생각났습니다. 조성희의 부모들은 그 아이가 너무 얌전하고 조용했다고 말했습니다. 제가 알던 그 가정도 그러했습니다. 그 부부도 한국에서 이민 와 세탁소를 운영했습니다. 미국에서 세탁소를 한다는 것은 부부가 그 일에 전적으로 매달려야 한다는 뜻입니다. 가정도 안중에 없고, 아이들 돌볼 시간도 없습니다. 그냥 밥만 대충 해주든지 아니면 사먹게 합니다. 그렇게 열심히 일해서 돈을 모으고 부자가 되었습니다.

그러던 어느 날 그 집 아이가 신문에 나고 말았습니다. 아이들이 돌아가면서 자기 집을 털기로 하고서는 트럭을 갖다 대놓고 몽땅 다 털었던 것입니다. 나중에 그들을 잡고보니 전부 12명이었습니다. 그래서 그 부모가 아이에게 뭐라고 했더니 그 아이가 식칼을 들고 와서 아버지에게 욕을 하더랍니다. "당신이 나한테 해준 게 뭐가 있어? 돈 번다고 나한테 관심이라도 가져봤어? 내게 총이 있었다면 당장 당신을 쐈을 거야." 저는 지금도 제 앞에서 통곡하며 울던 그 집사님의 얼굴을 잊을 수가 없습니다.

오늘 우리 한국 사회의 배후에서 역사하는 사탄의 궤계는 모든 사람을 바쁘게 만드는 것입니다. 직장에 충성하고 일에만 몰두하도록 사람들을 몰아가고 있습니다. 그래서 저는 직장 생활을 하는 분들에게 이렇게 제안하고 싶습니다. 한계를 분명히 하시기 바랍니다. 물론 열심히 일하는 것은 좋은 일입니다. 때론 일에 전력을 쏟아부어야 할 때도 분명 있습니다. 하지만 한계를 정해야 합니다. 당신의 수입의 한계를 정하십시오. 끝없이 수입을 늘리려고 하지 마십시오. 일하는 시간의 한계를 정해야 합니다. 끝없이 부를 쫓아가지 마십시오. 이런 것은 모두 사탄의 속임수입니다.

매주 한 번씩 시간을 정해놓고 아내와 데이트를 한다면 부부 사이에 어떤 일이 생길까요? 일 년에 한두 번씩 자녀들과 함께 휴가 계획을 세우고 그것을 실행해나간다면 부모와 자녀 사이가 어떻게 발전되며, 아이들의 심령에 어떤 복이 있을까요? 누군가 조성희를 조금만 돌보았더라면 억울한 33명의 희생자가 생길 이유도 없고, 조성희 역시 그렇게 한 많은 삶을 살지도 않았을 것입니다.

"하나님, 저는 이만큼이면 충분합니다. 나머지는 하나님께서 주신 복으로 살겠습니다. 제 힘으로 살지 않겠습니다"라는 고백을 하면서 하나님 앞에 예배드리고, 봉사하고, 또 가정을 위해서 충성한다면 당신의 가정에 얼마나 큰 변화가 생기겠습니까? 하나님은 진정으로 그러한 사람들에게 복을 주실 것입니다. 그것이 바로 믿음입니다. 기근을 피하기 위해 애굽으로 가서 거짓말하고 창피당하는 세상적인 방식이 아니라, 하나님을 바라보고 하나님의 방법대로 살아가는 것이야말로 진정한 믿음의 삶인 것입니다.

끝없이 기회를 주시는 하나님

본문은 감사하게도 아브라함의 돌이킴으로 끝을 맺고 있습니다. "그가 남방에서부터 발행하여 벧엘에 이르며 벧엘과 아이 사이 전에 장막 쳤던 곳에 이르니 그가 처음으로 단을 쌓은 곳이라 그가 거기서 여호와의 이름을 불렀더라" 창 13:3-4.

은혜로우신 하나님은 아브라함의 잘못을 돌이켜주셨습니다. 하나님은 그날 밤에 바로에게 나타나 사라의 몸에 손을 대지 못하게 하십니다. 그리고 아브라함은 가나안으로 다시 돌아와 하나님께 예배를 드립니다. 자비로우신 하나님은 언제나 우리를 제자리에 돌려놓으시는 분입니다. 언제나 우리에게 두 번째 기회를 주시는 분입니다. 끝없이 기회를 주시는 분입니다. 아브라함의 실수에 개입하셔서 그를 보호하신 하나님이 오늘 우리에게도 그와 같이 행하실 줄 믿습니다.

아브라함을 지켜주신 하나님은 당신 역시 보호하시며 안타까이 찾고 계십니다. 그리고 다가와 이렇게 말씀하십니다.

"너희 목마른 자들아 물로 나아오라 돈 없는 자도 오라 너희는 와서 사 먹되 돈 없이, 값 없이 와서 포도주와 젖을 사라 너희가 어찌하여 양식 아닌 것을 위하여 은을 달아 주며 배부르게 못할 것을 위하여 수고하느냐 나를 청종하라 그리하면 너희가 좋은 것을 먹을 것이며 너희 마음이 기름진 것으로 즐거움을 얻으리라" 사 55:1-2. 아브라함은 이 부름을 듣고 다시 돌아와 하나님께 예배의 삶을 살았습니다. 그리고 하나님의 이름을 불렀습니다.

이것이 바로 우리가 행해야 할 일입니다. 과거에 기근이 왔을 때 잘못 행했습니까? 애굽으로 나아갔습니까? 오늘 이 말씀을 듣고 돌이키는 삶을 사시기 바랍니다.

3장
풍요 속에서 맞이하는 고난

창세기 13:5-18

아브람의 일행 롯도 양과 소와 장막이 있으므로 그 땅이 그들의 동거함을 용납지 못하였으니 곧 그들의 소유가 많아서 동거할 수 없었음이라 그러므로 아브람의 가축의 목자와 롯의 가축의 목자가 서로 다투고 또 가나안 사람과 브리스 사람도 그 땅에 거하였는지라 아브람이 롯에게 이르되 우리는 한 골육이라 나나 너나 내 목자나 네 목자나 서로 다투게 말자 네 앞에 온 땅이 있지 아니하냐 나를 떠나라 네가 좌하면 나는 우하고 네가 우하면 나는 좌하리라 이에 롯이 눈을 들어 요단 들을 바라본즉 소알까지 온 땅에 물이 넉넉하니 여호와께서 소돔과 고모라를 멸하시기 전이었는고로 여호와의 동산 같고 애굽 땅과 같았더라 그러므로 롯이 요단 온 들을 택하고 동으로 옮기니 그들이 서로 떠난지라 아브람은 가나안 땅에 거하였고 롯은 평지 성읍들에 머무르며 그 장막을 옮겨 소돔까지 이르렀더라 소돔 사람은 악하여 여호와 앞에 큰 죄인이었더라 롯이 아브람을 떠난 후에 여호와께서 아브람에게 이르시되 너는 눈을 들어 너 있는 곳에서 동서남북을 바라보라 보이는 땅을 내가 너와 네 자손에게 주리니 영원히 이르리라 내가 네 자손으로 땅의 티끌 같게 하리니 사람이 땅의 티끌을 능히 셀 수 있을진대 네 자손도 세리라 너는 일어나 그 땅을 종과 횡으로 행하여 보라 내가 그것을 네게 주리라 이에 아브람이 장막을 옮겨 헤브론에 있는 마므레 상수리 수풀에 이르러 거하며 거기서 여호와를 위하여 단을 쌓았더라.

우리는 기근이 우리에게 문제를 가져온다고 생각합니다. 그래서 우리가 늘 바라는 것이 무엇입니까? 우리는 우리 삶에서 기근이 물러가고 풍요가 찾아오기를 소원하며, 또 그것을 위해 기도합니다. 사실 물질의 부족이 우리에게 크나큰 시험이 될 수도 있습니다. 왜냐하면 삶이 어렵고 궁핍해질 때 우리 영혼이 메말라지기 때문입니다. 몸이 영혼의 영향을 받지만, 우리 영혼도 몸의 영향을 받습니다. 그렇다고 시험이 반드시 기근을 통해서 오는 것만은 아닙니다. 놀랍게도 시험은 종종 풍요 가운데서 우리의 인생에 찾아오기도 합니다. 이것이 바로 본문이 말하고자 하는 메시지입니다. 즉, 풍요가 우리의 삶에 시험이 될 수도 있다는 것입니다.

앞에서 살펴보았듯이 약속의 땅에 기근이 찾아왔을 때 아브라함은 그 시험에 올바로 대처하지 못했습니다. 그래서 믿음 없이 애굽 땅으로 내려갔다가 사라 문제로 바로에게 거짓말을 하게 됩니다. 또 그로 인해 바로에게 심한 책망을 받아 하나님의 영광을 가리게 되고, 자기 아내 사라에게도 평생 씻을 수 없는 마음의 상처를 입히고 맙니다. 하나님은 아브라함의 잘못된 행동을 통해서 우리 삶에 찾아오는 기근에 우리가 어떻게 대처해야 하는지를 가르쳐주셨습니다.

그러나 본문에서는 삶의 또 다른 시험, 즉 풍요에 대해 말씀해주고 있습니다. 하나님의 은혜로 애굽에서 구원받은 아브라함은 다시 약속의 땅에 돌아와서 하나님을 예배하며, 올바른 신앙의 길로 들어섭니다. 하나님은 그에게 복을 주셨고, 그는 점점 부자가 되어갑니다. 그러나 늘어나는 물질로 말미암아 가족 간에 문제가 생기기 시작했습니다. "그 땅이 그들의 동거함을 용납지 못하였으니 곧 그들의 소유가 많아서 동거할 수 없었음이라" 13:6.

아브라함 집의 늘어나는 양 떼로 말미암아 아브라함의 목자와 롯의 목자가 서로 다투고 반목하고, 급기야는 싸움까지 하게 되었습니다. 왜 그렇습니까? 풀이 있는 들판은 한정되어 있고, 그들의 양은 점점 늘어나니까 목자들이 서로 자기 양에게 풀을 많이 먹이기 위해 다툼을 벌인 것입니다.

여기서 우리가 알아야 할 중요한 진리는, 풍요가 우리의 삶의 문제를 다 해결해주지는 못한다는 것입니다. 오히려 풍요를 잘 누리지 못하면 더 큰 시험을 당할 수 있음을 본문은 말해주고 있습니다.

요즘 우리는 언론을 통해 이 풍요로 인해 일어난 다툼과 갈등의 사례를 자주 볼 수 있습니다. 얼마 전, 토지 보상으로 부자가 된 한 시골 마을에 대한 기사가 신문에 난 적이 있습니다. 그 마을은 여느 마을처럼 평범한 시골 마을이었습니다. 같은 성씨들이 모여 사는 씨족 마을이었습니다. 동네 사람이 다 형제고 친척이고 좋은 이웃이었습니다. 그런데 그 마을에 신도시가 들어서면서 사람들이 막대한 토지 보상을 받게 되자 문제가 생기기 시작했습니다. 보상 금액이 수억에서 수십억까지 이르렀습니다.

우리가 바라는 대로 돈이 행복의 조건이라면 그만한 돈이 생겼을 때 그 마을 사람들은 더 행복해져야 하지 않습니까? 그런데 친척들 간에 더 많은 돈을 차지하기 위해 서로 고소하고, 평생 살아온 노부부가 이혼을 하고, 결국 형제가 형제를 죽이는 살인극까지 벌어지고 말았습니다. 결국 온 동네가 파탄이 나고 만 것입니다. 우리는 물질의 풍요가 우리의 삶의 모든 문제를 해결할 수 있다고 믿고 있지만 그 반대인 경우를 너무나 쉽게 찾아볼 수 있습니다.

저는 목회 현장에서 이와 같은 일을 자주 목도합니다. 어떤 가정이 있습니다. 그 가정에 기근이 찾아와서 모든 것이 어려울 때 그들은 겸손하게 하나님 앞에 꿇어 엎드립니다. 정말 하나님 앞에 간절히 구하며 열심히 살아갑니다. 얼마 안 있어 기근이 물러가고 풍요가 찾아옵니다. 물질적으로 넉넉해지고, 건강이 회복됩니다. 그 다음에는 어떻게 됐을까요? 유감스럽게도 저는 그 풍요를 오래 간직하는 가정을 많이 보지 못했습니다. 거의 다 세상으로 향하게 되고 마음이 높아져서 그 풍요를 하나님이 주신 축복으로 누리지 못했습니다. 그러다 결국에는 그 풍요로 말미암아 멸망으로 달려가는 것을 보았습니다.

하나님은 이스라엘 왕들로 하여금 말을 많이 갖지 못하게 하셨습니다. 그 당시에 말은 오늘날의 탱크와 같이 막강한 무기였습니다. 그런데 왜 그런 강력한 무기를 많이 갖지 못하게 하셨을까요? 말을 많이 갖게 되면 이스라엘 백성들이 하나님을 의지하지 않고 그 말을 의지하기가 쉽기 때문입니다. 이것이 바로 물질의 위험입니다. 바로 풍요에서 오는 위험입니다. 어디 물질뿐이겠습니까? 우리가 그토록 바라 마지않는 성공과 건강과 평안의 풍요가 자칫 우리를 위험에 빠뜨릴 수도 있음을 우리는 명심해야 합니다.

그러면 어떻게 해야 축복의 땅에서 얻는 풍요를 축복답게 누릴 수 있을까요? 어떻게 해야 하나님이 주시는 복을, 시험이 아닌 복으로 간직할 수 있을까요? 하나님은 오늘 아브라함의 인생을 통해 우리에게 그 방법을 상세하게 설명해주십니다.

물질은 하나님의 것이다

하나님은 먼저 우리가 올바른 물질관을 가져야 한다고 말씀하십니다. 특별히 본문에서 하나님은 모든 물질이 하나님께로부터 온다는 것을 인식하면서 살아야 한다고 말씀하십니다. 아브라함은 풍요로 말미암아 일어난 가족 간의 갈등을 어떻게 해결했습니까? 그 자세한 내용이 바로 본문에 나와 있습니다.

갈등의 소식을 듣고 아브라함은 마음이 많이 아팠을 것입니다. 목자들의 반목은 날이 갈수록 심해지고 결국에는 주먹다짐까지 하는 상황이 벌어졌습니다. 그러자 자신을 아버지같이 따르며 섬기던, 자기가 자식같이 여기던 조카 롯의 눈빛이 예사롭지가 않습니다. 예전 같지 않은 것입니다. 아브라함의 마음이 얼마나 아팠겠습니까? 이대로 둔다면 혈육을 잃게 되고, 나아가 본문 7절에 나타난 대로 가나안에 사는 원주민들이 이 모든 일을 지켜보고 있었기에 하나님의 영광마저 가리게 될 것을 아브라함은 알았습니다.

불신자들은 우리 믿는 사람들의 가정에서 일어나는 일, 믿는 사람들 사이에서 일어나는 일을 언제나 주시하고 있습니다. 가나안 땅에는 아브라함과 롯만 산 것이 아니라 가나안 사람들과 브리스 사람들도 함께 살았습니다. 그들은 항상 하나님을 믿는 사람들이 어떻게 사는가를 관심 있게 지켜보고 있었는데, 이런 판국에 하나님의 사람끼리 서로 싸우면 어떻게 되겠습니까? 아브라함은 심한 부담감을 느꼈습니다.

그래서 아브라함이 먼저 주도권을 쥐고 갈등을 해결하기 위해 나섭니다. "아브람이 롯에게 이르되 우리는 한 골육이라 나나 너나 내 목자나 네 목자나 서로 다투게 말자" 창 13:8. 얼마나 간곡한 어조입니까? 그리고 그는 해결책을 제시합니다. "네 앞에 온 땅이 있지 아니하냐 나를 떠나라 네가 좌하면 나는 우하고 네가 우하면 나는 좌하리라" 창 13:9. 아브라함의 인생에서 우리가 꼭 기억하고 배워야 할 말씀입니다. 이것은 결코 쉽게 할 수 있는 제안이 아닙니다. 지금 아브라함은 롯에게 모든 결정권을 준 것입니다. 그러면 아브라함은 어떻게 해서 이런 결정을 내릴 수 있었을까요? 그 이유는 아마도 아브라함이 기근을 통해 많은 교훈을 배웠기 때문이라고 생각합니다.

저는 기근을 통해 올바른 교훈을 배운 사람은 풍요도 다스릴 수 있다고 믿습니다. 그러나 대부분의 사람들은 그렇게 하지 못합니다. 기근이 오면 기근이 오는 대로 원망을 하고, 풍요가 오면 앞뒤 생각 없이 흥청망청하는 것이 일반적인 인간의 모습입니다. 그러나 올바른 믿음의 소유자는 그 어느 쪽이든지 교훈을 배우게 됩니다. 아브라함과 롯은 가나안 땅에서 함께 기근을 겪고, 애굽으로 갔다가 돌아와서 똑같이 부자가 되었지만 상황을 바라보는 시각에서는 엄청난 차이가 존재합니다. 아브라함은 그 모든 일을 통해 교훈을 배웠습니다. 그래서 조카 롯에게 선택권을 주고 양보할 수 있었던 것입니다. 아브라함은 애굽에서의 뼈저린 경험을 통해 자신의 모든 생사화복이 하나님의 손에 달려 있음을 배웠습니다. 머리가 아닌 삶을 통해 배운 것입니다. 우리의 모든 생사화복이 하나님의 손에 달려 있음을 믿으시기 바랍니다. 우리 능력이 아닙니다.

아브라함은 기근을 면하기 위해 거짓말도 하고, 다른 방법도 써보았습니다. 그러나 결국 배운 것은 이 한 가지입니다. 자신을 축복하시는 이도 여호와 하나님이시요, 벌하시는 이도 여호와 하나님이시라는 사실입니다. 그래서 이제는 아무 거리낌 없이 롯에게 선택권을 양보할 수 있게 되었습니다.

저의 은사이신 달라스 신학 교수 앨런 로스 Allen Ross는 유명한 구약학자이신데 아브라함의 이 행동을 두고 이렇게 표현했습니다. "하나님께서 그 땅을 자신에게 주신다는 것을 믿는 자는 자기 힘으로 그 땅을 확보할 필요가 없었다." 너무나도 놀라운 말씀입니다. 하나님이 친히 우리의 쓸 것을 공급하실 것을 믿는 자들은 자기 소유물에 대해 연연해하지 않습니다.

본문에 나타난 아브라함의 말은 분명하면서도 겸손합니다. 애굽에서와 같이 모호하지 않습니다. 그는 말부터 달라졌습니다. "네가 좌하면 나는 우하고 네가 우하면 나는 좌하리라." 이것이 바로 믿음의 태도입니다.

아브라함은 지난 실수에 얽매여 거북이같이 움츠러들지 않았습니다. 과거의 죄가 결코 가볍지는 않지만, 아브라함은 그로 말미암아 교훈을 얻고 다시 일어섰습니다. 이제는 모든 것, 특히 물질에 관한 것은 하나님께 맡기며 살아가기로 결단한 것입니다. 이 과감하고 솔직한 돌이킴이 아브라함을 믿음의 조상으로 만들었습니다.

혹시 당신의 삶이 지난날보다 좀 여유로워졌습니까? 제가 한 교회에서 12년을 목회하면서 지켜보니 많은 분들이 경제적으로 부유해졌습니다. 어떤 가정은 인간의 능력으로는 도저히 이룰 수 없을 만큼 하나님이 많은 것들을 맡기신 가정도 있습니다. 그러나 한편으로는 그 가정들의 삶을 보면서 걱정이 됩니다. 왜 그럴까요? 어려울 때보다 신앙적으로는 더 못한 가정이 있기 때문입니다. 여전히 물질을 꼭 움켜쥐고 마치 그 물질이 자기 인생을 책임져줄 것처럼 전전긍긍하는 모습을 볼 때마다 참 안타깝습니다. 저는 지금도 그런 가정을 위해 중보기도하고 있습니다.

기근이 물러가고 풍요가 왔습니까? 잃었던 건강을 되찾았습니까? 그렇다면 그 풍요를 하나님 앞에서 잘 관리하시기 바랍니다. 우리는 그 풍요로 인해 교만해지지 않아야 합니다. 그 풍요를 의지하지 않고 하나님만 바라보도록 힘써야 합니다. 풍요가 찾아왔을 때, 평안할 때 하나님을 바라볼 수 있도록 무릎꿇고 하나님의 존전에 나아가시기를 바랍니다. 하나님이 주신 약속의 땅에서 하나님이 주시는 풍요를 계속 누리기를 바란다면 모든 물질이 하나님께로부터 온다는 것을 마음에 새겨야 합니다.

축복은 나누어야 한다

두 번째로 본문이 우리에게 가르쳐주는 것은, 하나님이 약속하신 땅에서 하나님이 주시는 풍요를 계속 누리기 원한다면 하나님이 주신 복을 관대하게 나누어야 한다는 것입니다. 우리에게 물질을 주신 분이 하나님이심을 믿는다면 당연히 이런 삶을 살 수밖에 없습니다. 가난하든지 부하든지 우리는 나누고 살아야 합니다. 왜냐하면 우리 주변에는 늘 나보다 못한 사람이 있기 때문입니다. 가난하다고 해서 나누지 못하는 것이 아닙니다. 주위를 둘러보면 언제나 나보다 못한 사람이 있기 마련입니다. 우리는 그들에게 나누어야 할 책임이 있습니다.

사실 우리가 소유한 모든 것은 다 하나님께로부터 온 것입니다. 우리는 청지기일 뿐입니다. 우리가 정말로 청지기인 것을 인정한다면, 또한 하나님의 물질을 잠시 관리하는 관리자인 것을 안다면 우리가 그분의 뜻을 따라 물질을 사용하는 것은 너무나 당연한 일입니다. 하나님은 항상 당신의 뜻에 따라 물질을 사용하는 자들에게 더 많은 것을 맡기십니다. 바울은 이 진리를 이렇게 표현했습니다. "이것이 곧 적게 심는 자는 적게 거두고 많이 심는 자는 많이 거둔다 하는 말이로다" 고후 9:6. 이 말씀을 믿으십니까? 하나님 나라를 위해 정말 믿음으로 심어보셨습니까? 하나님은 살아 계십니다.

저는 제 인생을 통해서 이것을 너무나도 뼈저리게 경험해왔습니다. 근래에 제가 몇몇 교회에 집회를 다녔습니다. 자랑으로 하는 이야기는 아니지만, 저는 재정적으로 약한 교회에 가면 사례비를 받아서 그 교회

사모님께 드리고 옵니다. 그러면 그분들이 얼마나 감사해하는지 모릅니다. 그런데 그렇게 드리고 나면 하나님이 다른 곳을 통해 몇 배로 채워주십니다. 그래서 저는 집사람에게 너무 신기하다고 말합니다. 하지만 이것은 어떻게 보면 너무나 당연한 것입니다. 왜 그렇습니까? 하나님의 말씀은 살아 있기 때문입니다.

사실 아브라함은 자신의 것을 움켜쥘 수 있었습니다. 그 당시 모든 재산은 아브라함의 소유였고, 롯은 아브라함을 따라다니는 신세였기에 당연히 아브라함에게는 더 좋은 땅, 더 많은 재산을 차지할 권리가 있었습니다. 아마 롯이 가진 재산의 대부분은 아브라함이 주었을 것입니다.

그러나 본문에 따르면 아브라함은 양보하는 삶을 살았습니다. 비단 롯에게뿐만 아니라 그는 항상 양보의 삶을 살았습니다. 그리하여 마침내 아브라함은 성경에 기록된 대로 거부가 되었습니다. 그는 물질적인 부자뿐 아니라 영적인 거부가 되어 온 세상에 축복을 전하는 통로가 되었습니다. 아브라함은 어떻게 늘 양보하고 나누는 삶을 살 수 있었을까요? 그에게는 오직 하나님만이 자신을 물질적으로 축복하실 수 있는 분이심을 확신하는 믿음이 있었기 때문입니다.

이런 믿음이 있는 사람은 베푸는 삶을 살 수 있습니다. 그리고 드리는 일에 풍요로울 수 있습니다. 그렇기 때문에 헌금 생활이 달라집니다. 성경은 헌금 생활을 굉장히 강조합니다. 헌금을 잘한다고 해서 그 사람이 반드시 신앙적으로 완벽한 것은 아닙니다만 그 역은 성립합니다. 정말 믿음이 좋은 사람은 한 가지 관문을 반드시 넘어서야 하는데 그게 바로 헌금 생활입니다. 바른 헌금 생활은 정확한 십일조와 하나님 앞에 기꺼이 드리는 것입니다. 즉, 아무리 신앙 생활이 뛰어난 것같아 보여도 헌금 생활의 문턱을 넘어서지 못하면 그 신앙은 가짜라는 것입니다.

저는 저희 교회 성도들의 헌금 생활을 자주 확인하지는 않지만, 신앙 생활을 점검하기 위해서 가끔씩은 확인합니다. 헌금 생활의 관문을 넘지 못하는 사람에게는 올바른 신앙 성장이 결코 이루어지지 않습니다. 그 사람이 경제적 여유가 있느냐 없느냐는 아무 상관이 없습니다.

오늘 당신의 헌금 생활을 살펴보시기 바랍니다. 당신의 물질에 대해서 하나님께 평가를 받아보십시오. 과거보다 형편이 나아졌습니까? 그렇다면 지금 당신의 마음 상태는 어떻습니까? 혹시 느슨해지지는 않았는지 한번 확인해보십시오. 참 이상합니다. 어려울 때는 하나님 앞에 잘 드립니다. 그런데 돈이 모이기 시작하면 그때부터 인색해집니다. 그것은 사탄의 궤계입니다. 롯이 바로 그러한 삶을 살았습니다. 그러다가 결국에는 아무것도 없이 빈손으로 소돔을 떠나게 되었습니다. 그 끝이 얼마나 비참합니까?

본문에서는 아브라함의 선택뿐만 아니라 롯의 선택도 보여줍니다. 롯은 물이 넘쳐흐르고 땅이 기름진 요단 계곡을 바라봅니다. 그곳은 마치 에덴동산과 같았습니다. 그러나 본문은 그 땅에 대해 슬쩍 한마디를 던져줍니다. "이에 롯이 눈을 들어 요단 들을 바라본즉 소알까지 온 땅에 물이 넉넉하니 여호와께서 소돔과 고모라를 멸하시기 전이었는 고로 여호와의 동산 같고 애굽 땅과 같았더라" 13:10.

성경은 롯의 선택에 대해 아무런 언급도 하지 않고 그냥 한마디만을 슬쩍 던져줍니다. 무슨 말입니까? 겉으로 보기에는 여호와의 동산 같고 애굽의 땅같이 기름지지만 그 속에는 뭔가가 있다는 말입니다. 본문 13절에서는 소돔과 고모라가 당시에 이미 악한 도시였다고 말합니다. "소돔 사람은 악하여 여호와 앞에 큰 죄인이었더라."

한 도시의 죄악은 하루아침에 형성되지 않습니다. 오랜 세월을 두고 조금씩 쌓이는 법입니다. 소돔과 고모라는 그 당시에 이미 악한 도시였고, 그 근처에 살던 롯은 소돔과 고모라가 악한 곳임을 잘 알고 있었습니다. 그럼에도 불구하고 롯은 소돔과 고모라를 택했습니다. 왜 롯이 소돔과 고모라를 선택했을까요? "이에 롯이 눈을 들어 요단 들을 바라본즉"10절. 구약 신학자 빅터 해밀턴Victor Hamilton은 여기서의 '바라본즉'이라는 말을 '탐욕을 가지고 바라보다'로 해석했습니다. 그 당시 이미 롯이 물질에 사로잡혀 있었다는 것입니다. 그는 그 도시의 악함도 알았습니다. 겉으로는 배부르고 기름지지만 속으로는 영적으로 악한 것을 알고 있었습니다. 그러나 롯은 결국 그곳을 선택하고 맙니다. 그의 눈은 이미 하나님이 주신 비전보다는 세상적인 것에 쏠려 있었기 때문입니다. 이것이 멸망의 길입니다.

지금도 이 길로 달려가고 있는 사람들이 얼마나 많은지 모릅니다. 우리 믿는 사람들이 하나님이 주신 비전보다는 물질을 더 의지하고 그것을 향해 좇아갈 때 우리 앞에 기다리고 있는 것은 멸망밖에는 아무것도 없습니다. 이렇게 해서 소돔으로 옮겨간 롯이 마침내 어떻게 되었습니까? 처음에는 소돔 성 밖에 거하더니 차차 성 쪽으로 옮겨가서 창세기 14장에 보면 드디어 성 안으로 들어가서 살게 됩니다. 본문 12절에는 그 이전까지만 나옵니다. "아브라함은 가나안 땅에 거하였고 롯은 평지 성읍들에 머무르며 그 장막을 옮겨 소돔까지 이르렀더라"창 13:12 .

우리는 롯의 결국을 압니다. 그의 아내는 하나님 앞에 저주를 받아 소금기둥이 되었고, 그는 술이 취해 두 딸과 동침하여 두 아이를 낳았는데 그들이 바로 두고두고 이스라엘을 괴롭히던 모압 족속과 암몬 족속의 조상이 되었습니다. 이 얼마나 큰 저주입니까? 똑같이 하나님께 부름받았고, 똑같이 물질적으로 복을 받았습니다. 하지만 아브라함은 믿음의 조상이 된 반면, 롯은 저주의 조상이 되고 말았습니다.

본문은 이런 일이 얼마든지 가능하다고 말씀하고 있습니다. 믿음으로 살지 않고 보이는 것을 따라 살면 당장은 성공하는 것 같아도 결국 파산하고 맙니다. 그래서 칼빈John Calvin 은 이 구절을 이렇게 해석했습니다. "롯은 낙원에 거하는 것같이 생각되었는지 몰라도 결국 그는 지옥 바다까지 내려가고 말았다."

지금 당신의 삶은 무엇에 의해 좌우되고 있습니까? 당신은 믿음으로 하나님을 바라보고 삽니까? 혹 이땅의 보이는 것만을 바라보고 살지는 않습니까? 물질에 대한 욕심 때문에 롯처럼 조금씩 세상으로 나아가고 있지는 않습니까? 우리는 자칫 잘못하면 그렇게 살기 쉽기 때문에 하나님은 이 말씀을 성경에 기록해주신 것입니다. 이것은 우리 모두를 위한 말씀입니다. 하나님이 주신 약속의 땅에서 풍요를 누리며 살기 원한다면 물질을 섬기지 말아야 합니다. 오히려 물질의 주인이 되어 물질을 다스릴 수 있기를 바랍니다. 하나님이 당신에게 주신 물질의 축복을 마음껏 받아 누릴 수 있기를 바랍니다.

하나님이 당신에게 주신 물질은 결코 당신 한 사람만을 위한 것이 아닙니다. 우리는 그 물질을 나눌 수 있어야 합니다.

얼마 전에 저는 참으로 놀라운 분을 만났습니다. 제가 부흥회를 인도하고 사례비로 받은 것을 그 교회에 돌려주고 오고 있는데 어떤 분이 저를 쫓아오신 것입니다. 그 교회 교인도 아니고 다른 교회 교인인데 부흥회에 참석해서 은혜를 받았다며 하나님을 위한 일에 써달라고 저에게 봉투를 주었습니다. 그런데 그 안에는 제가 받은 사례비의 몇 배나 되는 돈이 들어 있었습니다. 아무나 돈이 있다고 처음 본 목사에게 이렇게 할 수 있는 것은 아닙니다. 이것은 결코 쉽지 않은 일입니다. 나중에 그 가정에 대해 자세한 이야기를 듣게 되었는데 하나님이 얼마나 복을 주셨는지 그 가정은 늘 나누며 산다고 합니다. 나누면 나눌수록 하나님이 복을 더 주신다고 합니다. 얼마나 멋있는 삶입니까?

아브라함의 삶이 바로 이런 삶이었습니다. 하나님은 디모데전서 6장에서 이렇게 말씀하십니다. "네가 이 세대에 부한 자들을 명하여 마음을 높이지 말고 정함이 없는 재물에 소망을 두지 말고 오직 우리에게 모든 것을 후히 주사 누리게 하시는 하나님께 두며 선한 일을 행하고 선한 사업에 부하고 나눠 주기를 좋아하며 동정하는 자가 되게 하라 이것이 장래에 자기를 위하여 좋은 터를 쌓아 참된 생명을 취하는 것이니라" 딤전 6:17-19.

롯이 떠난 후 허탈해하는 아브라함에게 하나님이 나타나셨습니다. 세상을 좇아 사는 사람들이 더 많은 이익을 얻고, 믿음으로 사는 우리가 손해를 보는 것 같은 때에 하나님은 비로소 우리에게 나타나십니다. 그리고 말씀하십니다.

"롯이 아브람을 떠난 후에 여호와께서 아브람에게 이르시되 너는 눈을 들어 너 있는 곳에서 동서남북을 바라보라 보이는 땅을 내가 너와 네 자손에게 주리니 영원히 이르리라 내가 네 자손으로 땅의 티끌 같게 하리니 사람이 땅의 티끌을 능히 셀 수 있을진대 네 자손도 세리라 너는 일어나 그 땅을 종과 횡으로 행하여 보라 내가 그것을 네게 주리라" 창 13:14-17.

여기서는 아주 극명한 대조가 나옵니다. 롯은 스스로 눈을 들었고, 아브라함은 하나님이 눈을 들라고 말씀하십니다. 롯은 요단 들만 바라보았고, 아브라함은 하나님이 동서남북을 바라보라고 하십니다. 롯은 요단 들만 차지했지만, 아브라함은 하나님이 그에게 보이는 땅을 전부 다 주겠다고 말씀하십니다. 그것도 영원히 말입니다. 롯은 스스로 취했지만 아브라함은 하나님이 주시기를 기다렸습니다. 결과는 하늘과 땅 차이입니다. 하나님은 믿음으로 사는 사람들을 결코 실망시키지 않으십니다. 아브라함은 그 신실하신 하나님을 믿었습니다. 그래서 그는 그토록 관대한 삶을 살 수 있었던 것입니다.

저는 얼마 전 짧은 기간 동안 공산 국가를 여행하고 왔습니다. 그곳에는 물질의 풍요를 좇는 자들과 영적인 세계를 갈망하는 사람들이 공존하고 있습니다. 우연히 어떤 모임이 있다는 소리를 듣고 그 모임이 열리는 장소에 갔습니다. 거기에는 지하 교회에서 온 반주자들이 모여 있었습니다. 그런데 그들은 '도레미파솔라시도' 계이름도 몰랐습니다. 공산 국가의 성도들은 당국의 감시와 핍박을 받으며 지하 교회에 출석하는데 찬양을 하고 싶어도 반주자가 없습니다. 그래서 각 교회에서 반주자라고 뽑혀서 온 사람들이 제대로 악보도 못 보는 사람들이었습니다.

그 사람들은 도시 외곽의 허름한 집에서 한 달 하숙비 3만 9천 원을 내고 생활한다고 합니다. 한 남학생은 돈이 만 3천 원밖에 없어서 그것만 내고서는 누가 못 먹게 하는 것도 아닌데 스스로 밥을 안 먹었답니다. 어느 날 마음껏 밥을 먹으라고 했더니 네 그릇을 먹더랍니다.

제 집사람이 그날 거기서 하루 종일 피아노 레슨을 했습니다. 지금 우리는 그들을 어떻게 도울 수 있을지에 대해 기도하고 있습니다. 그들이 사는 도시에는 한 달 임대료가 3-4천 달러나 되는 좋은 집들이 많이 있습니다. 그러나 저는 한 달에 3만 9천 원을 내는 사람들의 눈에서 하나님의 영광을 보았습니다. 그들은 자신의 처지로 인해 조금도 기죽지 않을 뿐 아니라 당당하기까지 했습니다. 주의 나라를 위해서라면 그까짓 고생쯤 아무것도 아니라는 태도였습니다.

우리의 인생길에는 복과 저주의 길이 있습니다. 생명과 사망의 길이 있습니다. 똑같이 구원을 받았어도 이땅에서 사는 동안 롯과 같이 물질을 좇아가면 우리와 우리 자손들에게는 희망이 없습니다. 그러나 아브라함과 같이 믿음의 길을 따라간다면, 기근이 오든 풍요가 오든 오직 하나님만 바라보고 간다면, 우리는 이 약속의 땅, 구원받은 땅에 살면서 하나님의 복을 누리고, 나누며, 복을 전하는 복의 통로로 살아가게 될 것입니다.

4장
승리하는 삶을 살기 위하여

창세기 14:14-24

아브람이 그 조카의 사로잡혔음을 듣고 집에서 길리고 연습한 자 삼백 십 팔인을 거느리고 단까지 쫓아가서 그 가신을 나누어 밤을 타서 그들을 쳐서 파하고 다메섹 좌편 호바까지 쫓아가서 모든 빼앗겼던 재물과 자기 조카 롯과 그 재물과 또 부녀와 인민을 다 찾아 왔더라 아브람이 그돌라오멜과 그와 함께한 왕들을 파하고 돌아올 때에 소돔 왕이 사웨 골짜기 곧 왕곡에 나와 그를 영접하였고 살렘왕 멜기세덱이 떡과 포도주를 가지고 나왔으니 그는 지극히 높으신 하나님의 제사장이었더라 그가 아브람에게 축복하여 가로되 천지의 주재시요 지극히 높으신 하나님이여 아브람에게 복을 주옵소서 너의 대적을 네 손에 붙이신 지극히 높으신 하나님을 찬송할지로다 하매 아브람이 그 얻은 것에서 십분 일을 멜기세덱에게 주었더라 소돔왕이 아브람에게 이르되 사람은 내게 보내고 물품은 네가 취하라 아브람이 소돔왕에게 이르되 천지의 주재시요 지극히 높으신 하나님 여호와께 내가 손을 들어 맹세하노니 네 말이 내가 아브람으로 치부케 하였다 할까 하여 네게 속한 것은 무론 한 실이나 신들메라도 내가 취하지 아니하리라 오직 소년들의 먹은 것과 나와 동행한 아넬과 에스골과 마므레의 분깃을 제할지니 그들이 그 분깃을 취할 것이니라.

성경은 우리 그리스도인의 삶을 여러 가지 비유를 통해 가르쳐주고 있습니다. 우리가 잘 아는 비유 가운데 하나는 그리스도인의 삶을 '농부'에 비유한 것입니다. 즉, 우리의 신앙 생활에는 인내가 필요하다는 뜻입니다. 또 '경주자'에 비유하기도 하는데 이는 목표가 분명해야 함을 뜻합니다. 또한 '군사'에 비유하기도 하는데 이는 주님께 온전히 헌신해야 함을 뜻합니다. 그런데 이런 여러 가지 비유 가운데 상당히 충격적인 비유가 하나 있습니다. 그것은 바로 그리스도인의 삶을 '전쟁'에 비유한 것입니다.

그리스도인의 삶이란 무엇입니까? 그것은 마치 전쟁을 하는 것과 같다고 성경은 말합니다. 그리스도인들의 삶은 곧 전쟁입니다. 겉으로는 아무 일 없는 것 같지만 영적인 눈을 뜨고 보면 하루하루가 영적인 전쟁입니다. 우리의 대적은 공중 권세 잡은 사탄입니다. 그래서 사도 베드로는 이렇게 경고하고 있습니다.

"근신하라 깨어라 너희 대적 마귀가 우는 사자같이 삼킬 자를 찾나니"
벧전 5:8.

사탄이 지금 이 순간도 삼킬 자를 찾고 있다는 것입니다. 우리 눈에는 보이지 않지만 영적인 전쟁이 치열하게 벌어지고 있다는 말입니다. 「천로역정Pilgrim's Progress」은 바로 그리스도인들이 겪는 영적 전쟁을 이야기로 쉽게 표현한 불후의 명작입니다.

본문에는 믿음의 조상 아브라함이 겪은 전쟁 이야기가 기록되어 있습니다. 하나님이 약속하신 땅에 들어온 아브라함은 기근을 겪습니다. 또한 사랑하는 롯과 헤어지는 고통도 감수해야 했습니다. 그리고 이제 아브라함에게 전쟁이 닥쳐왔다고 성경은 말합니다. 이것이 바로 그리스도인의 삶입니다. 그리스도인의 삶은 이땅에서의 삶을 보장받기 위한 것이 아니라 영원한 나라에서 복을 누리기 위해 끊임없이 나아가야 하는 순례의 길입니다.

오늘날 우리는 매일 영적 전쟁에 노출되어 있습니다. 지금도 전쟁을 하고 있습니다. 그러면 이 영적 전쟁에서 어떻게 승리할 수 있을까요? 창세기 14장은 이에 대한 귀중한 교훈을 주고 있습니다. 하나님은 본문을 통해서 영적 전쟁에서 승리할 수 있는 몇 가지 방법을 분명하게 말씀해 주고 있습니다.

소명의 삶을 살아야 한다

하나님은 우리가 영적 전쟁에서 승리하려면 하나님이 부르신 소명의 삶을 살아야 한다고 말씀하십니다. 창세기 14장은 메소포타미아 지역의 네 왕과 요단 지역의 다섯 왕이 서로 싸우기 위해 모인 것으로 시작됩니다. 오늘날로 말하면 국제적인 전쟁이 일어난 것입니다. 그들은 사해 근처에서 전쟁을 벌였습니다. 전쟁이 벌어진 이유를 4절에서 이렇게 기록하고 있습니다. "이들이 십이 년 동안 그돌라오멜을 섬기다가 제 십삼 년에 배반한지라."

당시 요단 지역의 다섯 왕들은 12년 동안 메소포타미아에 있는 그돌라오멜 왕에게 조공을 바쳤습니다. 그러다가 13년 되던 해에 더 이상 조공을 바치지 않기로 결정하고 연합하여 반역을 도모했습니다. 그래서 그돌라오멜이 이 다섯 왕을 치기 위해 내려온 것입니다. 우리 식으로 말하면, '너희들이 이제 좀 컸다 이거지? 어디 내가 가서 손좀 봐주마' 하는 것이겠지요. 이렇게 해서 전쟁이 시작되었습니다. 그러나 그가 혼자 오기는 좀 그랬던 모양입니다. 다섯 왕의 세력이 만만치 않게 컸기 때문에 아무래도 자신이 없었나봅니다. "저 다섯 왕이 뭉쳤으니 우리도 같이 뭉치자. 내 조공을 나누어주겠다." 이렇게 메소포타미아 지역에 있는 네 개의 나라를 설득해서 그들과 연합하여 내려왔습니다. 4대 5의 전쟁이 벌어진 것입니다.

결과는 요단 지역에 있는 다섯 왕의 패배였습니다. 특히 그 중에서도 소돔과 고모라 왕이 크게 패했습니다. 그래서 그 왕들은 싯딤 골짜기로 도망가버리고 소돔과 고모라는 철저하게 유린당하고 맙니다. 다른 지역도 물론 피해를 입었지만 가장 부유했던 소돔과 고모라는 그 정도가 특히 심했습니다. 승리자들은 그 나라의 모든 것을 약탈하고, 심지어는 소돔에 거주하던 사람들을 포로로 잡아갔습니다. 그런데 여기서 중요한 것은 그 당시 소돔에 살고 있던 아브라함의 조카 롯이 그 포로들 틈에 끼어 메소포타미아로 압송되었다는 것입니다.

이때 아브라함은 아모리 족속 마므레의 상수리 수풀 근처에 살고 있었는데 다행히 아브라함이 사는 곳까지는 연합군이 쳐들어오지 않았기 때문에 아브라함은 그 지역에 사는 족속들과 동맹을 맺고서 평화롭게 살 수 있었습니다.

그런데 어느 날, 이 전쟁에서 도망친 사람이 와서 아브라함에게 놀라운 소식을 전해줍니다. 조카 롯이 잡혀갔다는 것입니다. 그때 아브라함은 이렇게 반응했습니다. "아브람이 그 조카의 사로잡혔음을 듣고 집에서 길리고 연습한 자 삼백십팔 인을 거느리고 단까지 쫓아가서" 창 14:14.

성경은 조카 롯이 사로잡혔다는 소식을 들은 아브라함이 곧바로 행동을 취했다고 말하고 있습니다. 이것은 놀라운 일입니다. 우리는 이 구절을 주목해 보아야 합니다. 본문은 이 모든 사건들을 함축해서 이야기하고 있지만 사실 아브라함이 이런 결정을 내리기까지 얼마나 고민했을지를 한번 상상해보십시오. 롯을 구출해낸다는 것은 결단코 쉬운 일이 아닙니다. 지금 그는 몇몇 흉악한 인질범들을 상대하는 것이 아닙니다. 상대는 막강한 전력을 소유한 연합군입니다. 그들은 이미 그 지역에 있는 족속들을 모두 굴복시키고 그 당시에 제법 강했다는 요단의 다섯 왕을 패배시킨 무적의 군대입니다.

지금 아브라함이 그 군대를 상대로 맞서 싸운다는 것은 객관적으로 볼 때 전혀 말이 되지 않습니다. 어쩌면 해프닝으로 끝날지도 모릅니다. 전력을 비교해보면 절대적으로 승산 없는 싸움입니다. 자칫 잘못하면 그들의 노를 격발하여 자신의 가족은 물론 자기 지역에 사는 사람들을 송

두리째 위험에 빠뜨릴 수 있는 무모한 짓일 수도 있습니다. 게다가 아브라함이 롯을 구출하기 위해 나서지 않는다고 해서 그를 비난할 사람이 아무도 없을 것이라는 사실도 감안해야 합니다.

우리가 알다시피 아브라함은 롯에게 할 만큼 했기 때문입니다. 롯은 욕심에 사로잡혀 삼촌을 배신하고 그의 곁을 떠나갔습니다. 동네 사람들은 그 사실을 다 알고 있었습니다. 그래서 그 조카를 위해 목숨을 걸 필요가 전혀 없었습니다. 전쟁의 소식을 가져온 사람은 아마도 롯의 하인이었거나, 롯의 가축을 기르던 목자 가운데 한 사람이었을 것입니다. 그가 와서 전쟁 소식과 롯이 잡혀갔다는 소식을 전했을 때 아브라함은 굉장히 안 됐다는 표정을 지으며 "거 참 안 됐구나. 내가 기도하마" 하고 그냥 넘어갈 수도 있었습니다. 그런데 아브라함은 그렇게 하지 않았습니다.

아브라함이라고 해서 조카 롯에게 섭섭한 마음이 없었을까요? 자신이 모든 것을 다 양보했음에도 불구하고 조금의 망설임도 없이 자기 욕심을 위해 좋은 땅을 골라서 떠난 조카 롯에게 아브라함이 어떻게 서운한 마음을 안 가질 수 있겠습니까? 그 소식을 들었을 때 겉으로는 기도한다고 해놓고서 속으로는 이렇게 생각할 수도 있었을 것입니다. '그래, 삼촌 생각은 눈곱만큼도 안 하더니 잘됐다. 어디 한번 당해봐라.' 우리같으면 충분히 이럴 수 있습니다. 그러나 아브라함은 롯의 모든 잘못에도 불구하고 자신의 목숨을 걸고서 그를 구출하기 위한 행동을 취했습니다. 성경은 이것이야말로 영적으로 승리하는 삶의 비결이라고 말씀합니다. 이것이 바로 하나님이 아브라함의 인생을 통해 우리에게 말씀하시는 메시지의 핵심입니다.

여기서 하나님이 말씀하고자 하시는 것은 바로 이것입니다. "네가 정말로 이땅에 사는 동안 영적 전쟁에서 승리하는 사람이 되기를 원하느냐? 정말로 실패하지 않고 하나님을 믿는 자로서, 구원받은 자로서, 하나님의 백성으로서 하나님의 영광을 드러내며 복을 받을 뿐만 아니라 복의 통로가 되어 모든 사람들에게 나의 복을 전하기 원하느냐? 그렇다면 이렇게 살아야 한다." 즉, 육신을 따라 살지 말고 영을 좇아 살라는 것입니다. 세상의 관점에서 인간적인 서운함에 좌우되지 말고 하나님이 주시는 소명의 삶을 살라는 것입니다.

얼마나 많은 그리스도인들이 자신과 다른 길을 걷는 그리스도인 형제를 향해 정죄하고 판단하는지 모릅니다. 저는 종종 목회자들이 자신의 목회지를 떠나간 성도들이 잘못되었다는 소식을 들으면 하나님이 치셨다고 말하는 것을 듣습니다. 저는 그럴 때마다 깜짝 놀랍니다. 하나님이 우리가 교회를 옮겼다고 해서 치시는 분입니까? 또 교회를 옮긴 성도들이 떠나온 교회나 목회자가 잘못되었다는 소식을 듣게 되면 내심 기뻐하는 모습도 가끔씩 보게 됩니다. 이런 모습을 보면서 제일 기뻐하는 존재는 누구일까요? 바로 사탄입니다. 반면에 하나님은 얼마나 마음 아파하시겠습니까?

구약 성경에 본문 전체가 한 장으로 이루어진 짧은 책이 있는데 바로 오바댜서입니다. 하나님은 그 오바댜서를 통해 에돔의 심판을 말씀하십니다. 왜 하나님이 에서의 자손들인 에돔을 심판하겠다고 하셨습니까? 그 이유는 그들이 범한 한 가지 죄악 때문입니다. 그 죄가 무엇인지 압니까? 에돔은 에서의 자손들이 세운 나라입니다. 야곱과 에서가 형제이므로 이스라엘과 에돔도 형제의 나라입니다. 그런데 유다가 바벨론의 침공을 받게 되었을 때 에돔은 유다를 도와주지는 못할망정 바벨론을 도와 유다가 멸망하는 데 일조합니다. 하나님이 이런 에돔을 가만 놔두실 리가 없습니다. 하나님은 오바댜 선지자를 통해 에돔에게 강력한 심판을 말씀하셨고, 얼마 후 에돔은 결국 멸망하고 맙니다.

저는 설교를 준비할 때 금요일 하루를 조용한 곳에서 보냅니다. 만 24시간을 누구와도 대화하지 않고 본문을 묵상합니다. 그런데 이 말씀을 대할 때는 충분히 설교 준비를 했음에도 불구하고 단상에 서기가 쉽지 않았습니다. 왜냐하면 하나님이 갑자기 저에게 물어보셨기 때문입니다. 산 속을 거니는데 하나님이 재차 저에게 물으셨습니다. "너는 네 교회를 건축할 때 동참하지 않고 오히려 너를 비난하면서 떠난 사람들이 혹시 위기에 처한다면 아브라함처럼 달려가서 그들을 도와줄 수 있겠느냐?" 저는 차마 "예"라고 대답할 수가 없었습니다. 그래서 마음이 너무 힘들어서 밤새 기도했습니다. 그런데 기도하는 동안 하나님이 제 마음에 평안을 주셨습니다. 그래서 결단했습니다. "하나님, 제가 순종의 길을 가겠습니다." 혹시 제 마음에 그들을 향한 미움이 남아 있었는지도 모릅니다. 하지만 하나님 앞에 그 모든 것을 회개하고 내려와서 말씀을 전했습니다.

이 세상을 살다보면 원치 않게도 사랑하는 가족과 사랑하는 사람들과의 관계가 틀어질 수도 있습니다. 하지만 성경은 말씀합니다. 우리 구원 받은 사람들은 육신의 소원대로 살지 않고 하나님이 부르신 소명의 삶을 살아야 한다고 말입니다.

그래서 하나님은 바울을 통해 이렇게 말씀하십니다. "너희가 육신대로 살면 반드시 죽을 것이로되 영으로써 몸의 행실을 죽이면 살리니"롬 8:13. 아브라함은 영으로써 몸의 행실을 이긴 것입니다. 그는 육신에 굴복하지 않고 하나님이 부르신 높은 뜻을 좇아 살았습니다. 이것이 바로 아브라함이 승리한 비결입니다.

당신은 사탄에게 지지 않고 승리하는 삶을 살기 원합니까? 그렇다면 육신을 좇지 말고 하나님이 부르신 소명의 삶을 살기 바랍니다.

하나님을 신뢰하는 삶을 살아야 한다

두 번째로, 우리가 승리하는 삶을 살기 위해서는 하나님의 능력을 신뢰하는 삶을 살아야 합니다. 아브라함은 롯이 잡혀갔다는 소식을 듣고 자기 집에서 길리고 연습한 자 삼백십팔 인을 거느리고 롯을 구하기 위해 나섰습니다.

"아브라함이 집에서 길리고 연습한 자 삼백십팔 인을 거느리고 단까지 쫓아가서 그 가신을 나누어 밤을 타서 그들을 쳐서 파하고"창 14:14-15 상.

어떤 사람은 아브라함이 전혀 훈련받지 못한 오합지졸을 데려갔다고 말하는데 그것은 성경을 잘못 해석한 것입니다. 여기서 '가신家臣'이라는 단어는 '사병私兵'이라고 번역을 해야 옳습니다. '집에서 길리고 연습한 자'는 바로 특공대입니다. 이것을 보면 아브라함의 부가 어느 정도였는지 대충 짐작할 수 있습니다. 롯을 구하기 위해 거느리고 간 군사가 318

명이나 되었습니다. 그것도 많은 군사 가운데서 뽑은 정예 군사만 이 정도입니다.

옛날에는 어느 정도 재산을 갖고 있는 사람이면 거의 다 사병을 보유했습니다. 지금 아브라함은 그 사병을 데리고 나간 것입니다. 본문에 의하면 아브라함은 처음부터 밤에 기습 공격할 것을 염두에 두었던 것 같습니다. 어쨌든 318명의 사병을 데리고 가서 메소포타미아 연합군을 격파하고 롯을 구출해낸 것은 정말 놀라운 일입니다. 그래서 성경 학자 중에도 이 승리를 믿지 않고 의심의 눈으로 바라보는 사람들이 있습니다.

그러나 본문 24절을 보면 아브라함에게는 이 318명 외에도 동맹군이 있었습니다. 아브라함 주위에 살던 많은 부족들이 아브라함과 함께 전쟁에 참여했습니다. 그는 사전에 철저한 계획을 세워 적군이 방심하고 있는 틈을 타서 야간에 기습 공격을 감행했습니다. 그리고 무엇보다도 가장 중요한 것은 하늘의 천군들이 그를 도운 것입니다. 이것이 바로 우리 그리스도인들이 반드시 알아야 할 핵심 포인트입니다. 우리는 이 세상에서 혼자 싸우는 것이 아닙니다. 성경은 이 점을 거듭 강조하고 있습니다.

소년 다윗이 골리앗을 상대로 싸워 이긴 것과 기드온의 삼백 용사가 수많은 미디안 군사를 물리친 것은 그들의 힘이 뛰어나서가 아니라 하나님이 그들을 위해 싸우셨기 때문입니다. 아브라함은 그 하나님을 신뢰했습니다. 자신보다 앞서서 싸우시는 하나님, 언제나 자신과 동행하시는 하나님, 영적 전쟁이든 육신의 싸움이든, 이땅의 어떠한 어려움 가운데서도 항상 앞서 행하시는 하나님을 신뢰했습니다. 그래서 객관적으로 절대 불리한 소수의 인원을 가지고 전쟁에 나갔음에도 그 전쟁을 승리로 이끌 수 있었던 것입니다.

당신은 이땅에서 살아가면서 영적으로든 육신적으로든 어떤 고난 앞에서도 패배하지 않고 승리하는 삶을 살기 원합니까? 그러면 언제나 우리 곁에 계셔서 우리보다 앞서 싸우시는 하나님을 신뢰하십시오. 우리가 우리 자신의 힘으로 살려고 하면 하나님은 침묵하십니다. 하지만 하나님을 신뢰하고 그분께 맡기면 하나님이 우리보다 앞서 행하십니다.

저는 짧은 인생을 살면서 이런 일들을 많이 보았습니다. 바다에 가서 직접 노를 저어보십시오. 파도를 이길 수 있을까요? 바다에서 노 젓는 것은 호수에서 노 젓는 것과는 다릅니다. 도무지 앞으로 나가지를 않습니다. 파도가 오면 한 5미터나 밀려나 있기 일쑤입니다. 그러나 내가 힘을 쓰지 않아도 그 높은 파도를 뚫고 나아갈 방법이 있습니다. 그것은 바로 배에 돛을 다는 것입니다.

하나님이 우리 인생을 도우시면 우리는 어떤 파도도 능히 헤쳐나갈 수 있습니다. 가정의 어려움, 부부간의 어려움, 자녀 문제, 기업의 어려움, 질병, 영적인 어떠한 공격에서도 우리는 이미 승리한 싸움을 싸우는 것입니다. 우리의 대장 되시는 예수 그리스도가 우리 앞서 싸우시기 때문입니다.

순수한 삶을 살아야 한다

세 번째로, 우리가 승리하는 삶을 살기 위해서는 세상과 타협하지 않는 순수한 삶을 살아야 합니다. 아브라함이 전쟁에서 이겨 개선하는데 소돔 왕이 마중을 나왔습니다. 그리고 자기 백성들은 다 돌려보내되 전리품만은 아브라함에게 가지라고 말합니다. 겉으로 보기에는 소돔 왕이 대단한 호의를 베푼 것처럼 보입니다. 그가 왜 그랬을까요? 그는 소돔 왕으로서 자기 백성과 재물을 다 빼앗겼는데, 아브라함이 메소포타미아 연합군을 물리친 공을 인정해서 재물은 아브라함이 취하고 백성들만 돌려 달라고 한 것입니다.

그러나 본문에 따르면 아브라함은 그 물질을 거절합니다. 이것은 결코 쉬운 일이 아닙니다. 소돔 왕이 아브라함에게 양보하려고 했던 재물은 결코 작은 액수가 아닙니다. 그 당시 부자였던 소돔을 쳐서 그 나라의 재물을 다 걷어가고 게다가 다섯 왕의 소유물까지 다 빼앗아갔으니 그 재물이 얼마나 엄청났겠습니까? 더욱이 아브라함이 이 재물을 받는다고 해서 뭐라고 할 사람은 아무도 없습니다. 백성도 빼앗기고 재물도 빼앗겼는데 둘 다 찾아와서 설령 사람만 돌려준다고 해도 소돔 왕에게는 큰 은혜였던 것입니다. 아브라함으로서는 그것을 받을 자격도 있고, 그것을 받는 것은 당시의 관습이기도 했습니다.

그러나 아브라함은 그 많은 재물을 단호히 거절합니다. "아브람이 소돔 왕에게 이르되 천지의 주재시요 지극히 높으신 하나님 여호와께 내가 손을 들어 맹세하노니 네 말이 내가 아브람으로 치부케 하였다 할까 하여 네게 속한 것은 무론 한 실이나 신들메라도 내가 취하지 아니하리라" 창 14:22-23.

아브라함이 소돔의 왕이 제시한 재물을 거절한 것은 아마도 소돔의 타락상을 익히 알고 있었기에 그 재물 역시 부정한 방법으로 모아졌을 것이라고 생각했기 때문일 것입니다. 아브라함은 혹 이 일로 인하여 하나님의 이름에 누가 될까봐, 굳이 그 방법이 아니더라도 하나님이 충분히 물질적으로 복 주시는 분이심을 믿었기에 그 제의를 단호하게 거절했습니다. 사실 어떻게 보면 소돔 왕이 제시한 물질의 유혹은 아브라함이 실제로 겪은 전쟁보다 더 힘든 싸움이었을 것입니다. 그러나 아브라함은 이 사탄의 유혹을 잘 이겨냈습니다.

제가 중학교 3학년 때 저와 열일곱 살이나 차이 나는 큰 형님이 계시는 동두천에 갔습니다. 그때 저희 형님은 동두천에 있는 미군 부대 사단장의 통역관이었습니다. 형님이 얼마나 영어를 잘하시는지 미국 유학도 안 다녀오셨는데 미국에 있는 교회에 부흥회를 하러 다니시곤 했습니다.

당시 미군 부대에서 근무하는 한국 사람들이 많은 부정을 저질렀습니다. 그런데 그와는 반대로 저희 형님이 워낙 성실하게 통역관 일을 잘 감당하니까 사단장이 미군 부대 창고를 관리하는 권한을 형님께 맡겼습니다. 그때는 미군 부대에서 쓰레기 치우는 일을 하는 사람들도 금방 집 한 채 장만할 수 있는 때였습니다.

하루는 어떤 사람이 미군 부대에서 미군 담요를 훔쳐 한 차 가득 싣고 나가다가 저희 형님한테 걸렸습니다. 형님은 체크만 하고 집으로 돌아왔습니다. 저희 형님은 10년 동안 미군 부대 생활을 하면서도 단칸방에다 집에 있는 미제 물건이라고는 라디오 하나밖에 없는 분이었습니다. 그것도 자기 돈으로 산 것입니다. 그때 마침 제가 형님 집에 있었는데 형님한테 걸린 사람이 찾아왔습니다. 그리고는 신문지에 싼 돈뭉치를 꺼내놓았습니다. 당시 돈으로 얼마나 되는지는 모르지만 상당히 큰 돈인 듯싶었습니다. 제가 형수님 표정을 흘긋 보니까 '제발 받았으면' 하는 눈치였습니다. 그때 형님이 망설임 없이 돈을 돌려주더니 "다시는 그런 일 하지 말고 그만 가보십시오"라고 말했습니다. 그 사람이 너무 놀라서 황망히 돌아가던 그 모습을 저는 아직도 생생하게 기억하고 있습니다.

이 세상을 살아가다보면 고난과 역경보다 더 무서운 공격과 영적 전쟁이 있습니다. 그것은 바로 우리를 안락하게 해주는 작은 유혹들입니다. 겉으로 보면 전혀 죄같지 않습니다. '이번 한 번만 눈감지 뭐. 괜찮아.' 그러나 우리가 사탄의 달콤한 유혹에 눈을 감고 타협하는 그 순간, 우리가 이제껏 영적 전쟁에서 거둔 승리는 다 무효가 되고 맙니다.

아브라함은 메소포타미아 연합군과의 전쟁에서 승리를 거두었습니다. 그리고 그가 소돔 왕의 제의를 덥석 받아들였더라면 부자가 될 수도 있었을 것입니다. 하지만 결코 승리하는 삶을 살지는 못했을 것입니다. 아브라함의 위대함이 바로 여기에 있습니다. 하나님이 아브라함의 인생 가운데서 특히 이 부분을 꼬집어서 우리에게 말씀하신 이유가 바로 여기에 있습니다. 하나님은 우리가 영적으로 승리하는 삶을 살기 원한다면 하나님 앞에서 순수하고 깨끗하고 정결한 삶을 살라고 하십니다.

아브라함은 어떻게 이런 큰 유혹, 즉 소돔 왕의 제의를 단호히 거절할 수 있었을까요? 아브라함은 소돔 왕을 만나기 전에 다른 사람을 먼저 만났는데 그가 바로 살렘 왕이었습니다. "아브람이 그돌라오멜과 그와 함께한 왕들을 파하고 돌아올 때에 소돔 왕이 사웨 골짜기 곧 왕곡에 나와 그를 영접하였고 살렘 왕 멜기세덱이 떡과 포도주를 가지고 나왔으니 그는 지극히 높으신 하나님의 제사장이었더라"창 14:17-18.

소돔 왕과 함께 누가 아브라함을 영접하였는가 하면 살렘 왕(여기서 살렘은 예루살렘을 가리킴) 멜기세덱이 떡과 포도주를 가지고 나왔습니다. 그는 제사장이었습니다. "그가 아브람에게 축복하여 가로되 천지의 주재시오 지극히 높으신 하나님이여 아브람에게 복을 주옵소서 너희 대적을 네 손에 붙이신 지극히 높으신 하나님을 찬송할지로다 하매 아브람이 그 얻은 것에서 십분 일을 멜기세덱에게 주었더라"창 14:19-20.

이날 아브라함은 물질적으로는 손해를 보았습니다. 소돔 왕의 물질을 거절했을 뿐 아니라, 오히려 십분의 일을 멜기세덱에게 주었으니까 말입니다. 우리는 멜기세덱이 누군지 잘 모릅니다. 히브리서에서는 그 멜기세덱의 반차를 좇은 제사장이 바로 예수 그리스도라고 말하고 있습니다. 그래서 어떤 학자는 이 멜기세덱이 족보가 없으니까 성육신을 하기 전의 예수 그리스도라고 말하기도 합니다. 어찌되었든 하나님은 멜기세덱을 통해 아브라함에게 한 가지 사실을 가르쳐주고 계십니다. "너희 대적을 네 손에 붙이신 지극히 높으신 하나님을 찬송할지로다"20절.

아브라함으로 하여금 전쟁에서 이기게 하신 분이 누구십니까? 하나님이십니다. 앞으로 아브라함에게 물질적으로 복을 주실 분은 누구십니까? 바로 하나님이십니다. 우리와 우리 자손들의 인생을 한 손에 쥐고 계시고, 우리에게 가장 좋은 길을 아시는 분이 바로 우리 아버지 하나님이십니다. 우리는 어떤 길이 우리에게 최선인지를 잘 모릅니다. 어린아이가 부모의 마음을 모르듯이 우리는 하나님의 마음을 모릅니다. 아이들은 사탕 한 개에 목숨을 겁니다. 사탕을 두 개 주다가 한 개를 주면 세상이 끝난 것처럼 통곡을 합니다. 두 개를 주다가 세 개를 주면 바로 할렐루야가 나옵니다. 하지만 하나님은 우리에게 무엇이 최선인지를 아십니다. 아브라함은 그것을 깨달았기 때문에 소돔 왕의 제의를, 그 뿌리치기 힘든 유혹을 단호히 거절할 수 있었습니다.

우리가 순수한 삶을 살기 위해서는 날마다 그리스도를 바라보아야 합니다. 예수 그리스도는 인간의 몸을 입고 이땅에 오셔서 영원한 세계가 있음을 우리에게 가르쳐주셨습니다. 그리고 이땅에서의 삶이 하나님의 손에 달려 있을 뿐만 아니라 이후에 영원한 세계가 있음을 알려주셨습니다. 또 이 세상에서의 삶에 따라 영원의 세계에서 상급이 달라질 것을 가르쳐주셨습니다. 이 멜기세덱의 반차를 좇는 예수 그리스도를 우리가 매일 만날 때 이땅에서 사는 동안 어떠한 유혹의 손길에도 당당하게 "아니오"라고 대답하며 순수한 삶을 살 수 있을 것입니다.

우리 모두는 영적 전쟁터에 살고 있습니다. 승리하기를 원하십니까? 그렇다면 소명의 삶을 사십시오. 신뢰의 삶을 사십시오. 그리고 순수한 삶을 살아 하나님께 영광돌리고 주님이 주시는 복을 받는, 그 복을 다른 사람에게 전하는 복의 통로가 되기를 바랍니다.

5장
하나님은 어떤 분이신가?

창세기 15:1-6

이 후에 여호와의 말씀이 이상 중에 아브람에게 임하여 가라사대 아브람아 두려워 말라 나는 너의 방패요 너의 지극히 큰 상급이니라 아브람이 가로되 주 여호와여 무엇을 내게 주시려나이까 나는 무자하오니 나의 상속자는 이 다메섹 엘리에셀이니이다 아브람이 또 가로되 주께서 내게 씨를 아니주셨으니 내 집에서 길리운 자가 나의 후사가 될 것이니이다 여호와의 말씀이 그에게 임하여 가라사대 그 사람은 너의 후사가 아니라 네 몸에서 날 자가 네 후사가 되리라 하시고 그를 이끌고 밖으로 나가 가라사대 하늘을 우러러 뭇별을 셀 수 있나 보라 또 그에게 이르시되 네 자손이 이와 같으리라 아브람이 여호와를 믿으니 여호와께서 이를 그의 의로 여기시고

우리가 믿는 기독교의 특징은 계시와 진리입니다. 내 소원을 이루기보다는 하나님이 계시하신 진리에 나를 맞춰가는 것이 우리 믿음의 특징입니다. 이것이 바로 신앙 생활입니다. 하지만 우상은 그렇지가 않습니다. 우상은 내 소원이 중심이고, 그 다음으로 중요한 것이 정성입니다. 신의 뜻보다는 내 소원이 더 중요하고, 그 소원을 이루기 위해서 필요한 것은 지극한 정성입니다. 그래서 우리가 너무나도 잘 아는 "지성이면 감천이다"는 말은 내가 열심히 정성만 드리면(신의 뜻과는 아무 상관없이) 신이 감복해서 내 소원을 이루어준다고 하는 것입니다. 이것이 우상의 특징입니다.

그러나 성경은 우리에게 올바로 믿어야 함을 강조합니다. 아무렇게나 열심히 믿는다고 되는 것이 아니라, 하나님이 가르쳐주신 진리를 믿어야 한다고 말씀합니다. 그러므로 우리는 믿기 전에 하나님을 먼저 알아야 하고, 그분의 뜻을 분명하게 인식하는 것이 너무나도 중요합니다.

역사적으로 수많은 사람들이 이 점에서 실패했습니다. 그들은 신앙 생활은 열심히 했지만 결국에는 하나님으로부터 칭찬은커녕 혹독한 꾸중을 들어야 했습니다. 그 대표적인 예가 바리새인들입니다. 그들은 예수님이 마지막 심판에 대해 말씀하실 때 염소의 무리에 속했던 자들입니다. 그들은 자신들을 꾸중하시는 예수님을 향해 이렇게 항변합니다. "우리가 주의 이름으로 선지자 노릇하며 주의 이름으로 귀신을 쫓아 내며 주의 이름으로 많은 권능을 행치 아니하였나이까" 마 7:22. 그때 주님이 염소의 무리를 향해 이렇게 말씀하십니다. "불법을 행하는 자들아 내게서 떠나가라" 마 7:23.

이것이 바로 교회 생활의 위험입니다. 성경은 이런 놀라운 일이 우리에게도 일어날 수 있다고 말씀합니다. 내가 열심히 믿고 정성을 다했는데 마지막 날 주님이 오셔서 "내가 너를 도무지 알지 못한다. 불법을 행한 자야 나를 떠나가라"고 말씀하신다면 얼마나 놀랍고 당황스러울까요? 다시 말하면 예수님과 아무 상관이 없다는 말입니다. 우리가 한 모든 헌신이 예수님과 전혀 상관없는 것이라면 우리의 헌신이 무슨 의미가 있겠습니까? 이 얼마나 비참한 일입니까? 그러므로 신앙 생활은 아무렇게나 해도 되는 것이 아닙니다. 무엇보다도 먼저 하나님이 계시해주신 진리에 따라 행해야 합니다. 그러므로 우리는 무엇보다 먼저 하나님이 누구시며 그분이 무엇을 원하시는지 분명하게 알아야 합니다.

호세아 선지자는 이스라엘 백성들에게 이렇게 간곡하게 당부했습니다. "그러므로 우리가 여호와를 알자 힘써 여호와를 알자 그의 나오심은 새벽빛같이 일정하니 비와 같이, 땅을 적시는 늦은 비와 같이 우리에게 임하시리라" 호 6:3. 이 말씀처럼 하나님은 어김없이 자신을 드러내는 분이십니다.

본문 창세기 15장을 통해서 하나님이 우리에게 가르쳐주시는 진리는 무엇입니까? 도대체 하나님은 어떤 분이십니까? 하나님은 본문에서 아브라함의 삶을 통해 자신이 누구신지를 이렇게 말씀해주십니다.

격려하시는 하나님

먼저, 하나님은 우리를 끊임없이 격려하는 분이십니다. 우리는 이 말씀을 평생 잊지 말아야 합니다. 본문 15장은 "이 후에"라는 단어로 시작합니다. 하필이면 왜 이 단어로 시작했을까요? 그것은 바로 아브라함이 연합군을 물리치고 큰 승리를 얻은 후에 하나님이 아브라함에게 나타나셨기 때문입니다. 그리고 이렇게 말씀하십니다.

"아브람아 두려워 말라 나는 너의 방패요 너의 지극히 큰 상급이니라" 창 15:1.

그러자 아브라함이 대답합니다.

"아브람이 가로되 주 여호와여 무엇을 내게 주시려나이까 나는 무자하오니 나의 상속자는 이 다메섹 엘리에셀이니이다 아브람이 또 가로되 주께서 내게 씨를 아니 주셨으니 내 집에서 길리운 자가 나의 후사가 될 것이니이다" 창 15:2-3.

본문에서 하나님은 아브라함에게 두 가지를 말씀하셨습니다. 하나는 하나님이 아브라함의 방패가 되신다는 것이고, 다른 하나는 하나님이 아브라함의 상급이 되신다는 것입니다. "나는 너의 방패요"라는 부분에서 아브라함은 도저히 이의를 제기할 수가 없었습니다. 왜냐하면 이미 체험했기 때문입니다. 도무지 상대가 안 되는 전쟁에 나가서 큰 승리를 거두고 난 직후에 하나님이 찾아오셔서 "아브라함아, 나는 너의 방패다"라고 말씀하시니 당연히 수긍할 수밖에 없지 않겠습니까? 그러나 "나는 너의 지극히 큰 상급이니라"는 말씀은 받아들일 수가 없었습니다. 그것이 하나님의 말씀임에도 불구하고 마음에 뭔가 걸리는 것이 있었습니다. 그래서 아브라함이 하나님 앞에 반문하고 있습니다. 점잖은 어조같지만 사실은 이렇게 따지고 있는 것입니다. "하나님이 상급을 주시면 뭐하겠습니까? 저는 후사도 없는데요."

신앙 생활이 무엇입니까? 믿음이 좋다는 것은 무엇을 의미합니까? 이 세상을 살아가면서 그 어떤 일에도 두려움이 생기지 않는 것, 이것이 신앙 생활일까요? 마음은 썩어 문드러져가면서도 주일에 교회 나와서 사람들에게 아무렇지도 않은 척 미소지으며 손 흔들어주는 것, 이것이 과연 신앙 생활일까요? 하나님은 우리가 그분 앞에서 늘 미소만 보이기를 원하실까요? 우리가 속으로는 울고, 짜증내며, 원망하면서도 하나님 앞에 올 때는 양복을 입고 나와서 "하나님, 안녕하세요?"라고 인사하는 마치 백화점 점원이 손님 대하듯 그렇게 하나님 대하기를 원하실까요? 그렇지 않습니다.

우리는 지금 믿음의 조상 아브라함의 이야기를 하고 있습니다. 그런데 본문은 아브라함의 마음에 두려움이 있었다고 말씀합니다. 사실 메소포타미아 연합군과의 전쟁 이후에 아브라함에게 왜 두려움이 없겠습니까? 두려움은 언제 찾아옵니까? 큰 성공을 한 다음에 찾아오기 마련입니다. 도저히 승리할 수 없는 상황에서 큰 승리를 거머쥐었습니다. 그런데 어떤 생각이 듭니까? 승리했을 때는 몰랐습니다. 사람들이 너도나도 축하해주고 들뜬 마음으로 개선할 때는 몰랐습니다. 하지만 막상 집에 돌아와서는 이런저런 생각이 나기 시작합니다. '나한테 패배한 그돌라오멜이 얼마나 독한 왕인데, 한번 졌다고 그냥 본국으로 돌아갈까? 실추된 위신을 만회하기 위해서라도 다시 한 번 전쟁을 걸어오지 않을까?' 온갖 생각을 하던 아브라함의 마음에는 어느덧 두려움이 자리잡기 시작했습니다. 그것을 아신 하나님이 찾아오셔서 "아브람아 두려워 말라 나는 너의 방패요"라고 말씀하신 것입니다. 아브라함은 감사로 그 말씀을 받아들였습니다.

그러나 놀랍게도 믿음의 조상 아브라함의 마음속에 있었던 부정적인 생각은 두려움만이 아니었습니다. 그에게는 하나님의 약속에 대한 의심과 나아가 그에 대한 불만까지 있었습니다. 놀랍지 않습니까? 다시 한 번 그의 대답을 살펴보십시오. 하나님이 찾아오셔서 "아브람아 두려워 말라 나는 너의 방패요 너의 지극히 큰 상급이니라"고 말씀하시자 '방패' 라는 말에는 아멘으로 화답했습니다. 왜 그렇습니까? 전쟁에서 이겼기 때문입니다. 그러나 '상급' 이라는 말은 선뜻 마음에 와닿지가 않았습니다. 그래서 아브라함이 대답합니다. 점잖게 얘기하는 것같지만 실제로는 이런 말입니다.

"하나님, 저에게 무엇을 주신다는 말씀입니까? 설령 그 어떤 것을 주신다 하더라도 그것이 제게 무슨 유익이 되겠습니까? 저에게 필요한 것은 자식인데, 하나님은 저에게 10년 전에 자식을 주겠다고 약속해놓고선 아직도 자식을 주지 않으셨습니다. 이제 저는 늙어서 후손을 볼 수도 없고 저의 상속자는 저의 종인 다메섹 엘리에셀이 될 것입니다. 그러니 이제 제게 무엇을 주신들 무슨 소용이 있겠습니까? 이제 저에게는 상급이 아무런 소용이 없습니다."

이런 대답을 하는 아브라함의 마음을 짐작할 수 있겠습니까? 그 마음 깊은 곳에서는 하나님의 약속에 대한 의심뿐 아니라 불만까지 자리잡고 있었던 것입니다.

신앙이란 하나님께 내 부족과 내 생각을 솔직하게 아뢰는 것입니다. 신앙은 하나님 앞에서 가면을 쓰고 종교 의식을 행하는 것이 아닙니다. 마음에는 불만이 있는데 마치 아무 일도 없는 것처럼 하나님 앞에 마음을 감추고 의식을 행하는 것은 하나님이 원하시는 신앙 생활이 아닙니다. 이렇게 하는 것은 오히려 하나님을 슬프게 만드는 것이라고 성경은 거듭 말하고 있습니다.

하나님은 어떤 분이십니까? 하나님은 우리의 모든 것을 다 알고 계시는 분입니다. 내 생각, 나의 상태, 나의 부족함까지도 하나님은 다 알고 계십니다. 뿐만 아니라 하나님은 우리의 모든 의심과, 믿음 없음과, 불만조차도 다 이해하신다고 말씀하십니다. 이것이 창세기 15장에서 보여주시는 하나님의 모습입니다. 하나님은 우리의 모든 것을 다 아실 뿐만 아니라 우리가 두려움에 떨고 있을 때 우리의 연약함을 꾸짖기보다는 우리를 격려하시고 용기를 주시는 분입니다. "아브라함아, 내가 너의 방패니 더 이상 두려워하지 말아라." 그분은 우리가 의심할 때 우리를 정죄하시는 것이 아니라, 친히 찾아오셔서 우리에게 약속의 말씀을 상기시켜주시는 분입니다.

본문을 보십시오. 마음에 두려움이 있고, 의심이 있고, 나아가 하나님께 섭섭함과 불만을 가지고 있는 아브라함을 향해 하나님은 어떻게 하십니까? "여호와의 말씀이 그에게 임하여 가라사대 그 사람은 너의 후사가 아니라 네 몸에서 날 자가 네 후사가 되리라 하시고"창 15:4. 그러고나서 하나님은 말씀만으로는 부족하다고 느끼셨는지 친히 아브라함을 이끌고 밖으로 나가셨습니다. 그리고 말씀하십니다. "그를 이끌고 밖으로 나가 가라사대 하늘을 우러러 뭇 별을 셀 수 있나 보라 또 그에게 이르시되 네 자손이 이와 같으리라"창 15:5.

사실 이 구절은 문화적인 해석이 필요한 부분입니다. 도시에 있는 아이들에게 이 설교를 하면서 '하늘에 있는 별을 셀 수 있는지 보라'고 했더니 아이들이 다 이상하게 보더랍니다. 그러면서 하는 말이 "별의 수를 왜 못 세지?"라고 하더랍니다. 사실 도시 하늘에서 볼 수 있는 별은 몇 개 안 되니까 다 셀 수 있지만 시골에 가서 하늘을 쳐다보십시오. 하늘이 지저분할 정도로 별이 많습니다. 게다가 아브라함이 살던 시대는 지금부터 4천 년 전입니다. 공해라고는 전혀 없던 그 시절 밤하늘에 얼마나 별들이 많았겠습니까? 하나님은 아브라함을 친히 데리고 나가셔서 이렇게 말씀하십니다. "아브라함아, 너는 저기 하늘에 있는 별들을 셀 수 있겠니?" 절대로 불가능한 일입니다. 바다의 모래보다 더 많은 별들을 우리가 어떻게 다 셀 수 있겠습니까? 그리고 하나님은 아브라함에게 이렇게 약속하십니다. "네 자손이 이와 같으리라."

하나님은 이런 분이십니다. 우리의 손을 잡고 별을 보러 나가시는 분, 그분이 바로 우리의 하나님이십니다. 수많은 별들이 빛나는 밤에 나와 단둘이서 대화하기 원하시는 분, 내 마음속 깊은 곳에 있는 고민을 다 들어주시고 상담해주시는 분, 내 마음속에 하나님께 대한 의심이 있음을 아시면서도 꾸짖지 아니하시고 긍휼히 여기시며, 찾아오셔서 약속의 말씀을 상기시켜주시는 분, 이분이 바로 우리의 아버지 되신 하나님이십니다.

이것이 기도의 핵심입니다. 기도는 단순히 종교적인 언어를 나열하는 것이 아닙니다. 하나님 앞에 나아가 바락바락 악만 쓰는 것이 아니라 하나님과 진솔하게 대화하는 것입니다. 당신은 어떻습니까? 당신에게 하나님은 어떤 분이십니까? 당신과 하나님의 대화는 어떻습니까? 혹시 종교적인 수사로 가득 차 있지는 않습니까? 여전히 마음속 깊은 곳은 하나님과 전혀 상관없는 것으로 채워져 있지 않습니까? 하나님은 우리의 아버지이십니다. 그것도 너무나 따스하고 사랑이 많으신 아버지이십니다. 더 이상 무슨 말이 필요하겠습니까?

지금 당신에게 두려운 마음이 있습니까? 두려운 마음이 없는 사람이 어디 있겠습니까? 일이 잘 되면 잘 되는 대로, 안 되면 안 되는 대로, 자녀가 어떻게 되지 않을까 하는 두려움, 너무 행복하면 그 행복이 깨질 것 같은 두려움, 사업에 대한 두려움, 건강에 대한 두려움, 수많은 두려움이 우리 가운데 있습니다. 그것은 정상입니다. 문제는 그 두려움을 감추는 것입니다. 우리에게는 두려움을 극복할 능력이 없습니다. 우리가 할 수 있는 것은 그 두려움을 하나님 앞으로 가지고 가서 그분께 올려드리는 것뿐입니다.

혹 당신의 마음속에 응답되지 않은 기도 제목이 있어 하나님께 섭섭한 마음이 있습니까? 과연 기도가 효력이 있는가 하는 의심은 없습니까? '40일 작정 기도를 한다고 과연 무엇이 변할까?' 하는 의심이 있지는 않습니까? 아브라함처럼 그런 의심조차도 숨기지 말고 솔직하게 하나님 앞에 가지고 나가시기 바랍니다. 하나님에 대한 불만조차 그분께 아뢰십시오. 그리고 아뢰는 것만으로 끝내지 말고, 기도 중에 그분의 음성을 들으십시오. 하나님은 자신의 약속을 상기시켜주는 분이십니다. 그리고 그 약속을 반드시 지키는 분이십니다. 아브라함의 불신에 대해 "그 사람은 너의 후사가 아니야"라고 분명하게 말씀하시는 하나님이십니다. 시청각 수단을 동원해서 우리를 깨우쳐주시는 하나님이십니다. 말씀을 통해, 하늘의 별들을 통해, 가능한 모든 수단을 동원해서 우리를 가르치시고 격려하시는 그 하나님 앞에 나아가시기를 바랍니다.

하나님은 지금도 우리에게 말씀하고 계십니다. 지금도 우리를 격려하고 계십니다. 주님께 눈을 돌려 그 놀라운 얼굴을 보십시오. 신앙은 관계입니다. 하나님은 우리의 아버지가 되십니다. 그분 앞에 나아가 온 마음을 쏟아내십시오. 하나님은 끊임없이 우리를 찾아와 우리를 격려해주는 분이십니다.

의를 주시는 하나님

두 번째로, 하나님은 모든 믿는 자들에게 의를 주시는 분이십니다. "아브람이 여호와를 믿으니 여호와께서 이를 그의 의로 여기시고" 창

15:6 . 아브라함은 하나님이 찾아와 말씀하시자, 놀랍게도 그 말씀을 믿었습니다. 바로 이것이 아브라함이 믿음의 조상이 된 이유입니다. 그는 마음에 두려움도 있었고, 의심도 있었으며, 하나님을 향한 불만도 있었습니다. 그러나 하나님이 찾아와 말씀하시자 그분과 올바른 만남을 갖게 되었습니다. 그리고 하나님의 말씀을 믿었습니다. 자신의 마음을 바꿨습니다.

우리 가운데는 기도를 하고나서도 마음이 강퍅한 사람들이 있습니다. 하나님을 만나고나서도 여전히 마음에 의심을 품고 살아갑니다. 하나님의 말씀을 듣고나서도 여전히 마음에 원망과 불평을 가지고 있는 사람들이 있습니다. 그런 사람들은 하나님의 약속을 받을 수 없습니다.

당시 아브라함의 상황은 그렇게 좋은 편이 아니었습니다. 하나님이 아브라함을 75세에 부르셨고, 창세기 16장에 의하면 86세에 이스마엘을 낳았으니까 본문의 사건은 아브라함이 85세 때 일어난 일입니다. 하나님이 자식을 주겠다고 하신 지 10년이 지났는데도 아직 그 응답이 이루어지지 않은 상태입니다. 10년 동안 이루어지지 않는 기도의 응답, 상상할 수 있겠습니까? 그리고 이미 그의 몸은 늙었습니다. 그래서 그는 두렵기도 하고 원망스럽기도 해서 하나님의 약속이 믿기지 않는 상태였습니다. 그렇지만 그는 하나님께 자신의 마음을 감추기보다는 솔직하게 아뢰었습니다. 그런데 하나님이 그의 의심에 대해 말씀으로 확답해주시고, 별을 보여주면서까지 말씀해주시니까 그는 마음속에 있던 모든 의심과 원망을 뒤로 하고 하나님을 다시 신뢰하게 됩니다. 이것이 아브라함이 믿음의 조상이 된 이유입니다.

아브라함이 이렇게 반응하자 하나님이 어떻게 하십니까? 아브라함이 하나님의 말씀을 믿자 하나님은 이것을(그의 믿음을) 아브라함의 의로 여기셨습니다. "아브람이 여호와를 믿으니 여호와께서 이를 그의 의로 여기시고"창 15:6. 신약 성경 갈라디아서에서도 이 말씀을 인용하고 있습니다. 우리는 무엇으로 구원받습니까? 성경은 믿음이라고 말씀합니다. "너희가 그 은혜를 인하여 믿음으로 말미암아 구원을 얻었나니 이것이 너희에게서 난 것이 아니요 하나님의 선물이라"엡 2:8.

"하나님이 세상을 이처럼 사랑하사 독생자를 주셨으니 이는 저를 믿는 자마다 멸망치 않고 영생을 얻게 하려 하심이니라"요 3:16. 여기에서는 '믿는 자마다' 에 주목해야 합니다.

"영접하는 자 곧 그 이름을 믿는 자들에게는 하나님의 자녀가 되는 권세를 주셨으니"요 1:12.

하나님은 우리 인간의 죄를 속하는 방법을 오직 한 가지로 정하셨습니다. 죄의 삯은 사망이기 때문에 우리가 죽든지, 아니면 누군가가 우리의 죄 값을 대신해 죽어야만 합니다. 하나님은 이 진리를 가르치시기 위해서 구약 시대에 살던 사람들에게 제사 제도를 만들어 지키게 하셨습니다. 아무 죄도 없는 양을 데리고 와 그 양을 죽여 하나님 앞에 제사를 드리게 한 것입니다.

혹시 염소와 양을 잡는 모습을 본 적이 있습니까? 저는 본 적이 있는데 염소는 끌려올 때부터 난리를 칩니다. 그런데 양은 가만히 있습니다. 칼이 자기 몸에 들어와도 울지 않습니다. 참 신기한 짐승입니다. 반항하지 않고 그냥 죽습니다. 구약 시대 내내 이스라엘 백성들은 그 양을 데리고 와서 하나님 앞에 칼로 찢어서 피를 흘리게 하고 제사를 드렸습니다. 그러다가 구약 시대가 끝나갈 즈음에 하나님이 당신의 아들 독생자를 이 땅에 보내셨습니다. 그리고 그분이 사역을 시작하실 때 세례 요한은 예수님을 바라보고 이렇게 말합니다. "보라 세상 죄를 지고 가는 하나님의 어린 양이로다" 요 1:29 .

성자 하나님은 이땅에 죽기 위해 오셨습니다. 그래서 그분은 친히 이렇게 말씀하셨습니다.

"인자가 온 것은 섬김을 받으려 함이 아니라 도리어 섬기려 하고 자기 목숨을 많은 사람의 대속물로 주려 함이니라" 마 20:28 .

"그리스도께서도 한번 죄를 위하여 죽으사 의인으로서 불의한 자를 대신하셨으니 이는 우리를 하나님 앞으로 인도하려 하심이라 육체로는 죽임을 당하시고 영으로는 살리심을 받으셨으니" 벧전 3:18 .

우리를 대신하여 죽으신 예수 그리스도를 믿는 자를 하나님은 의롭게 하십니다. 종교 생활이 아닙니다. 교회 생활이 아닙니다. 선행도 아닙니다. 우리는 오직 예수 그리스도를 믿는 믿음으로만 구원을 얻습니다. 이제 이 믿음으로 구원받은 우리에게 하나님은 한 가지를 요구하시는데 놀랍게도 또다시 믿음입니다. 성경을 읽다보면 이 믿음이라는 단어가 쉬우면서도 굉장히 어려운 말입니다. 여러 가지 뜻으로 사용되기 때문입니다. 그래서 신학자들은 예수 그리스도를 믿는 믿음, 즉 내가 죄인이며, 하나님의 아들이신 예수님이 십자가에서 나를 대신해 죽으신 그 사실을 믿는 믿음을 'saving faith'라고 부릅니다. '구원받는 믿음'이라는 뜻입니다.

하나님은 이미 구원받은 우리에게 또 한 가지를 요구하시는데 그것 또한 믿음입니다. 왜냐하면 우리는 믿음으로 구원받을 뿐만 아니라 믿음으로 살아갈 자들이기 때문입니다. 히브리서 기자는 이렇게 말씀하고 있습니다. "믿음이 없이는 기쁘시게 못하나니 하나님께 나아가는 자는 반드시 그가 계신 것과 또한 그가 자기를 찾는 자들에게 상 주시는 이심을 믿어야 할지니라" 히 11:6.

하나님은 하나님을 믿고 의뢰하는 자를 의롭게 여기십니다. 이것이 얼마나 놀라운 은혜입니까? 저는 이 말씀을 깨닫고 이렇게 생각해본 적이 있습니다. '하나님이 만약에 우리에게 행위를 요구하셨다면 어떻게 되었을까? 과연 내가 의로워질 수 있었을까?' 만약 하나님이 우리에게 선행을 요구하셨다면 우리의 삶을 매일 저울에 달아보아야 할 것입니다.

우리는 과연 하루 중에 좋은 생각과 나쁜 생각 중 어느 것을 더 많이 할까요? 좋은 생각을 더 많이 한다고 할 사람이 과연 누가 있을까요? 하나님은 우리 마음에 두려움이 있는 것도 아십니다. 의심이 있는 것도 다 알고 계십니다. 기도하고나서도 '과연 기도한 대로 될까?' 하면서 불안해하기도 하고, 막상 기도가 응답되어도 '정말, 하나님이 주신 것일까?' 하고 의심하는 것도 다 아십니다. 우리 안에 서운한 마음이 있는 것도 다 아십니다. 그러나 하나님은 우리에게 모든 것을 다 요구하지는 않으십니다. 하나님은 우리 마음속에 의심과 원망이 있을 때 그냥 내버려두지 않으십니다. 오히려 우리 곁에 다가와서 격려해주시고, 말씀해주시며, 가르쳐주십니다. 이런 하나님을 마음 속 깊이 만나보십시오.

중요한 것은 아무리 상황이 불리해도, 마음에 태산 같은 두려움이 엄

습할 때도, 때로 하나님의 응답이 지체되더라도 환경을 바라보지 말고 우리를 죽기까지 사랑하신 그분을 믿을 때 하나님은 우리를 의롭게 여기시고, 당신의 약속을 반드시 이루신다는 것입니다. 그리고 그런 우리를 의롭다고 하십니다.

아브라함과 마찬가지로 우리 역시 의롭게 될 수 있습니다. 하나님은 믿는 우리에게 의를 주십니다. 비록 내가 여러 모로 부족하지만, 나의 실수에도 불구하고, 거짓말에도 불구하고, 잘못된 행위에도 불구하고 그것을 회개하고 내게 찾아오신 하나님을 신뢰하는 순간, 우리의 그 믿음을 의로 여기십니다.

아브라함의 하나님이실 뿐만 아니라 우리의 아버지 되신 하나님을 더욱 알아가기 바랍니다. 그리고 그 하나님 앞에 의롭다 칭함을 받으며 살아가는 삶이 되기를 바랍니다.

6장
하나님과의 언약식

창세기 15:7–17

또 그에게 이르시되 나는 이 땅을 네게 주어 업을 삼게 하려고 너를 갈대아 우르에서 이끌어낸 여호와로라 그가 가로되 주 여호와여 내가 이 땅으로 업을 삼을 줄을 무엇으로 알리이까 여호와께서 그에게 이르시되 나를 위하여 삼 년 된 암소와 삼 년 된 암염소와 삼 년 된 수양과 산비둘기와 집비둘기 새끼를 취할지니라 아브람이 그 모든 것을 취하여 그 중간을 쪼개고 그 쪼갠 것을 마주 대하여 놓고 그 새는 쪼개지 아니하였으며 솔개가 그 사체 위에 내릴 때에는 아브람이 쫓았더라 해질 때에 아브람이 깊이 잠든 중에 캄캄함이 임하므로 심히 두려워하더니 여호와께서 아브람에게 이르시되 너는 정녕히 알라 네 자손이 이방에서 객이 되어 그들을 섬기겠고 그들은 사백 년 동안 네 자손을 괴롭게 하리니 그 섬기는 나라를 내가 징치할지며 그 후에 네 자손이 큰 재물을 이끌고 나오리라 너는 장수하다가 평안히 조상에게로 돌아가 장사될 것이요 네 자손은 사 대만에 이 땅으로 돌아 오리니 이는 아모리 족속의 죄악이 아직 관영치 아니함이니라 하시더니 해가 져서 어둘 때에 연기 나는 풀무가 보이며 타는 횃불이 쪼갠 고기 사이로 지나더라.

그리스도인들이 신앙 생활을 하는 데 있어서 가장 힘든 부분이 있다면, 그것은 아마도 하나님이 우리에게 약속하신 모든 것들이 눈에 보이지 않는다는 사실일 것입니다. 우리 눈에 영혼이 보인다면 얼마나 좋겠습니까? 죽음 이후의 세계가 환하게 보인다면 얼마나 신나게 신앙 생활을 할 수 있겠습니까? 천국과 지옥이 우리 눈에 뚜렷하게 보인다면 전도하는 것도 얼마나 쉽겠습니까? 그러나 안타깝게도 이 모든 것들은 우리 눈에 보이지 않습니다. 가끔 천국과 지옥을 봤다고 주장하는 사람들이 있기는 하지만, 그냥 꿈을 꾸고 환상을 본 정도지 실제로 천국에 가서 천국과 지옥을 본 사람은 아무도 없습니다.

한때 펄시 콜레라고 하는 사람이 목사를 자칭하면서 천국과 지옥을 다녀왔다고 해서 한국 교회에서 그를 강단에 자주 세웠습니다. 웬만한 교회들은 다 그를 강사로 초빙해서 간증 집회를 하고 입신을 하는 등 큰 인기를 끌었습니다. 나중에 조사해본 결과에 따르면 그는 목사도 아니고 그냥 사기꾼이었습니다. 머리 좋은 사기꾼이 시나리오를 그럴싸하게 만들어서 떼돈을 번 것입니다.

성경이 우리에게 약속한 모든 것은 눈에 보이지 않습니다. 그래서 성경은 우리에게 한 가지가 필요하다고 말씀합니다. 그것은 바로 믿음입니다. 성경은 믿음이 필요한 이유를 이렇게 말하고 있습니다.

"믿음은 바라는 것들의 실상이요 보지 못하는 것들의 증거니 선진들이 이로써 증거를 얻었느니라 믿음으로 모든 세계가 하나님의 말씀으로 지어진 줄을 우리가 아나니 보이는 것은 나타난 것으로 말미암아 된 것이 아니니라" 히 11:1-3.

우리 눈으로는 볼 수 없는 놀라운 세계가 있다고 합니다. 우리가 그것을 어떻게 압니까? 오직 믿음으로만 알 수 있다고 합니다. 하나님이 우리에게 약속하신 것들을 어떻게 확신할 수 있습니까? 그것은 오직 한 가지 믿음뿐입니다. 믿음 외에는 없습니다. 믿음으로 모든 것을 볼 수 있고, 믿지 않으면 아무것도 확신할 수 없으며, 볼 수도 없습니다. 그러나 우리가 아는 대로 이 믿음을 갖기가 그리 쉽지 않습니다. 그래서 하나님은 우리 믿음이 약함을 아시고, 성경 곳곳에 자신의 약속을 거듭 기록하셔서 들려주십니다. 본문 말씀이 그 대표적인 예입니다.

약속의 진정성

본문에는 아브라함과 하나님 사이의 대화가 기록되어 있습니다. 그래서 조지 코우츠 George Coats 라고 하는 신학자는 '약속 대화 promise dialogue' 라는 특별한 용어를 써서 본문 15장을 해석했습니다. 하나님은 우리가 아는 대로 아브라함을 갈대아 우르에서 불러내시면서 아브라함에게 세 가지를 약속하셨습니다. 첫 번째는 '내가 반드시 너에게 복을 주겠다.' 두 번째는 '네 씨를 주겠다.' 세 번째는 '땅을 주겠다' 는 것입니다. 하나님이 아브라함과 맺은 언약에서 이 세 가지는 아주 중요한 요소입니다. 하나님은 아브라함을 75세 때 불러내셨는데 본문이 기록됐을 때의 나이는 85세입니다.

앞에서 살펴본 대로 하나님은 아브라함에게 다시 나타나셔서 말씀하십니다. "아브라함아, 내가 네 상급이다." 이에 아브라함이 뭐라고 대답합니까? "하나님, 제게 상급을 주신들 무엇 하겠습니까? 저에게는 후손이 없는데 그 모든 상급이 무슨 소용이 있겠습니까? 하나님이 주시는 모든 상급은 저의 종 엘리에셀에게 돌아갈 것입니다." 그때 하나님이 이렇게 말씀하십니다. "그 사람은 너의 후사가 아니다." 그리고 하나님은 아브라함을 이끌고 밖으로 나가셔서 하늘의 별을 가리키면서 말씀하십니다. "아브라함아, 저 별들이 보이느냐? 저것들을 다 셀 수 있겠느냐? 너의 후사가 이와 같을 것이다." 그런데 놀랍게도 아브라함은 하나님의 그 말씀을 믿었습니다. 하나님은 이러한 아브라함의 믿음을 의로 여기셨습니다. 행위를 의롭다 한 것이 아닙니다.

하나님은 아브라함이 하나님의 말씀을 믿는 그 믿음 하나를 보시고 그것을 의로 여기셨습니다. 그리고 대화를 이어나가십니다. 이번에는 하나님이 땅 문제를 언급하십니다. "또 그에게 이르시되 나는 이 땅을 네게 주어 업을 삼게 하려고 너를 갈대아 우르에서 이끌어낸 여호와로라"창 15:7.

그러자 아브라함이 하나님께 자신의 마음을 솔직하게 아룁니다. "주

여호와여 내가 이 땅으로 업을 삼을 줄을 무엇으로 알리이까"창 15:8. 아브라함이 왜 이런 질문을 했을까요? 하나님이 땅에 대한 약속을 이미 10년 전에 하셨기 때문입니다. 그런데 10년이 지나도록 그에게는 자기 소유의 땅이 한 평도 없었습니다. 남의 나라에 와서 그저 땅을 빌려 살고 있었을 뿐입니다. 그러자 하나님이 아브라함에게 어떤 일을 지시하십니다. "여호와께서 그에게 이르시되 나를 위하여 삼 년 된 암소와 삼 년 된 암염소와 삼 년 된 수양과 산비둘기와 집비둘기 새끼를 취할지니라"창 15:9.

아브라함은 하나님이 시키신 대로 따릅니다. "아브람이 그 모든 것을 취하여 그 중간을 쪼개고 그 쪼갠 것을 마주 대하여 놓고 그 새는 쪼개지 아니하였으며"창 15:10. 여기서 "그 모든 것"이란 삼 년 된 암소와 삼 년 된 암염소, 삼 년 된 수양, 산비둘기와 집비둘기 새끼를 말합니다. 이 모든 것 중에서 비둘기만 빼고 나머지 짐승은 다 중간을 쪼개서 그 쪼갠 것이 마주보도록 벌려놓습니다. 도대체 이런 행위는 무엇을 의미하는 것입니까?

이 본문을 정확하게 해석하게 된 것은 그리 오래되지 않습니다. 고고학자들에 의해 고대 근동의 풍습이 발견되고 난 이후에야 비로소 본문을 정확하게 해석할 수 있었습니다. 아브라함이 살았던 고대 근동에서는 매우 중요한 풍습이 있었습니다. 개인과 개인, 혹은 국가와 국가 간에 중요한 계약을 맺을 때는 중요한 의식을 행했는데 그것이 바로 언약식입니다. 먼저 언약식에 사용할 짐승을 잡아다가 죽여서 반으로 쪼갭니다. 그 쪼갠 짐승을 양쪽으로 벌려놓고 계약 당사자가 그 사이를 지나갑니다. 무슨 의미일까요? 누구든지 이 언약을 어기면 이 짐승과 같이 된다는 뜻입니다. 아브라함이 땅에 대한 하나님의 약속에 의문을 품자 하나님이 아브라함에게 이 언약식을 준비시키셨고, 아브라함은 그 말씀이 무슨 뜻인지를 알고서 지금 준비를 하고 있는 것입니다. 이것이 바로 본문의 내용입니다.

하나님은 정말 세심한 분이십니다. 하나님은 언제나 우리가 알아들을 수 있는 방법으로 말씀하십니다. 그 대표적인 예가 성육신입니다. 성육신은 하나님이 인간의 몸을 입고 이땅에 오신 것입니다. 성육신을 우리식으로 말하면 눈높이입니다. 우리가 도저히 하나님의 말씀을 알아들을 수 없고, 하나님을 볼 수도 없으니까 하나님이 친히 인간의 육신을 입고 이땅에 오셔서 우리가 가진 모습으로, 우리가 쓰는 언어로, 우리의 풍습 가운데서 하나님의 진리를 말씀해주신 것입니다. 하나님은 언제나 우리에게 무리한 것을 요구하지 않으십니다. 그분은 언제나 우리의 눈높이에 맞추시는 분입니다. 이것이 바로 하나님이 언약식이라는 인간의 형식을 차용하신 이유입니다.

무조건적인 언약

하나님은 아브라함이 살던 시대에 중요한 약속을 맺을 때 하는 의식을 익히 아시고 아브라함에 대한 약속의 진정성을 이런 식으로 확증하셨습니다. 그래서 하나님이 아브라함에게 언약식을 준비시키신 것입니다. 이런 정황을 알고 있는 아브라함이 얼마나 신이 나서 준비를 했겠습니까?

그런데 이 언약식에는 당시의 관습과 일치하지 않는 점이 있습니다. 정상적인 계약이라면 계약 당사자 두 사람 모두 벌려놓은 짐승 사이로 지나가야 합니다. 그런데 본문에서는 누가 그 사이로 지나갔습니까? 오직 하나님만 지나가셨습니다. "해질 때에 아브람이 깊이 잠든 중에 캄캄함이 임하므로 심히 두려워하더니" 창 15:12. "해가 져서 어둘 때에 연기 나는 풀무가 보이며 타는 횃불이 쪼갠 고기 사이로 지나더라" 창 15:17.

아브라함은 하나님이 짐승을 준비하라고 하시자 그 의미를 재빨리 알아차리고서는 흥분된 가운데 언약식 준비를 모두 마쳐놓고 하나님이 오시기를 기다리고 있었습니다. 아브라함이 얼마나 기뻐했을지 한번 상상해보십시오. '이제 언약식을 하는구나. 나도 드디어 땅이 생기는구나.' 얼마나 흥분했겠습니까? 그런데 하나님이 어떻게 하십니까? 하나님은 그곳에 도착하시기 전에 아브라함을 깊이 잠들게 하십니다. 그리고 아브라함이 잠든 사이에 하나님 혼자 그 쪼갠 고기 사이를 지나가십니다. 왜 그러셨을까요? 왜 아브라함을 잠들게 하시고 하나님 혼자서 그 쪼갠 고기 사이로 지나가셨을까요?

이것이 바로 본문의 핵심 메시지입니다. 여기에 바로 우리를 향하신 하나님의 놀라운 뜻이 계시되어 있습니다. 계약은 쌍방 모두가 지나가야 합니다. 그러나 하나님은 아브라함이 지나가지 못하도록 막으셨습니다. 왜 그랬을까요? 아마도 이 지구상에서 하나님과 언약을 맺을 때 쪼갠 고기 사이를 지나갈 수 있는 유일한 사람이 있다면, 그 사람은 바로 아브라함일 것입니다. 우리가 알듯이 그는 믿음의 사람이었고, 자신을 배반한 조카 롯에게 끝까지 사랑을 보인 관용의 사람이었으며, 훗날 자기 아들까지 하나님께 바친 헌신된 사람이었습니다. 그러나 하나님은 이토록 의로운 아브라함도 지나가지 못하게 하셨습니다. 여기서 하나님의 메시지는 너무나도 분명합니다. 이 세상 어느 누구도 자신의 행위로 하나님의 복을 받을 자는 없다는 것입니다. 아브라함이 비록 의롭고, 착하고, 헌신되지만 그 행위로 하나님이 약속하신 복을 받을 수는 없습니다. 만일 아브라함이 쪼갠 고기 사이를 지나갔다면 아브라함은 복은커녕 그 짐승들과 마찬가지로 쪼개짐을 당했을 것입니다. 그가 비록 의로운 사람이긴 했지만, 그 역시 수많은 실수를 저지른 나약한 인간에 불과하기 때문입니다.

하나님의 복을 받는 길은 단 하나밖에 없습니다. 거룩해야 합니다. 죄를 짓지 말아야 합니다. 완벽하게 살아야 합니다. 하나님은 그것을 아셨기 때문에, 아브라함의 나약함을 아셨기 때문에 아브라함을 잠들게 하신 것입니다. 하나님은 아브라함뿐만 아니라 이 세상 그 어느 누구도 하나님 앞에서 행위로 의롭다 함을 얻을 수 있는 사람은 없다는 것을 알고 계셨습니다. 그래서 하나님은 아브라함을 잠들게 하신 후에 혼자서 쪼갠 고기 사이를 지나가셨습니다. 이런 이유로 성경 학자들은 이 언약을 가리켜서 무조건적인 언약이라고 부릅니다. 이 개념은 신약에서 매우 중요합니다. 우리는 하나님의 복을 받는 것이 우리의 행위에 근거한 것이 아니라 하나님의 무조건적인 사랑에 의한 것임을 믿습니다. 그래서 우리는 이것을 은혜라고 부릅니다. 받을 자격이 전혀 없는 자들에게 베푸시는 하나님의 호의, 이것이 은혜입니다. 무조건적이면서 하나님 홀로 약속하시고 이루어내시는 은혜입니다. 우리의 행위와 전혀 상관없는 복, 이것이 바로 은혜입니다.

동시에 이것은 우리가 종종 오해하는 부분이기도 합니다. 하나님이 우리에게 복을 주시면 우리는 늘 이렇게 생각합니다. '내가 뭔가를 잘했나 보다. 40일 작정 기도를 했더니 드디어 문을 여셨구나.' 우리는 우리의 앞길에 대해서 항상 불안해합니다. 조금만 어려움이 닥쳐와도 '하나님이 나를 치시는구나' 하고 의심합니다.

어떤 사람은 아주 철학적으로 말하기도 합니다. '나도 나를 용서 못 하겠는데 하나님이 어떻게 나를 용서하시겠어?' 굉장히 깊이 있는 자기 성찰같지만 성경이 말하는 것과는 정반대의 생각입니다. 그런데 우리 마음속에 이런 생각들이 얼마나 많은지 모릅니다. 우리는 때로 교만하고 때로는 낙심합니다. 그 이유는 하나님의 복이 무엇에 근거를 두고 있는지를 모르기 때문입니다. 내 행위에 달려 있다고 생각하기 때문입니다.

그러나 본문의 언약식을 보십시오. 하나님은 이 위대한 언약식을 하시면서 그토록 의로운 믿음의 조상 아브라함조차도 쪼갠 고기 사이를 지나가지 못하게 하십니다. 아브라함조차 그 쪼갠 고기 사이를 지나가지 못했다면 이 세상 어느 누가 그 사이로 지나갈 수 있겠습니까? 아무도 없습니다. 하나님 앞에서 그럴 수 있는 사람은 아무도 없습니다. 얼마나 많은 사람들이 자신의 행위를 근거로 해서 하나님을 제한하는지 모릅니다.

그러나 반드시 이 한 가지를 명심하시기 바랍니다. 하나님은 우리와 언약을 맺으실 때 결코 우리를 쪼갠 고기 사이로 지나가게 하지 않으십니다. 즉, 우리 보고 인감도장 찍으라고 하시지 않는다는 말입니다. 하나님 혼자 찍으셨습니다. 그 사이로 오직 하나님만 지나가셨습니다. 무슨 의미입니까? 하나님은 우리에게 복을 주시겠다는 그 약속에 자신의 목숨을 거신 것입니다.

하나님은 지금 아브라함에게 이렇게 말씀하고 계십니다. "아브라함아, 내가 너에게 복을 줄 것이다. 너에게 반드시 후손과 땅을 줄 것이다. 그 약속에 내가 내 목숨을 걸겠다. 내가 너에게 복을 주지 않으면 이 쪼갠 고기같이 나도 죽을 것이다. 내가 반드시 너에게 복을 줄 것이다."

약속의 보증

어디 이 약속이 아브라함에게만 한 것이겠습니까? 예수 그리스도 안에 있는 우리 모두에게 똑같은 약속을 주신 줄로 믿습니다. 하나님이 목숨을 거시다니 너무 심한 표현이 아닌가 하고 의아해할 수도 있지만, 그렇지 않습니다. 성부 하나님은 우리를 위해 목숨을 거셨지만, 성자 하나님은 우리를 위해 십자가에서 자기 목숨을 내어주셨습니다. 그리고 성령 하나님은 친히 자기 자신을 담보로 내어주셨습니다.

"그 안에서 너희도 진리의 말씀 곧 너희의 구원의 복음을 듣고 그 안에서 또한 믿어 약속의 성령으로 인치심을 받았으니 이는 우리의 기업에 보증이 되사 그 얻으신 것을 구속하시고 그의 영광을 찬미하게 하려 하심이라"엡 1:13-14.

여기서 '보증'이라는 단어는 아주 특이한 단어입니다. 이제 우리나라도 이 단어를 이해할 수 있는 여건이 되었습니다. 차를 할부로 살 때 어떻게 합니까? 일단 보증금을 얼마 주면 차를 가질 수 있습니다. 하지만 그 차는 사실상 할부금을 다 갚을 때까지는 할부금융회사의 것입니다. 그런데도 누가 "이 차 누구 거예요?"라고 물으면 "내 거야"라고 말하지 "할부금융회사 거야"라고 말하는 사람은 없습니다. 만약 할부금을 갚지 않으면 어떻게 됩니까? 차뿐 아니라 보증금까지 빼앗기고 맙니다.

하나님이 우리에게 복을 주시겠다는 증거로 우리에게 담보를 제공하셨는데 그 담보가 누구입니까? 바로 성령 하나님이십니다. 하나님이 왜 우리를 포기할 수 없는지 아십니까? 성령 하나님을 우리에게 담보로 주셨는데 성부 하나님이 어떻게 성령 하나님을 포기할 수 있겠습니까? 절대 포기할 수 없습니다. 하나님이 어떤 분이십니까? 우리에게 복주시기 위해 바로 자신의 목숨을 건 분이시고, 우리를 위해 자신의 목숨을 버린 분이시며, 우리에게 복주시기 위해서 우리 안에 오셔서 스스로 담보가 되신 분입니다. 더 이상 무슨 말이 필요하겠습니까?

이 사실을 깨달은 바울은 감격에 겨워서 이렇게 외칩니다. "누가 우리를 그리스도의 사랑에서 끊으리요 환난이나 곤고나 핍박이나 기근이나 적신이나 위험이나 칼이랴 기록된 바 우리가 종일 주를 위하여 죽임을 당케 되며 도살할 양같이 여김을 받았나이다 함과 같으니라 그러나 이 모든 일에 우리를 사랑하시는 이로 말미암아 우리가 넉넉히 이기느니라 내가 확신하노니 사망이나 생명이나 천사들이나 권세자들이나 현재 일이나 장래 일이나 능력이나 높음이나 깊음이나 다른 아무 피조물이라도 우리를 우리 주 그리스도 예수 안에 있는 하나님의 사랑에서 끊을 수 없으리라"롬 8:35-39.

우리가 이땅을 사는 동안에는 마치 도살당할 양처럼 엄청난 고난이 찾아옵니다. 예수 믿으면 고난도 없고 만사형통하다는 말은 거짓말입니다. 하나님은 우리의 인격을 연단시키기 위해 때로 고난도 주십니다. 하나님의 자녀 된 우리도 병들 수 있고, 때로 사업에 실패할 수도 있습니다.

그러나 사도 바울은 이 세상 그 어떤 것도 우리를 하나님의 사랑에서 끊을 수 없다고 확신하고 있습니다. 그것은 하나님이 우리에게 복을 주시기 위해 친히 쪼갠 고기 사이로 지나가셨기 때문입니다. 우리를 위해 자신의 목숨을 거셨기 때문입니다. 우리는 어떤 존재입니까? 우리는 반드시 하나님의 복을 받은 존재임을 믿어야 합니다.

우리의 신앙이 실패하는 것은 하나님 아버지를 오해하는 데서 비롯됩니다. 교회를 다니면서도 하나님을 제대로 모르는 사람들이 너무 많습니다. 왜 바리새인들은 그렇게 잘못된 길로 나갔을까요? 바리새인들은 열심이 굉장했던 사람들입니다. 그런 그들이 하나님과 동떨어진 길을 가게 된 것은 하나님 아버지를 잘못 알았기 때문입니다. 오해했던 것입니다.

오늘날도 이렇게 오해하고 믿는 사람들이 얼마나 많은지 모릅니다. 예수님은 이러한 오해를 바로잡기 위해 탕자의 비유를 들려주셨습니다. 사실은 탕자의 비유가 아니라 아버지의 비유라고 해야 더 정확할 것입니다. 아버지가 누구신가를 알려주기 위해서 사용하신 비유가 바로 탕자의 비유입니다. 바리새인들이 하나님을 오해하고 있으니까 예수님이 너무 답답해서 그들의 오해를 바로잡고자 들려주신 이야기가 바로 우리가 아는 탕자의 이야기입니다.

예수님 주위에 세리와 죄인들이 몰려와서 예수님의 말씀을 듣는 것을 보고 바리새인들이 불만으로 가득 찼습니다. 그리고 마음으로 예수님에 대해서 이렇게 불평하기 시작합니다. '저분이 정말 선지자라면 저렇게 행동하지는 않을 거야.' 예수님이 그 마음속을 모르실 리가 있겠습니까? 그래서 탕자의 비유를 말씀하십니다. 우리가 잘 알다시피 둘째 아들은 비록 아버지를 멀리 떠나갔지만 자신의 잘못을 회개하고 돌아옵니다. 그 아들이 아버지를 멀리 떠나가 있는 동안 아버지는 그를 밤낮으로 기다립니다. 그리고 그가 돌아오자 잔치를 베풀고 신과 의복과 반지를 끼워주면서 그의 신분을 완벽하게 회복시켜주었습니다.

그러나 맏아들은 그것을 보고 어떻게 합니까? 분노해서 잔치에 참여하기를 거절합니다. 누가복음 15장 28절에 보면 맏아들에 대해서 이렇게 기록하고 있습니다. "저가 노하여 들어가기를 즐겨 아니하거늘."

종들이 맏아들에게 가서 들어오라고 해도 안 들어옵니다. 그래서 아버지가 나갑니다. 아버지는 둘째 아들만 사랑한 것이 아닙니다. 그래서 아버지가 친히 나가서 권합니다. 여기서 권한다는 것은 한 번만 권한 것이 아닙니다. 계속해서 권하고 설득합니다. 그랬더니 맏아들이 이렇게 대답합니다. "아버지께 대답하여 가로되 내가 여러 해 아버지를 섬겨 명을 어김이 없거늘 내게는 염소 새끼라도 주어 나와 내 벗으로 즐기게 하신 일이 없더니" 눅 15:29.

바로 이것이 그렇게 착해 보이던 맏아들의 생각입니다. 놀랍지 않습니까? 맏아들이 생각한 아버지는 어떤 아버지입니까? 열심히 신앙 생활을 했는데도, 모든 율법을 한 치 어긋남 없이 지켰는데도 염소 새끼 한 마리도 주지 않는 인색한 아버지, 엄격하기만 한 아버지입니다. 이것이 바리새인들이 하나님에 대해 가진 생각이었습니다. 그래서 그들은 어떻게 했습니까? 그저 늘 두려운 마음으로 아버지의 사랑을 얻기 위해 몸부림 쳤습니다. 아버지의 은혜로 말미암아 복을 받는다는 것은 생각해본 적도 없습니다. 단지 자신이 율법을 잘 지켜야 아버지가 자기를 사랑하실 거라고 생각해서 열심히 율법을 지켜왔습니다. 하지만 아버지는 이런 자신에 대해 만족하지 못하고 염소 새끼 한 마리도 그냥 주지 않는 분이었습니다. 그들에게 있어 하나님은 전적으로 자신의 행위에 따라 복을 주기도 하시고, 벌을 주기도 하시는 인색하고 엄한 분이셨습니다. 그래서 늘 숨죽이며 살아왔습니다.

그들은 자신들만 이렇게 산 것이 아니라 주변 사람들의 잘못에 대해서도 정죄하기 시작합니다. 그래서 이렇게 말합니다. "아버지의 살림을 창기와 함께 먹어버린 이 아들이 돌아오매 이를 위하여 살진 송아지를 잡으셨나이다" 눅 15:30. 여기서 맏아들은 '내 동생'이라고 말하지 않고 "이 아들"이라고 말합니다. 그만큼 동생에 대해 불만이 많다는 말입니다.

율법주의에 빠진 사람들의 특징이 있습니다. 그것은 그들은 늘 긴장하면서 살아간다는 것입니다. 마음에 감사와 기쁨이 없습니다. 굉장히 성실하게 살아가는 것같아 보이고, 교회에서도 열심히 헌신하는 것 같습니다. 하지만 그 마음속에는 늘 불평이 있습니다. 다른 사람을 정죄하고 비판합니다. 은혜를 모릅니다.

당신은 어떻습니까? 은혜가 무엇인지 아십니까? 우리가 어떻게 구원을 받았는지 아십니까? 도대체 우리가 어떤 존재인지 아십니까? 하나님이 우리를 얼마나 사랑하시는지 아십니까? 바리새인과 맏아들의 오해에 대해 하나님은 이렇게 말씀하십니다.

"아버지가 이르되 얘 너는 항상 나와 함께 있으니 내 것이 다 네 것이로되" 눅 15:31.

'내가 작정 기도를 이만큼 하는데 하나님은 왜 나에게 쏟아부어주지 않으시는 겁니까?' '이 정도 열심이면 사업의 문이 활짝 열리고, 병도 나아야 하는 것 아닌가' 하는 불만을 가지고 있는 맏아들에게 하나님은 뭐라고 말씀하십니까? "너는 항상 나와 함께 있으니 내 것이 다 네 것이로되" 31절 하.

이땅의 주인은 하나님이십니다. 그리고 하나님의 것이 다 내 것임을 믿으시기 바랍니다. 이어서 32절에서는 이렇게 말합니다. "이 네 동생은 죽었다가 살았으며 내가 잃었다가 얻었기로 우리가 즐거워하고 기뻐하는 것이 마땅하다 하니라."

제가 목회를 하면서 경험한 것인데 하나님이 누구의 기도를 제일 잘 들어주실까요? 교회 나온 지 얼마 안 되는 초신자의 기도입니다. 초신자는 정말 기도 응답이 빠릅니다. 그런데 한 10년 정도 믿으면 잘 안 들어주십니다. 많은 분들이 저에게 자꾸 기도해달라고 하는데 하나님이 제 기도는 잘 안 들어주십니다. 그러나 저는 이것으로 인해 낙망하지 않습니다. 왜냐하면 저는 이 말씀의 의미를 잘 알고 있기 때문입니다. "너는 항상 나와 함께 있으니 내 것이 다 네 것이로되." 이땅에서 까짓 사탕 몇 개 더 받아서 뭐합니까? 아버지 재산이 다 제 것인데 말입니다.

하나님은 어떤 분이십니까? 하나님은 끊임없이 우리에게 찾아와서 우리를 격려하는 분이십니다. 그리고 우리의 행위가 아닌, 그저 하나님을 믿는 믿음만으로도 우리를 의롭다고 여겨주시는 놀라운 분이십니다.

또한 본문에서 보이는 하나님은 어떤 분이십니까? 우리에게 복을 주시기 위해 당신의 목숨을 거신 분입니다. 그분은 십자가 위에서 우리와 언약을 맺으셨습니다. 하나님이 우리를 이만큼 위하시는데 더 이상 무엇이 필요합니까? 무슨 증거가 필요하며 무슨 응답이 그렇게 필요합니까? 남은 삶을 하나님을 섬기며 살 수 있는 것만으로도 얼마나 감사한 일입니까? 그 은혜를 찬양하며 항상 감사와 기쁨이 넘치는 삶을 살기 바랍니다.

7장
고난의 아름다운 색깔

창세기 15:10-14

아브람이 그 모든 것을 취하여 그 중간을 쪼개고 그 쪼갠 것을 마주 대하여 놓고 그 새는 쪼개지 아니하였으며 솔개가 그 사체 위에 내릴 때에는 아브람이 쫓았더라 해질 때에 아브람이 깊이 잠든 중에 캄캄함이 임하므로 심히 두려워하더니 여호와께서 아브람에게 이르시되 너는 정녕히 알라 네 자손이 이방에서 객이 되어 그들을 섬기겠고 그들은 사백 년 동안 네 자손을 괴롭게 하리니 그 섬기는 나라를 내가 징치할지며 그 후에 네 자손이 큰 재물을 이끌고 나오리라.

창세기 15장은 읽으면 읽을수록 우리에게 기쁨을 주는 장입니다. 하나님은 우리와 언약을 맺으시고 또 무조건적으로 우리에게 복을 주시면서 우리에게 복을 주시는 데 자신의 목숨을 걸겠다고 하십니다. 아무런 조건도 필요없습니다. 단지 피의 언약식에 참석하기만 하면 됩니다. 신약 용어로 표현하면 그리스도의 보혈 안에 있기만 하면, 십자가에 달리신 예수 그리스도를 영접하기만 하면, 하나님은 그 한 가지를 우리의 의로 간주하시고, 우리에게 무조건적으로 복을 주시며 우리에게 복을 주시는 그 일에 목숨을 걸겠다고 말씀하신 것입니다.

이 얼마나 놀라운 일입니까? 그런데 이 아름다운 구절에 한 가지 아쉬운 점이 있습니다. 그것이 바로 본문 말씀입니다. 본문 말씀은 이 축복의 장의 어두운 면입니다. 하나님은 이 놀라운 언약식에 짙은 고난의 색깔을 배합하셨습니다. 아브라함의 잘못 때문일까요?

혹자는 솔개와 어둠이 찾아온 이유가 아브라함이 새를 쪼개지 않았기 때문이라고 합니다. 즉, 아브라함이 하나님께 온전히 순종해서 모든 짐승을 다 쪼갰어야 했는데 새를 쪼개지 않아서 그 새 위에 솔개가 내려앉았고, 솔개는 사탄을 의미한다는 것입니다. 그래서 어두움이 왔다고 해석합니다. 그러므로 하나님의 복을 받기 위해서는 끝까지 순종해야 된다는 것입니다.

과연 이 본문이 그것을 의미하는 것일까요? 제가 이 본문을 연구하고 나서 내린 결론은 그것은 잘못된 해석이라는 것입니다. 레위기를 보면 제사를 드릴 때 모든 짐승을 다 쪼개야 하지만 새는 쪼개지 말라고 했습니다.

물론 창세기는 레위기가 쓰이기 전에 기록되었지만, 하나님은 하루아침에 제사 제도를 만드신 것이 아니라 이미 아담과 하와가 에덴 동산을 떠난 직후부터 그들에게 제사법을 가르쳐주셨습니다. 그렇게 제사를 드리다가 레위기에서 비로소 제사법이 집대성되었습니다. 그러므로 아브라함이 새를 쪼개지 않은 것은 잘못이 아닙니다. 불순종이 아닙니다. 더군다나 이것은 무조건적인 언약입니다. 언약식에 참석하기만 하면 아브라함의 행위에 상관없이 하나님이 그를 축복하시겠다고 이미 약속하셨습니다.

그러므로 솔개가 나타나고 어두움이 온 것은 아브라함의 순종과는 아무 상관이 없습니다. 그러면 그리스도와 피의 언약을 맺은 우리에게 왜 삶의 고난이 다가옵니까? 어떤 분이 이렇게 말했습니다. "우리가 고난을 찾아나설 필요가 없다. 왜냐하면 고난은 언젠가 우리를 찾아오기 때문이다." 고난에 대해서 너무나도 정확하게 설명해준 말입니다.

고난은 구원받은 우리 모두에게 찾아오기 마련입니다. 때로 고난은 우리의 어리석음과 잘못 때문에 찾아오기도 합니다. 그러나 어떤 고난은 우리가 단순히 타락한 세상에 살고 있기 때문에 찾아오는 경우도 있습니다. 나의 잘잘못과는 아무런 상관이 없습니다. 유행성 질병과 사고, 잦은 재난, 태풍과 지진 등은 우리의 잘못이나 순종 여부와는 상관없이 찾아옵니다.

그 밖에도 우리가 이땅에서 올바로 살려고 하기 때문에 찾아오는 고난이 있습니다. 즉, 의인의 고난입니다. 이땅에서 한번 의롭게 살려고 해 보십시오. 당연히 고난이 찾아옵니다. 우리는 고난에 처할 때마다 늘 '왜 그럴까?' 하고 질문을 합니다. 그러나 성경을 읽다보면 성경이 우리의 고난의 이유에 대해서는 침묵하고 있음을 알게 됩니다. 성경은 고난의 이유보다는 고난의 목적에 대해 말씀해줍니다.

성경이 고난에 대해서 분명하게 말씀하는 한 가지는, 하나님은 모든 고난을 우리의 유익을 위해 사용하신다는 것입니다. 우리는 이것을 잊지 말아야 합니다. 그것이 자연재해든, 사탄의 시험이든, 심지어 나의 어리석음이나 잘못으로 인한 것일지라도 하나님은 그 모든 고난을 그리스도 안에 있는 우리의 유익을 위해 사용하신다고 말씀하십니다.

우리가 자녀를 기를 때 어떻게 합니까? 아이가 잘못하면 회초리로 때립니다. 벌을 줍니다. 그러면 아이들은 고통에 겨워 부르짖습니다. 아이들이 겪는 고통은 사업상의 어려움이나 건강 문제 등이 아닙니다. 그냥 컴퓨터 못 하는 것, 맛있는 거 못 먹는 것, 이런 일이 고난의 전부입니다. 그런데 부모님이 왜 그렇게 화를 내고 벌을 줍니까? 아이의 유익을 위해서입니다. 하물며 우리가 그렇게 할진대 하나님은 오죽하시겠습니까? 내가 죄를 지어 당한 고난일지라도 그것을 단순히 벌로만 생각지 않으시고 우리의 유익을 위해 사용하시는 것을 믿으시기 바랍니다.

하나님은 어떤 식으로 고난이 우리에게 유익이 되게 하실까요? 고난의 유익이 대체 무엇일까요? 본문에서 말하는 고난의 아름다운 색깔, 고난의 유익에 대해서 몇 가지를 살펴보고자 합니다.

순종의 삶으로

먼저, 본문을 보면 고난이 우리로 하여금 순종의 삶을 살게 한다고 합니다. 하나님은 왜 우리에게 고난을 주십니까? 그 첫 번째 이유는 우리로 하여금 순종의 삶을 살게 하기 위해서입니다.

시편 기자는 수많은 고난을 당하고난 후에 이렇게 고백합니다. "고난 당하기 전에는 내가 그릇 행하였더니 이제는 주의 말씀을 지키나이다" 시 119:67. 이 말씀을 얼핏 보면 저자가 과거에 도덕적인 잘못을 많이 저지른 것같이 오해할 수도 있습니다. 그런데 이 '그릇 행하다'라는 말은 그런 뜻이 아닙니다. 도덕적으로 많은 죄를 지었다는 뜻이 아니라, 한마디로 말하면 인생을 자기 마음대로 살았다는 것입니다. 그저 자신의 유익을 위해서, 자기 좋을 대로, 하나님의 뜻대로가 아닌 자기 마음대로 인생을 살았다는 뜻입니다.

고난이 오기 전에 시편 기자는 소위 잘나가는 삶을 살았습니다. 그의 인생은 탄탄대로였고, 모든 것이 자신의 계획대로 되어 자신의 목표가 조금씩 이루어져가고 있었습니다. 가정도 평안하고, 자녀들도 별 문제 없고, 사업도 잘되었습니다. 100퍼센트 완벽한 것은 아니었지만, 만족할 만했습니다. 기도를 하기는 하지만 그렇게 간절하게 하지는 않았습니다. 아쉬운 것이 없었으니까요. 성경을 읽지만 마음에 별 감동이 없었습니다. 설교를 듣지만 마음에 별로 와 닿지가 않았습니다. 봉사는 하지만 진정한 헌신은 없었습니다. 자신도 모르는 사이에 그는 하나님을 자기 인생의 가장자리로 내몰고 있었던 것입니다. 시편 기자는 그것을 몰랐습니다. 이것이 "내가 고난을 당하기 전에는 그릇 행하였더니"라는 구절의 뜻입니다. 그러던 어느 날 모든 것이 변했습니다. 하나님은 그를 향해 다른 계획을 가지고 계셨던 것입니다.

종종 우리는 인생을 살면서 기쁨과 슬픔이 종이 한 장 차이라는 것을 알고 놀랄 때가 있습니다. 어느 날 아침에 걸려온 전화 한 통으로도 우리 인생은 완전히 뒤바뀔 수 있습니다. 얼마 전 용문산 헬리콥터 추락 사고로 죽은 사망자들의 유족의 모습을 방송에서 대대적으로 보도했습니다. 그들 가운데 누가 자신의 가족이 그 비행기에 탔다가 떨어질 줄 알았겠습니까? 어느 날 걸려온 전화 한 통에 그 가족의 행복은 산산조각나버렸습니다. 누구도 기대하지 않았고, 누구도 예상하지 못했습니다. 이것이 바로 인생입니다. 한 통의 전화만으로도 우리 인생은 회복 불능의 상태에 빠질 수가 있습니다. 물론 우리는 평상시에는 내게 그런 일이 절대 일어나지 않을 것처럼 살아갑니다. 그러나 실상은 그렇지 않습니다. 그런 일은 아무 때나 일어날 수 있습니다.

가끔 저에게 "목사님, 오늘날도 하나님이 우리에게 말씀하실까요?"라고 질문하는 분들이 있습니다. 그러면 저는 이렇게 대답합니다. "예, 물론입니다. 하나님은 우리의 전화번호를 가지고 계시고 자신이 원하시는 때에 언제라도 우리의 전화기를 울리실 수 있습니다."

제가 어느 날 차 운전을 하면서 극동방송을 틀었는데 마침 전화 상담을 하고 있었습니다. 여자 집사님 한 분이 이런 내용으로 상담 요청을 하는 것이었습니다. "목사님, 제 남편이 여러 해 동안 기도를 해도 돌아오지 않아요. 하나님을 모르는 것도 아니면서 계속해서 방탕한 삶을 사는데 어떡하면 좋을까요?"

상담하시는 목사님이 이렇게 대답했습니다. "하나님께 남편이 돌아오게 해달라고 기도를 하십시오. 그리고 하나님이 어떤 방법을 써서라도 그의 마음을 돌려달라고 기도하십시오. 예를 들면, 고난을 통해서나 그를 쳐서라도 말입니다."

처음 그 말을 들었을 때는 좀 거부감이 있었는데 나중에 성경을 살펴보면서 그 말이 지극히 성경적임을 알게 되었습니다. 하나님은 건강이나 물질보다는 우리 영혼에 더 많은 관심을 가지고 계시기 때문에 어느 순간 우리에게 고난을 주시기도 합니다. 하지만 이것은 전적으로 우리 영혼에 경종을 울리기 위해서입니다. 혹 주위에 하나님을 멀리 떠나 돌아오지 않는 자가 있다면 하나님께 이렇게 기도해야 합니다. "하나님, 어떤 방법으로든 그를 돌아오게 해주소서. 어떤 대가를 치르게 해서라도 십자가 곁으로 돌아오게 해주소서."

C. S. 루이스C. S. Lewis 는 이렇게 말합니다. "하나님은 우리의 즐거움 속에서 속삭이신다. 그러나 고난 속에서 그분은 외치신다. 고난은 우리의 잠자는 영혼을 깨우는 하나님의 메가폰이다." 고난은 우리의 잠자는 영혼을 깨우는 하나님의 메가폰입니다. 그리고 바로 이것이 시편 기자의

고백입니다. '고난당하기 전에는 내가 그릇 행하였습니다. 인생의 성공에 취해서, 행복에 취해서 나도 모르게 하나님을 가장자리로 내몰고 있었습니다.' 그러나 고난이 다가오자 어떻게 되었습니까? "이제는 주의 말씀을 지키나이다."

고난에는 유익이 있습니다. 왜 하나님은 우리에게 고난을 허락하십니까? 그것이 어떤 고난이든 상관없이 다 막아주시지 않고 왜 방치하십니까? 그것은 결코 우리를 망치기 위함이 아닙니다. 그러므로 낙심하지 마십시오. 분노하지 마십시오. 하나님의 목적은 하나입니다. 우리를 주의 말씀 앞에 순종의 사람으로 만들기 위해 우리와 우리 가정에 고난을 주시는 것입니다.

말씀을 깊이 깨닫게 됨

두 번째로, 고난의 유익이 무엇입니까? 성경이 가르쳐주는 고난의 유익은 고난을 통해 우리가 주의 말씀을 깊이 깨닫게 된다는 것입니다. "고난 당한 것이 내게 유익이라 이로 인하여 내가 주의 율례를 배우게 되었나이다" 시 119:71. 시편 기자는 고난으로 말미암아 주의 율례를 배웠다고 합니다.

사실, 우리 모두는 살아가면서 이런 고백을 합니다. 우리 주위에는 고난을 겪고 난 후에 그 고난이 자신에게 유익이 되었다고 고백하는 사람들이 많이 있습니다. 고난은 고통스럽습니다. 그런데 어떻게 그 고통이 우리에게 유익이 될 수 있습니까? 그 이유는 고난을 통해 비로소 하나님의 말씀을 깊이 깨달을 수 있기 때문입니다. 말씀을 깨닫는 것은 공부만으로 되는 것이 아닙니다. 그 말씀이 삶 속에서 녹아내려야 합니다. 같은 말씀이라도 그 말씀을 머리로만 깨달은 자와 삶 속에서 체험한 자가 어떻게 같을 수 있겠습니까? 전혀 같을 수 없습니다. 이 세상에서도 마찬가지입니다.

예를 들어, 두 병원이 있습니다. 한 병원의 의사는 이제 막 의대를 졸업해서 전문 서적을 옆에 잔뜩 쌓아놓은 젊고 잘생긴 의사입니다. 그 병원은 시설도 좋고, 실내 장식도 깔끔하게 잘 되어 있습니다. 그런데 그 옆 병원에는 시설은 좀 낡았지만, 수많은 환자들을 치료한 경험 많은 의사가 있습니다. 어느 병원을 가시겠습니까? 저 같으면 당연히 경험이 많은 의사에게 가겠습니다.

당신의 차가 고장이 났습니다. 그런데 이제 막 자동차 학원을 나와서 책 몇 권 읽고 손에 기름때 하나도 묻지 않은 사람이 하는 정비 센터와 손에 기름투성이의 정비사가 하는 정비 센터 중 어디에 차를 맡기시겠습니까?

하나님의 말씀도 마찬가지입니다. 우리가 제자 훈련하고, 사역 훈련하고 아무리 성경 공부를 많이 했다 해도 삶을 통해 하나님의 말씀을 배우고 체험하지 않으면 그 깊이에 한계가 있습니다. 시편 기자는 '고난이 내게 유익했다'고 고백함으로써 이것을 입증했습니다.

우리는 삶의 고난을 통해서 하나님의 말씀을 배우게 됩니다. 그래서 마틴 루터Martin Luther 는 이렇게 고백했습니다. "삶의 고난이 말씀의 최고

스승이었다." 우리 모두는 고난을 싫어합니다. 그래서 고난보다는 좋은 환경을 소원하고 그것을 위해 기도합니다. 비 오는 날보다는 햇빛이 쨍쨍 내리쬐는 날을 더 좋아합니다.

그러나 잠깐의 좋은 환경이 우리에게 영원토록 유익하다고 누가 단언할 수 있습니까? 우리는 모릅니다. 새옹지마塞翁之馬라는 고사성어를 잘 아시지 않습니까? 저는 유럽 여행을 하면서 많은 것들을 배웠는데, 그 중에서도 특히 인상에 남는 것이 한 가지 있습니다. 이탈리아를 갔을 때인데, 그 나라는 지역별로 빈부 격차가 심한 나라라고 합니다. 북쪽은 1인당 국민 소득이 4만 2천 달러인데, 남쪽은 5천 달러밖에 되지 않는다고 합니다. 한 나라 안에서도 이렇게 격차가 심하다니 정말 신기하지 않습니까? 그래서 국가적으로도 큰 문제라고 합니다.

제가 너무 궁금해서 안내해주시는 분에게 그 이유를 물어보았더니 이유는 한 가지라고 합니다. 북쪽은 환경이 좋지 않아서 살기가 힘들다는 것입니다. 반면에 남쪽은 살기에 너무 좋은 환경이라고 했습니다. 기후가 따뜻해서 농사도 잘 된다고 합니다. 우리가 잘 아는 나폴리가 남쪽에 위치하고 있습니다. 이렇게 쾌적하고 편안한 환경이 사람들로 하여금 게으름을 부리게 한 것입니다. 그래서 북쪽 지방에 사는 이탈리아 사람들은 다들 날씬합니다. 키도 크고 너무 멋있게 생겼습니다. 그런데 남쪽에 사는 사람들은 영 딴판입니다. 일도 잘 안 하고 편안한 것만 좋아하는데다 운동도 잘 안 하니까 다들 배가 나와서는 스타일이 엉망입니다.

우리는 너나없이 다들 편안한 환경을 좋아합니다. 하지만 이런 편안한 환경이 우리에게 유익을 준다고 누가 감히 말할 수 있겠습니까? 저는 이탈리아에서 좋은 환경이 반드시 우리에게 유익한 것만은 아니라는 사실을 절실히 깨달았습니다. 우리 앞에 있는 고난이 꼭 우리에게 나쁜 것만은 아닙니다.

이 말씀을 대하면서 저도 제 인생을 돌아보았습니다. 지난 세월 하나님의 말씀을 언제 가장 마음 깊이 받아들였는가, 언제 내 안에 말씀의 깊이가 생겼는가를 살펴보니 그것은 놀랍게도 고난의 시절이었습니다. 결코 모든 것이 형통할 때가 아니었습니다. 고난의 때에 비로소 말씀이 제 가슴 깊이 박히는 것을 많이 체험했습니다. 말씀의 깊은 뜻을 비로소 붙들게 되었습니다. 특별히 떠오르는 일이 한 가지 있습니다.

유학 시절, 박사 과정에 들어가면서 작은 교회를 담임하게 되었습니다. 그런데 교인이 17명밖에 안 되는 교회라 생활이 무척 어려웠습니다. 그런 와중에 둘째 아들이 태어났고, 아내는 둘째를 낳자마자 몸이 좋지 않아 병원에 입원하게 되었습니다. 통장의 돈은 벌써 바닥이 났고, 아내는 입원해 있는데 모든 것이 암울하고 의지할 데라곤 아무 데도 없어서 참 막막했습니다. 아이의 돌이 되었는데 아내가 병원에 있어서 돌잔치를 해줄 수도 없어 큰아이랑 셋에서 돌을 보내는데 마음이 너무 힘들었습니다. 그저 앞이 캄캄했습니다. 해결책은 아무것도 없었습니다. 미국 병원비는 너무나 비쌌습니다. 게다가 보험도 없었습니다. 그러던 어느 날 성경을 읽는데 어릴 때부터 외웠던, 너무나 익숙한 말씀이 제 마음속 깊이 각인되었습니다. 이사야 41장 10절 말씀입니다. "두려워 말라 내가 너와 함께함이니라 놀라지 말라 나는 네 하나님이 됨이니라 내가 너를 굳세게 하리라 참으로 너를 도와주리라 참으로 나의 의로운 오른손으로 너를 붙들리라."

그날따라 이 말씀이 얼마나 절실하게 가슴에 와닿던지 이 세상 누구도 해결할 수 없을 것 같던 제 마음의 캄캄함과 낙담이 깨끗이 사라져버렸습니다. '그렇구나, 하나님이 나를 붙들고 계시는구나' 하는 생각이 저를 다시 일어서게 했습니다. 과연 하나님이 저희 식구를 붙들어주셨습니다. 그래서 그 고난의 남은 기간을 기쁨으로 하나님을 찬양하면서 보낼 수 있었습니다. 이와 같이 고난은 우리 삶에 말씀의 깊은 우물을 만듭니다. 고난이 오거든 말씀으로 돌아가십시오. 이것이 고난의 유익입니다.

하나님을 경험하는 삶으로

고난의 유익 중에서 마지막 것은 무엇일까요? 고난은 하나님을 깊이 체험하게 해줍니다. 고난은 순종의 삶을 살게 하고, 말씀을 깊이 깨닫게 하며, 마지막으로 하나님을 깊이 체험하게 합니다. 욥은 그 험한 고난을 겪고난 후 마침내 이런 고백을 합니다. "내가 주께 대하여 귀로 듣기만 하였삽더니 이제는 눈으로 주를 뵈옵나이다" 욥 42:5.

그는 고난을 통하여 하나님을 경험하게 됩니다. 과거에는 머리로만, 성경 공부를 통해 지식으로만 하나님을 알았는데 고난을 겪고난 후에야 비로소 하나님을 보았다고 고백합니다. 그는 이제 고난 속에서 하나님을 직접 체험한 것입니다. 주님이 우리와 가장 가까이 계실 때가 언제입니까? 두말할 것도 없이 고난의 때입니다.

아이들 어릴 때를 한번 생각해보십시오. 언제 부모가 아이에게 가장 가까이 갑니까? 아이가 아플 때입니다. 제가 어릴 때 우리 마을에 홍역이 돌았습니다. 아이들은 열이 펄펄 난 채 죽어갔습니다. 저도 홍역에 걸렸었는데 머리가 펄펄 끓고 참 괴로웠습니다. 하지만 그때 어머니가 만사 다 제쳐두고, 제 곁을 떠나지 않으시며 밤낮으로 간호해주던 기억은 지금도 잊을 수가 없습니다. 시간마다 찬 물수건으로 바꿔주시고, 생전 형들에게 주지 않던 계란도 주시고, 너무 좋았습니다. 오죽했으면 제가 좀 나아졌는데도 계속 아픈 척을 했겠습니까? 우리가 이렇다면 하물며 하나님이시겠습니까? 아이가 튼튼하고 즐거워할 때 부모는 그것을 바라보면서 좋아합니다. 그러나 가까이 가지는 않습니다. 마음이 불붙지는 않습니다. 그러나 우리가 고난당할 때 하나님의 마음은 불붙습니다. 그리고 우리 가까이로 오십니다.

우리가 너무나도 잘 아는 〈발자국〉이라는 시를 보면 어떤 그리스도인이 자신의 일기장을 보면서 과거를 회상합니다. 자신이 지금껏 걸어온 인생길에는 항상 두 개의 발자국이 나란히 놓여 있습니다. 하나는 자기 것, 다른 하나는 주님 것. 그래서 그는 주님을 찬양합니다. 그런데 일기장의 어떤 부분에서는 발자국이 하나밖에 없는 것입니다. 그때가 언제쯤인가 해서 돌이켜봤더니 자신이 가장 힘들고 어려울 때였습니다. 그는 너무 억울하고 서러워서 주님께 따졌습니다. "주님, 왜 그러셨습니까? 저와 평생을 동행하시다가 왜 제가 가장 힘들고, 고통스러울 때 제 곁을 떠나셨습니까? 발자국이 하나밖에 없지 않습니까?" 그러자 주님이 오셔서 이렇게 대답하셨습니다. "얘야, 그 발자국은 네 것이 아니고 내 것이란다.

내가 그때 너를 등에 업고 그 고난의 기간을 지나갔단다." 그 사람이 이 때 깨달은 바가 있어서 이 시를 지었다고 합니다.

그렇습니다. 주님은 우리가 고난당할 때 바로 우리 곁에 계십니다. 주위를 둘러보면 나 혼자뿐인 것 같습니다. 그래서 외롭고 힘이 듭니다. 그러나 지나고보면 바로 그때 주님이 우리 가장 가까이에 와 계셨습니다. 가까이 계신 정도가 아니라 우리를 품에 안으십니다. 우리가 더 이상 못 걷겠다고, 인생을 포기하고 싶을 정도로 절망할 때 주님은 우리를 업고서 그 어둠의 골짜기를 걸어가시는 분이십니다.

지금 고난 중에 계신 분이 있습니까? 아니면 모든 것이 평안합니까? 하지만 언젠가 고난의 벨이 다시 울릴 것입니다. 우리는 고난에 대한 교훈을 배워야 합니다. 고난 중에 있거나, 앞으로 혹 고난이 찾아오거든 이 말씀을 기억하십시오.

첫 번째는 자신이 놓여 있는 어려운 환경들로 인하여 감사하십시오. 고난이 오거든 그 고난을 감사해보십시오. 당신에게 병이 있습니까? 경제적으로 어렵습니까? 아니면 누군가가 당신을 비난하고 있습니까? 그 모든 고난 가운데서 하나님이 이루실 놀라운 일들을 기대하며, 하나님 앞에 감사하십시오.

두 번째는 하나님의 말씀에 깊이 잠기십시오. 고난의 때야말로 말씀을 읽을 때입니다. 고난이 오면 고민만 하고 있는 분이 있습니다. 주위 사람을 붙잡고 하소연하는 분도 있습니다. 그렇게 하지 말고 고난이 오거든 말씀으로 돌아가십시오. 정말로 말씀을 깊이 읽어보십시오. 고난의 시기는 말씀을 내 마음속 깊이 새길 수 있는 절호의 기회입니다. 하나님은 그것을 목적으로 우리에게 고난을 주십니다.

저는 설교 중에 제 어머니 이야기를 자주 하는데, 어머니가 한때 늑막염을 앓다가 복막염까지 겹친 적이 있었습니다. 그 시절에 복막염은 치명적인 병이었다고 합니다. 그래서 어머니가 요양 차 용문산 기도원에 들어가셨습니다. 그 덕분에 저는 몇 달을 작은집에서 지내야 했습니다.

어느 날 아버님이 오셔서 어머니를 만나러 가자고 해서 같이 용문산까지 갔습니다. 용문산 기도원에 도착해서 어머니가 보고 싶은 생각에 그 높은 계단을 단숨에 뛰어올라가 어머니를 뵈었습니다. 막상 어머니를 뵈니까 6개월만이어서 그런지 잘 알아보지 못했습니다. 하지만 그때 어머니가 무엇을 하고 계셨는지는 지금도 생생하게 기억하고 있습니다. 어머니는 기도원에 딸린 작은 방에서 방문을 열어놓고 성경책을 읽고 계셨습니다. 그 모습은 제가 목사가 된 지금에도 큰 은혜가 됩니다. '그렇구나. 그렇게 말씀을 보셨구나. 병중에 있으면서도, 고난 가운데서도 말씀을 읽으셨구나. 신앙 생활은 저렇게 하는 것이로구나' 하는 무언의 깨우침이 저를 항상 깨어 있게 합니다. 혹시 고난 가운데 있습니까? 그러면 말씀을 더 가까이하라는 하나님의 뜻으로 알고 말씀을 깊이 깨달으시기 바랍니다.

세 번째는 하나님을 신뢰하십시오. 신뢰의 끈을 놓지 마십시오. 고난의 때야말로 믿음이 필요한 때입니다. 그분을 깊이 신뢰하십시오. 그분의 선하심과 인도하심을 믿으십시오. 하나님은 선하신 분입니다. 그리고 신실하신 분입니다.

마지막 네 번째는 고난 중에 당신이 얻은 산 교훈을 증거하십시오. 고난 중에 하나님을 만났습니까? 말씀을 깊이 깨달았습니까? 하나님의 음성을 들었습니까? 그렇다면 그것을 다른 사람과 나누십시오. 간증하십시오. 그 축복을 나누십시오.

현재, 당신이 당하는 고난은 무엇입니까? 그것이 무엇이든 한 가지를 기억하십시오. 문제는 우리의 환경이 아니라 그 환경에 대한 우리의 반응입니다. 내게 찾아온 질병과, 경제적인 어려움과, 관계의 아픔과, 어떤 비극과 고난이 문제가 아니라 그 환경을 대하는 우리의 반응입니다. 좋은 환경이든, 고난의 환경이든 그 모든 것을 축복으로 이끄시는 하나님을 바라보며 우리가 하나님 앞에 마음을 열기만 한다면, 하나님은 결국 그 모든 것을 합하여 작품을 만들어내실 줄 믿습니다.

"너희 중에 고난 당하는 자가 있느냐 저는 기도할 것이요 즐거워하는 자가 있느냐 저는 찬송할지니라"약 5:13. 이러한 기도와 찬송이, 호흡이 붙어 있는 한 우리의 환경에 대한 유일한 반응이 되기를 바랍니다.

8장

언약
+ 고통의 물감
= 축복

창세기 15:12–21

해질 때에 아브람이 깊이 잠든 중에 캄캄함이 임하므로 심히 두려워하더니 여호와께서 아브람에게 이르시되 너는 정녕히 알라 네 자손이 이방에서 객이 되어 그들을 섬기겠고 그들은 사백 년 동안 네 자손을 괴롭게 하리니 그 섬기는 나라를 내가 징치할지며 그 후에 네 자손이 큰 재물을 이끌고 나오리라 너는 장수하다가 평안히 조상에게로 돌아가 장사될 것이요 네 자손은 사 대 만에 이 땅으로 돌아 오리니 이는 아모리 족속의 죄악이 아직 관영치 아니함이니라 하시더니 해가 져서 어둘 때에 연기 나는 풀무가 보이며 타는 횃불이 쪼갠 고기 사이로 지나더라 그 날에 여호와께서 아브람으로 더불어 언약을 세워 가라사대 내가 이 땅을 애굽강에서부터 그 큰 강 유브라데까지 네 자손에게 주노니 곧 겐 족속과 그니스 족속과 갓몬 족속과 헷 족속과 브리스 족속과 르바 족속과 아모리 족속과 가나안 족속과 기르가스 족속과 여부스 족속의 땅이니라 하셨더라.

우리는 창세기 15장을 통해서 하나님이 어떤 분이신지에 대해 배우고 있습니다. 하나님은 끊임없이 우리를 격려하는 분이시며, 비록 우리에게 허물이 있더라도 우리가 믿기만 하면 그 믿음을 우리의 의로 간주해주시는 분입니다. 또 하나님은 우리와 언약 맺기를 즐겨 하시는 분입니다. 우리에게 복 주시기 위해서 스스로 우리와 언약을 맺으시고, 우리에게 복을 주시는 일에 자신의 목숨을 거신 분입니다. 즉, 목숨을 거시면서까지 우리와 축복의 언약을 맺으신 놀라운 분이십니다. 그러므로 그 언약은 취소될 수 없습니다. 하나님이 목숨을 걸고 언약을 하셨고, 성자 하나님이 십자가 위에서 목숨을 버리시면서까지 그 언약을 증명하셨는데 어떻게 그 언약이 무효가 될 수 있겠습니까? 이런 일은 설령 지구가 멸망한다고 해도 일어나지 않습니다. 그러면 앞으로 우리의 삶이 어떻게 펼쳐질까요? 다음의 이야기를 읽고 한번 생각해보십시오.

어떤 부부가 아기를 갖게 되었습니다. 뱃속의 아기가 점점 자라감에 따라 그 행복을 만끽하며 하나님께 감사하던 어느 날, 담당 의사가 그들 부부를 앉혀놓고 심각한 얼굴로 아기의 염색체에 이상이 있어서 정상아로 태어날 수 없으니 차라리 낙태하라고 권고합니다. 청천벽력 같은 말입니다. 그러나 이들 부부는 믿음으로 기도하고 아이를 낳습니다. 결과는 다운증후군이었습니다. 10년 전에 그 일이 일어났고, 지금도 그 아이를 키우고 있습니다.

신학교에서 두 남녀가 만나 사랑에 빠져 결혼을 했습니다. 두 사람 다 선교에 대한 비전이 있었습니다. 그들은 신학교를 졸업하자마자 결혼을 하고 아마존 밀림 건너 먼 나라 페루로 갔습니다. 어느 날, 선교 여행을 마치고 경비행기를 타고 돌아오는데 페루 공군기가 그 비행기를 마약상의 비행기로 오해하고서는 총을 발사했습니다. 그 총알 하나가 어머니의 갈비뼈를 뚫고 들어와 품에 안고 있던 갓난아이의 머리에 박혔습니다. 아이와 어머니는 그 자리에서 즉사하고 말았습니다.

이 이야기들은 모두 실화입니다. 첫 번째 이야기는 지금도 목회를 하고 있는 제 친구의 이야기이고, 두 번째 이야기는 짐 바워즈와 로니 바워즈 부부의 이야기입니다. 특히 바워즈 부부 이야기는 〈타임Time〉지에 대서특필된 큰 사건이었습니다. 왜 이런 일들이 일어날까요? 하나님의 언약 안에 있는, 그것도 보통 언약이 아닌 하나님이 목숨까지 걸면서 언약을 맺은 우리 그리스도인들에게 왜 이런 일이 일어나는 것입니까?

본문은 그에 대한 해답의 실마리를 제공해주고 있습니다. 우리가 살펴본 대로 하나님은 자신이 땅을 어떻게 얻을 수 있느냐고 반문하는 아브라함과 가장 확실한 방법으로 언약을 맺으셨습니다. 아브라함 당시 사람들이 사용했던 짐승을 잡아서 둘로 쪼개놓고 당사자가 그 사이를 지나가는 언약 말입니다. 하나님은 아브라함의 행위가 불완전함을 아시기 때문에 아브라함은 지나가지 못하게 하시고, 하나님 혼자 그 사이를 지나가셨습니다. "아브라함아, 내가 너에게 복을 주는 일에 내 목숨을 걸겠다. 내가 네게 반드시 땅을 주고, 자식을 줄 것이다." 하나님은 자신의 목숨을 언약의 증표로 삼으셨습니다. 이 얼마나 놀라운 일입니까? 하나님은 우리에게 복 주시기 위해 자신의 목숨을 거는 분이십니다. 이보다 더 은혜로운 말씀이 어디 있겠습니까?

고통의 이유

왜 언약의 백성이 고통을 당해야 합니까? 창세기 15장을 자세히 살펴보면, 이 언약식에는 희망의 색깔만 있었던 것은 아닙니다. 여기에는 다른 색깔이 등장합니다. 바로 회색입니다. "해질 때에 아브람이 깊이 잠든 중에 캄캄함이 임하므로 심히 두려워하더니"창 15:12.

사실 이 구절은 하나님의 언약과는 어울리지 않아 보입니다. 지금 하나님이 자신의 목숨을 걸면서까지 아브라함에게 복을 주시는데 갑자기 웬 어두움입니까? 사실 우리 생각대로라면 이 본문은 이렇게 기록되었어야 합니다. "아브라함이 잠든 중에 하늘을 바라보니 천상에서 이루 말할 수 없는 밝은 빛이 쏟아졌고, 아브라함은 이에 크게 기뻐하니라." 이게 본문에 맞는 색깔입니다. 그러나 본문은 그렇게 말하고 있지 않습니다. 하나님과 아브라함이 그 놀라운 언약식을 하는 동안 캄캄함이 임했고, 아브라함은 그 캄캄함으로 인하여 두려워하였다고 했습니다.

그러나 이상한 것은 그뿐만이 아닙니다. 그 언약 가운데서 하나님은 아브라함에게 이렇게 말씀하십니다. "여호와께서 아브람에게 이르시되 너는 정녕히 알라 네 자손이 이방에서 객이 되어 그들을 섬기겠고 그들은 사백 년 동안 네 자손을 괴롭게 하리니" 창 15:13.

지금 하나님은 아브라함의 자손이 타 민족에게 괴롭힘을 당할 것이라고 말씀하십니다. 그것도 4백 년씩이나 말입니다. 이것이 아브라함이 그 놀라운 언약식에서 들었던 하나님의 말씀입니다. 이것은 우리가 아는 한 앞뒤가 맞지 않는 말입니다. 하나님이 아브라함을 위해 목숨을 건 언약식을 진행하고 계시다면 거기에는 적어도 복을 예시하는 말씀이 있어야 하지 않겠습니까? 그런데 4백 년 동안의 고통이라니 이것이 될 법이나 한 말입니까? 그러나 성경은 이것이 바로 그날 아브라함이 하나님께로부터 들었던 말씀이라고 전하고 있습니다. 그리고 아브라함 그 말씀을 들은 지 4천 년이 지난 지금 우리 그리스도인들도 동일한 고통의 말씀을 하나님께로부터 듣고 있습니다.

주위를 한번 둘러보십시오. 당신 주위에 있는 사람의 마음에 귀를 기울여보신 적이 있습니까? 저는 목사이니까 조금 압니다. 우리 안에는 흐느낌이 있고 아픔이 있습니다. 눈물이 있습니다. 우리는, 아브라함이 받은 언약은 물론이고 성자 하나님이 십자가 위에서 우리를 대신해서 죽으신 놀라운 은혜의 선물을 받은 자들입니다.

그러나 우리 마음속에는 아픔이 있고, 우리 베개에는 눈물 자국이 있습니다. 왜 언약의 백성들이 고통을 당해야 합니까? 왜 하나님이 목숨을 걸면서까지 주신 언약을 소유한 자들에게 아픔이 있습니까? 왜 우리는 종종 비극을 맞아야 하는 것입니까? 우리가 당하는 고통의 이유를 다 알 수는 없지만, 그 이유를 이해하는 데 도움이 되는 중요한 교리가 하나 있습니다. 그것은 바로 '하나님의 섭리'입니다. 이것은 '삼위일체'라는 용어와 마찬가지로 성경에 자주 등장하지는 않지만 성경이 강조하는, 그래서 우리가 반드시 알아야 하는 너무나 중요한 교리입니다.

섭리의 교리

섭리란 우주를 향한 하나님의 은혜로우신 돌보심입니다. 좀더 설명을 하자면, 이 우주에 있는 모든 것이 바로 하나님의 뜻 아래서 운행되고 있다는 것입니다. 하나님은 온 우주를 통치하고 계십니다. 이 우주에서 일어나는 모든 일들을 주관하고 계십니다. 이 섭리의 교리는 우리에게 다음과 같은 몇 가지 중요한 사실을 가르쳐줍니다.

먼저, 하나님은 작은 미물들까지도 세심하게 돌보신다는 것입니다. 하나님은 이 우주에 존재하는 모든 만물들을 친히 다스리십니다. 그래서 예수님은 이 섭리의 교리를 이렇게 말씀하셨습니다.

"참새 두 마리가 한 앗사리온에 팔리는 것이 아니냐 그러나 너희 아버지께서 허락지 아니하시면 그 하나라도 땅에 떨어지지 아니하리라" 마 10:29.

이처럼 참새 한 마리도 돌보시는 하나님이 바로 섭리의 하나님이십니다. 오늘 우리 머리카락이 몇 개나 빠졌는지 우리는 모르지만 하나님은 아십니다. 섭리의 하나님이시기 때문입니다.

섭리의 교리는 우리에게 또 다른 것을 가르쳐줍니다. 하나님은 모든 것을 선용하시며, 아무것도 낭비하지 않으신다는 것입니다. 우리에게 일어나는 모든 일들, 그것이 크든 작든, 좋은 일이든 아니든, 심지어 나쁜 일까지도 하나님은 우리의 유익을 위해 사용하십니다. 사도 바울은 이것을 깨닫고 로마서 8장 28절에서 이렇게 외칩니다. "우리가 알거니와 하나님을 사랑하는 자 곧 그 뜻대로 부르심을 입은 자들에게는 모든 것이 합력하여 선을 이루느니라." 이 또한 섭리의 교리입니다.

섭리의 교리는 우리에게 한 가지 사실을 더 가르쳐줍니다. 바로 하나님의 궁극적인 목적은 당신의 자녀들이 예수님의 형상에 이르게 하는 데 있다는 것입니다. 우리가 로마서 8장 28절을 너무 좋아해서 로마서 8장 29절은 눈여겨보지 않습니다만, 8장 29절에서는 이렇게 말씀합니다. "하나님이 미리 아신 자들로 또한 그 아들의 형상을 본받게 하기 위하여 미리 정하셨으니 이는 그로 많은 형제 중에서 맏아들이 되게 하려 하심이니라."

우리는 다들 비빔밥을 좋아합니다. 제 경우도 대한항공을 타면 가장 좋아하는 메뉴가 바로 비빔밥입니다. 거기에는 쓴 나물도 들어갑니다. 하지만 그것 하나만 먹으면 써서 못 먹습니다. 다양한 재료들이 조화가 될 때 제 맛이 나게 됩니다. 모든 것이 합력하여 선을 이룬다고 할 때 이 '모든 것'에는 나쁜 일도 섞여 있습니다. 그런데 하나님은 왜 모든 것을 그렇게 섭리하십니까? 그것은 바로 우리 인격과 영혼이 예수 그리스도의 장성한 분량으로 자라게 하기 위함입니다. 하나님의 목적은 우리를 이땅에서 부자 되게 하는 것이 아닙니다. 이땅에서 예수 믿는 자들을 120세까지 장수하게 하는 것이 아닙니다. 우리는 이것을 분명히 알아야 합니다. 그래서 R. C. 스프라울R. C. Sproul이라는 신학자는 이렇게 말했습니다. "하나님은 결코 주사위를 굴리지 않으신다. 이 세상에서 우연히 일어나는 일은 아무것도 없다." 모두가 하나님의 섭리입니다.

그렇다면 이 섭리의 교리와 인간의 자유 의지가 어떻게 병립할 수 있을까요? 예를 들어, 운전 중에 졸다가 사고를 당해서 죽었다고 칩시다. 그러면 이것이 자신의 실수입니까, 아니면 하나님의 뜻입니까?

기독교는 지난 2천 년 동안 이 문제를 가지고 논쟁을 해왔습니다. 그런데 불행히도 아직 결론이 나지 않았습니다. 지금도 명쾌한 해답은 없습니다. 하나님의 섭리와 인간의 자유 의지가 어떻게 상충되는가는 우리 논리 밖의 일입니다. 그러나 이 두 가지를 이해하는 데 도움이 되는 성경의 이야기가 있습니다. 그것은 우리가 잘 아는 요셉의 이야기입니다.

요셉은 야곱의 아들이었고, 열두 형제 중 열한 번째였는데, 특별히 아버지의 사랑을 많이 받았습니다. 그는 어릴 때부터 상속자로 지명되어 채색옷을 입고 다녔습니다. 당연히 나머지 형제들이 그를 시기합니다. 어느 날 아버지가 형들이 양을 잘 치고 있는지 감시하기 위해 요셉을 내려보냅니다. 겉으로는 떡을 갖다주라는 핑계를 대면서 말입니다. 그때 형들이 '옳거니 잘 왔다' 하면서 요셉을 잡아 종으로 팔아버립니다. 이제 죽을 만큼 종노릇 해서 어느 정도 자리를 잡는가 했더니 안주인의 유혹을 무시한 대가로 감옥에 가게 됩니다. 얼마나 안 풀리는 인생입니까?

그런데 감옥에서 바로의 떡 굽는 자와 술 맡은 자를 만나서 그들의 꿈을 해석해주게 됩니다. 이것을 계기로 바로의 꿈을 해석해주게 되어 그는 결국 애굽의 총리가 되었습니다. 그후 가나안 땅에 가뭄이 들어 그 형들이 양식을 사러 왔다가 죽은 줄 알았던 요셉을 극적으로 만나게 됩니다. 자신들이 죽이려 했던 그 동생은 세계 최강국의 총리가 되어 있고, 정작 자신들은 그 앞에 양식을 구걸하러 온 불쌍한 존재로 서 있습니다. 우리가 요셉이 되어서 이런 상황을 맞이했다면 어떻게 했을까요? 아마 어떤 벌을 줄까 열심히 궁리했을 것입니다. 그런데 놀랍게도 창세기 50장 19-20절에서는 이렇게 기록하고 있습니다. "요셉이 그들에게 이르되 두려워 마소서 내가 하나님을 대신하리이까 당신들은 나를 해하려 하였으나 하나님은 그것을 선으로 바꾸사 오늘과 같이 만민의 생명을 구원하게 하시려 하셨나니." 이 구절은 우리가 밑줄을 쳐놓아야 할 중요한 말씀입니다.

비록 하나님의 뜻이 분명히 드러나기까지는 많은 시간이 필요했지만, 요셉은 마침내 자신에게 일어난 이 모든 일의 배후에 숨겨진 하나님의 의도를 발견할 수 있었습니다. 요셉이 고백한 말의 의미는 바로 이것입니다. 가장 적당한 때에 요셉의 형들이 요셉을 구덩이에 넣었고, 가장 적당한 때에 미디안 상인들이 그곳을 지나갔으며, 가장 적절한 때에 요셉은 보디발의 집에 팔려갔습니다. 하나님 보시기에 가장 적절한 때에 보디발의 아내가 요셉을 유혹했고, 가장 적절한 때에 그는 감옥에 갔습니다. 그리고 거기서 그는 떡 굽는 자와 술 맡은 자를 만났습니다. 가장 적절한 때에 바로는 요셉을 불렀고, 가장 적절한 시기에 바로는 요셉을 총리로 임명했습니다. 그리고 제때에 가나안에 가뭄이 들었고, 하나님의 때에 요셉은 형들을 만난 것입니다. 또 매우 적당한 때에 야곱의 가족들은 애굽으로 이사를 왔고, 그곳에서 본문이 예언한 대로 4백 년을 보냈습니다. 4백 년 후, 하나님은 그들을 구하기 위해 모세를 보내셨고, 가장 완벽한 때에 아브라함의 자손들은 홍해를 건너 가나안 땅으로 들어가게 되었습니다.

이 모든 일들은 하나같이 가장 정확한 때에 일어났고, 가장 정확한 방법으로 진행되었습니다. 이 모든 일 뒤에 하나님의 손길이 있었던 것입니다. 요셉은 그것을 깨닫고 형들에게 하나님의 섭리하심을 이야기했습니다. "당신들은 나에게 악을 행했지만 하나님이 우리 생명을 구하시려고 당신들에 앞서 나를 보내셨습니다." 바로 하나님의 섭리하심을 인정하고 받아들인 자만이 할 수 있는 고백입니다. 하나님은 그 누구의 자유도 해치지 않으십니다. 하지만 모든 일을 자신이 계획한 대로 이끌어가십니다. 이것이 바로 하나님의 섭리하심입니다. 우리가 하나님의 섭리하심을 굳게 믿고 살면 우리 삶에 어떤 일이 생기는지 간략하게 세 가지를 살펴보겠습니다.

쓴 뿌리로부터의 해방

첫 번째, 하나님의 섭리하심을 믿으면 우리는 마음의 쓴 뿌리로부터 해방됩니다. 언약에도 고통이 있고 비극이 있습니다. 그러나 우리가 하나님의 섭리하심을 믿으면 우리는 어떤 비극과 고통 가운데서도 마음에 쓴 뿌리를 묻어둘 이유가 없습니다. 이것이 바로 요셉이 고백한 메시지입니다. "당신들은 나를 해하려 하였으나 하나님은 그것을 선으로 바꾸셨습니다." 만일 복수하기로 마음먹었다면 이 세상에서 요셉만큼 복수의 정당성을 가진 사람이 어디 있겠습니까?

왜 우리 마음에 쓴 뿌리가 생깁니까? 누군가 당신에게 악을 행했기 때문입니까? 아닙니다. 당신이 그렇게 생각하고 있다면 잘못 안 것입니다. 우리의 마음에 쓴 뿌리가 생긴 이유는 누군가가 우리에게 악을 행해서가 아닙니다. 우리 마음에 쓴 뿌리가 생기는 단 한 가지 이유는 우리가 하나님의 선하심을 믿지 못하고, 우리 삶의 배후에서 일하시는 하나님의 손길을 보지 못하기 때문입니다. 우리는 우리가 직면한 일에 하나님이 간섭하시지 않는다고 생각합니다. 오직 내게 악을 행한 가해자와 그 고통과 비극적인 현실만을 볼 뿐입니다. 그래서 분을 품고 내게 상처를 준 사람에게 복수를 하려고 합니다. 그러다가 결국 어떻게 됩니까? 대부분의 경우, 상처를 준 사람보다 상처받은 사람이 더 나빠지고 더 망가지게 됩니다. 이것이 바로 사탄의 역사입니다.

요셉과 같이 하나님의 섭리하심을 믿으시기 바랍니다. 그분은 우리가 당한 악한 일, 억울한 일을 다 지켜보고 계십니다. 그리고 그것을 사용하여 선을 만들어내십니다. 하나님께 이런 능력이 있음을 믿습니까? 그렇다면 지금 당신의 마음속에 있는 쓴 뿌리를 다 없애버리십시오. 누군가에게 섭섭함과 원망이 있다면 다 씻어버리십시오. "당신들은 나를 해하려 하였으나 하나님은 그것을 선으로 바꾸셨도다." 할렐루야!

새로운 안목

두 번째, 우리가 하나님의 섭리하심을 믿게 되면 우리가 당하는 비극에 대해 새로운 안목을 갖게 됩니다. 고통을 고통으로만 보지 않고, 비극을 비극으로만 보지 않으며, 우리에게 다가오는 비극과 고통을 세상 사람과 다른 안목으로 바라보게 됩니다. 하나님은 우리 인생의 최악의 순간에도 함께하십니다. 사실 우리 인생 최대의 도전거리는 바로 '왜' 입니다. 우리가 고통을 당하면서 힘든 것이 무엇입니까? '왜 내게 이런 일이 일어나야 하는가? 내가 이렇게 열심히 주님을 섬기는데, 이렇게 열심히 십일조를 드리는데 부도라니 웬말입니까?' 사실 우리 믿는 자들에게는 고통 자체보다 '왜' 라는 단어가 더 고통을 줄 때가 있습니다.

욥도 이 '왜' 때문에 몸부림치다가 결국에는 하나님께 꾸중을 들어야 했습니다. 욥의 친구들은 이 '왜' 에 대해 섣부른 결론을 내리려고 하다가 하나님께 질책을 받기도 합니다. '왜 내 배우자가 아파야 하는가? 왜 우리가 사랑하는 사람이 사고를 당해야 하는가? 왜 부도를 당해서 모든 것을 잃어야 하는가? 왜 하나님이 그 사고를 막아주지 않으셨는가?'

그러나 우리가 하나님의 섭리를 믿게 되면 이 질문이 주는 아픔을 극복할 수 있습니다. 섭리가 그 모든 질문들에 대해 명확한 대답을 주지는 않지만, 우리로 하여금 하나님이 그 고통의 순간에 나와 함께 계셨고, 나를 돌보셨다는 사실을 믿게 해줍니다. 그리고 하나님이 언젠가 그 모든 비극과 고통을 통해서, 비록 나는 이해할 수 없지만, 완벽한 선과 작품을 이루어내실 줄을 믿게 됩니다. 이럴 때에 우리는 더 이상 고통을 고통으로만 바라보지 않게 됩니다. 이것이 신앙입니다. 이것이 믿지 않는 자들과 우리의 다른 점입니다. 아플 때마다 힘들다고 비명 지르고 눈물 흘리면 세상 사람과 우리가 다른 점이 무엇이겠습니까?

용기를 잃지 않음

세 번째, 하나님의 섭리하심을 믿게 되면 우리는 어떤 일을 당해도 용기를 가질 수 있습니다. 비록 우리 눈에 보이지는 않지만 하나님이 함께하셔서 우리를 돌보고 계시다는 사실을 깨닫게 되면 그 어떤 어려움도 견딜 수 있게 됩니다. 어떤 상황이 닥치더라도 결코 두려워하지 않게 됩니다. 하나님은 지금도 온 우주를 자신의 섭리로 다스리고 계시기 때문입니다.

주님은 오늘날도 우리에게 "오늘 있다가 내일 아궁이에 던지우는 들풀도 하나님이 이렇게 입히시거든 하물며 너희일까보냐 믿음이 적은 자들아"마 6:30 고 말씀하십니다. 우리에게 일어나는 모든 일이 아무리 힘들고 어렵더라도 다 그분의 세미하고 놀라운 뜻 안에 포함되어 있는 줄 믿으시기 바랍니다. 우리가 이 사실을 믿을 때 담대하게 살아갈 수 있습니다.

하나님은 나의 실수와 잘못을 선으로 바꾸어주실 만큼 선하고 은혜로운 분입니다. 내가 고의적으로 범죄한 것이 아니라, 최선을 다해 하나님의 뜻대로 살려고 하다가 육신이 약해서 지은 죄까지도 결국에는 선으로 만드시는 분이 우리 하나님이십니다. 그래서 욥은 사망의 골짜기를 통과

하고나서 이렇게 고백합니다. "나의 가는 길을 오직 그가 아시나니 그가 나를 단련하신 후에는 내가 정금같이 나오리라" 욥 23:10 .

언약의 백성들에게 고난이 있습니까? 하지만 그것을 이상하게 여기지 마십시오. 플루트 소리가 감미롭지 않습니까? 그런데 그 감미로운 플루트 소리도 계속 들으면 싫증이 납니다. 때로는 부드럽게, 때로는 격렬하게, 때로는 밝게, 때로는 어둡게 연주할 때 그 모든 것이 어우러져서 우리에게 감동을 주는 것입니다. 마찬가지로 밝은색으로만 그린 그림은 싫증이 빨리 납니다. 명작에는 밝은 색과 어두운 색이 적절하게 섞여 있습니다. 축복은 언약에다 고통이라는 물감을 뿌려놓은 것입니다. 하나님은 우리 인생으로 걸작을 만들어내는 위대한 예술가이십니다.

하나님의 섭리하심 속에서 상황에 좌우되지 말고 고난이 오든, 행복이 오든, 비가 오든, 맑은 날이든 개의치 말고 이 모든 것을 합하여 선을 이루시는 하나님을 신뢰하기 바랍니다.

9장

하나님의 약속을
누리기 위하여

창세기 16:1-6

아브람의 아내 사래는 생산치 못하였고 그에게 한 여종이 있으니 애굽 사람이요 이름은 하갈이라 사래가 아브람에게 이르되 여호와께서 나의 생산을 허락지 아니하셨으니 원컨대 나의 여종과 동침하라 내가 혹 그로 말미암아 자녀를 얻을까 하노라 하매 아브람이 사래의 말을 들으니라 아브람의 아내 사래가 그 여종 애굽 사람 하갈을 가져 그 남편 아브람에게 첩으로 준 때는 아브람이 가나안 땅에 거한지 십년 후이었더라 아브람이 하갈과 동침하였더니 하갈이 잉태하매 그가 자기의 잉태함을 깨닫고 그 여주인을 멸시한지라 사래가 아브람에게 이르되 나의 받는 욕은 당신이 받아야 옳도다 내가 나의 여종을 당신의 품에 두었거늘 그가 자기의 잉태함을 깨닫고 나를 멸시하니 당신과 나 사이에 여호와께서 판단하시기를 원하노라 아브람이 사래에게 이르되 그대의 여종은 그대의 수중에 있으니 그대의 눈에 좋은 대로 그에게 행하라 하매 사래가 하갈을 학대하였더니 하갈이 사래의 앞에서 도망하였더라.

우리가 성경을 읽으면서 꼭 알아야 할 것 중 하나는 성경이 말씀하는 진리는 모두 다 현실적이어서 현실에 적용할 수 있다는 것입니다. 즉, 하나님이 우리에게 가르침을 주실 때는 비상식적이고 철학적으로 주시는 것이 아니라, 우리의 삶 속에서 실천할 수 있도록 주신다는 것입니다. 이것은 매우 중요합니다.

주위를 돌아보십시오. 현대인이 좋아하는 가르침 중에 얼마나 많은 것들이 현실 세계와는 거리가 있는지 모릅니다. 그들은 대단한 철학을 논하고 이상을 말하지만, 문제는 그것이 우리의 현실과는 너무나 동떨어져 있다는 것입니다. 그래서 우리 삶을 변화시키지 못하는 것입니다.

그중에서 대표적인 것이 아마 공산주의 이론이 아닌가 싶습니다. 우리는 공산주의라고 하면 질색을 하지만 사실 이론은 굉장히 매력적입니다. 어떤 면에서는 자본주의 이론보다 훨씬 낫다고도 할 수 있습니다. 그래서 19세기 말에서 20세기 초에 걸쳐 수많은 지식인들이 그쪽으로 경도되지 않을 수 없었던 것입니다. 물론 그 이면에는 폭력적인 성향이 숨겨져 있지만 겉으로는 무엇을 주장합니까? 모두가 똑같이 살아야 한다는 것입니다. 많이 벌든 적게 벌든 똑같이 분배해야 한다고 합니다. 결국 모든 사람은 다 똑같다고 얘기하는 것입니다. 북한의 경우를 봐도 김정일은 공식 석상에 나타날 때 양복을 입지 않고 늘 작업복을 입습니다. 인민은 다 균등하니까 똑같이 살아야 한다는 것입니다. 얼마나 좋은 이론입니까? 그러나 공산주의 국가치고 균등한 나라가 있습니까? 저는 북한에 몇 번 다녀왔습니다. 그쪽 사람들의 삶이 얼마나 피폐한지 직접 목격했습니다. 한 달 봉급이 세계 최하위 수준으로 1달러 정도 됩니다. 1달러면 암 시장에서 북한 돈으로 3,000원에 거래됩니다. 그 3,000원이 봉급인 셈입니다. 제가 북한 지도자들과 식사할 기회가 몇 번 있었는데 그 사람들은 고기를 먹지 않습니다. 왠지 아십니까? 살찔까봐 그런답니다. 제가 그 소리를 듣고 식사를 하는데 가슴이 미어지는 것 같았습니다. 일반 국민들은 먹을 것이 없어서 굶어 죽는데, 지도자들은 살찔까봐 음식을 가려 먹는다는 것이 말이 됩니까?

물론 공산주의 이론은 훌륭합니다. 그 철학도 탁월합니다. 그러나 현실 사회에서 실현하기는 전혀 불가능한 공론空論일 뿐입니다. 결국 하나님과는 상관없는 타락한 인간의 생각일 뿐입니다. 이 점을 인정하지 않고 인간이 모든 것을 다 할 수 있다고 생각하고 이상만 내세워서 지금껏 국민들을 속여온 것입니다. 결국 지난 수십 년 간의 결과는 무엇을 말해줍니까? 공산주의가 지나간 나라치고 제대로 된 나라가 있습니까?

그러나 성경은 그렇지 않습니다. 성경의 관심은 철학이 아니라, 오늘 이땅에서의 우리의 삶입니다. 하나님은 언제나 우리 삶에 관심을 두고 계십니다. 비록 그것이 사소한 것일지라도 말입니다. 남편과 아내로서, 직장인으로서, 고용주로서, 교인으로서, 목사로서 어떻게 우리의 삶을 살아가느냐 하는 것이 하나님의 관심이자 바로 성경이 가르치는 것입니다. 그래서 성경의 가르침은 우리가 마땅히 삶에 적용해야 되는 말씀입니다.

현실을 살아라

그 대표적인 예가 본문의 말씀입니다. 본문은 아브라함이 하나님으로부터 받은 언약의 의미를 그의 삶 가운데 재현하는 부분입니다. 창세기 15장에서 아브라함이 하나님께로부터 받은 은혜가 얼마나 놀라웠습니까? 하나님이 친히 그에게 오셔서 언약을 맺으셨습니다. 그리고 이렇게 말씀하셨습니다. "내가 반드시 너에게 복을 주마. 너에게 복을 주는 그 일에 내 목숨을 걸겠다." 이보다 더 귀한 은혜가 어디 있겠습니까? 아마 아브라함은 그 언약의 장소에 영원히 머무르고 싶었을 것입니다. 마치 변화산에서 영원히 살고 싶었던 베드로처럼 말입니다. 베드로가 변화산에서 주님의 변화된 모습과, 모세와 엘리야가 주님과 함께 이야기하는 모습을 바라보고 어떻게 이야기합니까?

누가는 그 당시의 상황을 이렇게 묘사합니다. "주여 우리가 여기 있는 것이 좋사오니 우리가 초막 셋을 짓되 하나는 주를 위하여, 하나는 모세를 위하여, 하나는 엘리야를 위하여 하사이다 하되 자기의 하는 말을 자기도 알지 못하더라" 눅 9:33.

무슨 뜻인지 알겠습니까? 예수님과 모세, 엘리야가 함께 있는 그곳이 너무 좋아 정신이 없어서 자기가 지금 무슨 말을 하는지도 모르고 있다는 것입니다. 우리 역시 이럴 때가 있습니다. 하나님 앞에 큰 은혜를 받고 나면 이 세상이 싫어집니다. 어떤 여자분은 너무 은혜를 받아서 남편도 싫어지더랍니다. 부흥회 때 은사를 체험하고나면 세상이 다 싫어질 때가 있습니다. 그래서 속세를 떠나서 오직 기도원, 부흥회만 쫓아다니는 분들도 있습니다. 이것이 바로 지금 베드로의 심정입니다. 은혜를 받은 그 순간, 하나님의 약속을 받은 그 순간, 시간이 거기서 멈춘다면 얼마나 좋겠습니까? 아브라함도 그러기를 원했을 것입니다. 하지만 그런 일은 결코 일어나지 않습니다.

변화산은 우리의 거처가 아닙니다. 우리가 살아가야 할 곳은 이 세상이지 변화산이 아닙니다. 우리는 현실 세계 속에서 살아야 됩니다. 우리는 받은 은혜를 가지고 곧바로 이 세상으로 돌아와야 합니다. 그것이 성경의 가르침입니다. 그냥 이렇게 예배만 드리고 살면 죄 지을 일도 없고 얼마나 좋겠습니까? 그러나 우리는 그렇게 살도록 부름받지 않았습니다.

하나님께로부터 언약과 은혜를 받은 것이 우리를 이 세상의 모든 문제로부터 해방시켜주는 것을 의미하지는 않습니다. 은혜받는 것은 귀한 일이지만, 그 은혜를 삶 속에서 실천해나가는 것은 또 다른 문제입니다. 어쩌면 하나님께 약속을 받는 것보다 그 약속의 말씀에 따라 현실을 살아가는 것이 더 어려운 문제인지도 모릅니다. 이것이 본문이 말하고자 하는 것입니다.

하나님의 때를 기다리라

"아브람의 아내 사래는 생산치 못하였고 그에게 한 여종이 있으니 애굽 사람이요 이름은 하갈이라" 창 16:1. 16장 3절 말씀에 따르면 창세기 15장과 16장 사이에는 10년이라는 간격이 있습니다. 1년도 아닌 10년입니다. 하나님의 언약을 받은 지 이미 10년이 지났습니다. 하나님이 아브라함에게 나타나셔서 "아브라함아, 내가 네게 아들을 주마"라고 말씀하시자 아브라함은 "저의 상속자는 엘리에셀이 될 것입니다"고 대답했습니다. 이에 하나님이 "아니다. 그는 너의 상속자가 아니다"고 말씀하시면서 친히 아브라함의 손을 붙잡고 나가서 하늘의 별을 보여주시면서 "저 밤하늘의 별들을 셀 수 있겠느냐? 너의 후손이 그와 같이 될 것이다. 네 몸에서 태어날 자가 후손이 될 것이다"고 말씀해주셨습니다. 그리고 그 약속을 지키시기 위해 하나님이 친히 쪼갠 짐승 사이로 지나가셨습니다.

그런데 그후 10년 동안 아무 일도 일어나지 않았습니다. 그 고통과 답답함을 한번 상상해보십시오. '혹시 내가 꿈을 꾼 것은 아닐까?' '혹시 내 행위가 잘못된 것은 아닐까?' 별별 생각을 다했을 것입니다. 이것이 바로 변화산과 현실 세계의 차이입니다. 하나님의 언약과 삶의 현장과의 차이입니다.

본문이 중요한 이유는 이 현실 세계의 어려움이 바로 우리의 이야기이기 때문입니다. 아브라함만의 이야기가 아닙니다. 우리 역시 하나님께 아브라함과 동일한, 아니 아브라함보다 더한 은혜를 받은 자들입니다. 아브라함은 성부 하나님이 복을 주시기 위해서 목숨을 거셨지만 우리는 그 정도가 아니라 성자 하나님이 인간의 몸을 입고 이땅에 오셔서 십자가 위에서 우리를 위해 목숨을 버리셨습니다. 그 십자가 위에서 하나님은 우리에게 이렇게 선포하셨습니다. "내가 너의 모든 죄를 용서해주마. 과거에 지은 죄뿐만 아니라 네가 미래에 지을 죄까지 내가 다 담당했다. 내가 반드시 너에게 복을 주마. 너는 나의 백성이다."

우리는 그 언약식에 참석했고, 하나님의 복을 받은 자들입니다. 그 은혜를 알고, 그 은혜를 받던 날 우리가 얼마나 기뻤습니까? 우리 역시 갈보리 산에서 떠나고 싶지 않았을 것입니다. 또 기도하는 가운데 우리는 하나님의 말씀을 받았습니다. "내 이름으로 무엇이든지 원하는 대로 구하라 그리하면 이루리라." 얼마나 감격스럽습니까? 우리가 그 약속의 말씀, 그 은혜를 받은 갈보리 언덕에 영원히 머무를 수만 있다면 얼마나 좋겠습니까? 그러나 그런 일은 일어나지 않습니다. 그 은혜의 언덕을 내려와 삶의 세계로 돌아오면 이러저러한 삶의 문제들이 우리를 기다리고 있습니다. 바로 아브라함이 겪은 10년의 침묵 말입니다. 여전히 내 상황은 변하지 않고 이전 그대로입니다. 은혜를 받았는데, 약속의 말씀을 받았는데, 가슴이 뜨거웠는데 내 환경에는 전혀 변화가 없습니다. 육신의 병은 떠나가지 않고, 사업은 여전히 풀리지 않으며, 가정의 문제는 여전히 실타래같이 엉켜 있습니다. 남편 또한 변하지 않고 자녀들도 그냥 그대로입니다. 10년 동안의 침묵입니다. 이것이 우리의 삶입니다.

이렇게 10년이 지나고 드디어 어떤 일이 일어납니까? "아브람의 아내 사래는 생산치 못하였고 그에게 한 여종이 있으니 애굽 사람이요 이름은 하갈이라"창 16:1. 아마도 하갈은 흉년을 피해 애굽으로 내려갔다가 바로에게 하사받은 종들 중 하나인 것 같습니다. "사래가 아브람에게 이르되 여호와께서 나의 생산을 허락지 아니하셨으니 원컨대 나의 여종과 동침하라 내가 혹 그로 말미암아 자녀를 얻을까 하노라 하매 아브람이 사래의 말을 들으니라" 창 16:2.

과연 이것이 우리의 믿음의 조상 아브라함과 사라가 나눈 대화가 맞습니까? 그렇습니다. 현실 세계의 어려움이 바로 이런 것입니다. 성경이 얼마나 실제적입니까? 우리는 어떤 인물의 전기를 쓸 때 허물은 다 감추고 씁니다. 그래서 다 비슷비슷하고 피상적입니다. 그러나 성경을 보십시오. 얼마나 실제적입니까? 바로 우리 이야기입니다. 우리 삶에서 얼마든지 일어날 수 있는 일입니다. 성경에는 현실과 유리된 이상과 철학이 없습니다.

본문은 은혜를 받는 것과 삶 속에서 그 은혜를 실천하는 것이 얼마나 다르고 어려운가를 분명하게 보여주고 있습니다. 아브라함은 하나님의 약속을 받고나서 자그마치 10년을 기다렸습니다. 기다리다 못한 사라가 아브라함에게 제안을 합니다. 사라의 나이 벌써 75세이고 당연히 월경도 끊어졌습니다. 이제는 생물학적으로 아기를 가질 수가 없습니다. 더 이상 희망이 없습니다.

그래서 어느 날 남편에게 찾아갑니다. "여보, 아무래도 나는 아닌 것 같아요. 가만히 생각해보니 그날 하나님이 네 몸에서 날 자가 후손이 되리라고 하셨는데 그게 꼭 나를 통해서 후손을 볼 것이라는 말이 아닐 수도 있잖아요." 그리고 사라가 아브라함에게 자기 여종을 내어주면서 동침하라고 합니다. 지금 사라는 굉장히 진지합니다. 어느 구석에서도 이

기적인 모습은 찾아볼 수 없습니다. 더구나 당시의 풍습에 비추어보면 아브라함 시대에는 본부인이 아이를 낳지 못할 경우 남편이 다른 여자에게서 아이를 낳는 것이 관례였습니다. 도덕적으로도 문제될 것이 전혀 없었습니다. 10년을 기다리던 사라는 드디어 자기 자신을 희생하고 여종 하갈을 아브라함에게 내어줍니다. 그리고 아브라함은 그 제안을 못 이기는 척 받아들입니다. 그래서 아브라함은 하갈을 통해 이스마엘을 낳습니다. 이것이 바로 본문의 줄거리입니다.

그러나 이 이야기는 그렇게 간단치만은 않습니다. 우리가 알다시피 이 일로 말미암아 아브라함은 개인적으로는 물론 그 후손들에게까지 큰 고통을 안겨줍니다. 이스마엘의 후손들이 바로 중동에 있는 아랍인들입니다. 오늘날 이스라엘과 아랍 사이의 분쟁 때문에 국제 정세가 늘 험악합니다. 9.11 테러도 그 연장선상에 있다고 보면 됩니다. 제3차 세계대전이 중동에서 발발할 거라고 예견하는 학자들도 있습니다. 이삭의 후손들이 바로 지금 이스라엘 사람들입니다. 도대체 아브라함과 사라가 잘못한 것이 무엇입니까? 그들은 기다릴 만큼 기다렸고, 최선을 다하지 않았습니까? 바로 여기에 우리가 귀를 기울여야 할 아주 중요한 진리가 있습니다.

우리는 본문을 천천히 음미해보아야 합니다. 왜냐하면 우리가 이 본문을 통해 교훈을 받지 못한다면 우리 역시 사라와 아브라함의 길을 걸어갈 것이고, 그 결과는 마침내 열매 맺지 못하는 삶으로 귀착될 수밖에 없기 때문입니다. 아브라함과 사라의 행동이 잘못된 결과를 낳은 이유는, 결정적으로 그녀의 행동이 잘못된 생각에 근거하고 있었기 때문입니다. 그것은 하나님이 약속을 주셨지만, 그 모든 것을 이루어내는 것은 '나 자신'이라고 생각하는 것입니다. 약속을 주신 분은 하나님이시지만 모든 것을 이루어내는 것은 나 자신이라고 생각하는 것, 이것은 아브라함과 사라에게뿐만 아니라 오늘 우리 성도들, 아니 바로 제 안에 깊숙하게 뿌리내리고 있는 잘못된 생각입니다. 근본적으로 잘못된 이 생각이 아브라함과 사라로 하여금 이삭이 아닌 이스마엘을 만들어내게 했습니다.

성경은 분명히 말씀합니다. "육신의 생각은 사망이요 영의 생각은 생명과 평안이니라" 롬 8:6. 즉, 하나님의 약속은 언제나 하나님의 때에, 하나님의 방법으로, 하나님에 의해 이루어져야 한다는 것입니다. 하나님의 약속은 내가, 내가 생각한 때에, 나의 방법으로 이루어서도 안 되고 이룰 수도 없습니다. 만일 우리가 하나님의 약속을 인내로, 참음으로 기다리지 못하고 나의 방법으로 그 약속을 이룬다면 그 결과는 이삭이 아니라 이스마엘이 되고 맙니다. 이것이 오늘 우리에게 주는 교훈입니다.

육신의 생각은 사망이요

본문을 보면 사실 아브라함이 그렇게 큰 잘못을 저지른 것처럼 보이지 않습니다. 그러나 이 모든 일의 책임은 아브라함에게 있습니다. 하나님의 약속을 받은 사람은 사라가 아니라 바로 아브라함이었기 때문입니다. 게다가 그는 자기 가정의 지도자 위치에 있었습니다. 본문을 보면 아브라함은 몇 가지 잘못을 저지릅니다.

먼저, 아브라함은 자신보다 영적으로 미숙한 사람의 제안을 따랐습니다. 분명히 여러 가지 면에서 사라는 아브라함보다 영적인 면에서 미숙했습니다. 그런데 왜 아브라함이 영적으로 미숙한 사라의 의견을 따랐을까요? 이유는 한 가지입니다. 그의 마음속 깊이 개인적인 욕심과 소원이 강하게 자리잡고 있었기 때문입니다. 어떤 욕심입니까? 바로 아들에 대한 집착입니다. 사탄은 우리 마음속의 집착을 귀신같이 압니다.

창세기 3장을 보면 사탄은 하와가 마음속 깊이 무엇을 소원하고 있는지 알고 있었습니다. 비록 아무에게도 말하지 않았지만 하나님 없이 자기 마음대로 살고 싶다는 하와의 생각을 사탄은 이미 알고 그녀에게 접근해서 하와를 실족시키고 맙니다.

아브라함도 마찬가지입니다. 아브라함은 하갈을 취하는 것이 하나님의 방법이 아니라는 것을 알고 있었습니다. 그러나 아들을 향한 욕심 때문에, 하나님의 약속을 직접 받았음에도 불구하고 인간의 방법으로 그것을 이루고자 했던 것입니다. 차마 자기 입으로는 먼저 말하지 못하고 있는데 영적으로 아직 어려서 판단력이 부족한 아내 사라가 와서 강권하자 못 이기는 척하면서 받아들이고 맙니다.

본문은 그 결과를 아주 구체적으로 말해주고 있습니다. 그 결과는 한마디로 말하면 고통의 연속입니다. 비록 아브라함이 이스라엘과 중동의 분쟁을 직접 보지는 못하지만 아브라함이 살아 있는 동안 그 가정에 여러 모로 고통이 찾아옵니다.

먼저 사라에게 고통이 다가옵니다. 본문은 하갈이 잉태하자 그가 여주인을 경멸했다고 말합니다. 사라의 마음이 얼마나 아팠을까요? 비록 아이를 낳지 못하는 죄로 자기 여종을 남편에게 주었지만, 둘이 첫날밤을 보내는 시간에 사라가 제대로 잠을 이룰 수 있었겠습니까? 여자분들은 이해하실 것입니다. 아마 '차라리 너도 아이를 못 가졌으면 좋겠다' 라는 생각과 한편으로는 '그래도 대를 이으려면 가져야 하는데' 라는 상반된 생각을 했을 것입니다. 그런데 첫날밤을 보낸 하갈이 덜컥 임신을 했습니다. 점점 배가 불러오는데 그것을 바라보는 사라의 마음이 어떠했을까요? 거기다가 그렇게 고분고분하던 여종 하갈이 잉태한 후로는 배를 쑥 내밀고 다닙니다. 그리고는 주인인 사라를 무시하기 시작합니다. '흥, 애도 못 갖는 것이 무슨 주인이라고. 이제부터 내가 이 집안의 안주인이야. 내 뱃속에 이 집의 대를 이을 후사가 있잖아.' 이것이 바로 사라가 당했던 고통입니다.

그 다음에 어떻게 됩니까? 자고로 집안의 모든 문제는 당사자 간의 문제로만 끝나지 않습니다. 시어머니와 며느리 사이의 문제가 결국 남편과 아내의 문제로 번지듯 사라와 아브라함 사이가 심상치 않습니다. "사래가 아브람에게 이르되 나의 받는 욕은 당신이 받아야 옳도다 내가 나의 여종을 당신의 품에 두었거늘 그가 자기의 잉태함을 깨닫고 나를 멸시하니 당신과 나 사이에 여호와께서 판단하시기를 원하노라" 창 16:5.

이 무슨 말도 안 되는 소리입니까? 누가 아브라함에게 여종을 주었습니까? 바로 사라 자신이 주지 않았습니까? 그런데 사라가 뭐라고 합니까? 논리적으로 따지면 아브라함에게는 전혀 잘못이 없습니다. 하지만 여자는 일단 화가 나면 논리가 필요없습니다. 여자들에게는 일의 선후나 논리가 전혀 중요하지 않습니다. 그냥 자기 마음을 알아달라는 것입니다. 그럴 때는 여자의 감정을 만져줘야 하는데 아브라함이 어떻게 합니까? "아브람이 사래에게 이르되 그대의 여종은 그대의 수중에 있으니 그대의 눈에 좋은 대로 그에게 행하라 하매 사래가 하갈을 학대하였더니 하갈이 사래의 앞에서 도망하였더라" 창 16:6.

이 부분에서 아브라함은 아주 무책임합니다. 설움에 복받쳐서 자기에게 하소연하는 아내에게 "그래, 당신 좋이니까 죽이든 살리든 당신 맘대로 하시오"라고 말합니다. 성경은 아주 완곡하게 표현하고 있지만 한번 상상을 해보십시오. 그 집안 꼴이 어떠했을까요? '그래, 내 마음대로 하라 이거지?' 독이 오른 사라가 어떻게 합니까? 하갈을 핍박하고 얼마나 거칠게 다뤘던지 하갈이 마침내 도망가버립니다.

본문의 내용이 상상이 됩니까? 서로 무시하고, 책임 전가하고, 나 몰라라 하는 일이 벌어졌습니다. 이 모든 일의 중심에 있는 아브라함은 그냥 무책임하게 팔짱만 끼고서 방치하고 있습니다.

성경은 지금 세상 가정에서도 일어나서는 안 될 일이 믿음의 조상 아브라함의 가정에서 일어났다고 말씀합니다. 도대체 성경은 우리에게 무엇을 말하고자 하는 것일까요? 아브라함의 가정에서 일어난 모든 일은 바로 육신을 좇은 결과입니다. 그리고 은혜를 받는 것과 그 은혜의 약속을 현실 세계에서 누리는 것과는 큰 차이가 있습니다. 바로 이것이 성경이 우리에게 하고자 하는 말씀입니다. 그러면 우리가 하나님의 약속을 받고나서 이스마엘이 아닌 이삭이라는 열매를 맺기 위해서 어떻게 해야 할까요?

먼저, 하나님께 시간을 내어 드리십시오. 하나님이 자신의 약속을 하나님의 때에, 하나님의 방법으로 이루시도록 하나님께 시간을 내어 드리십시오. 저도 이 말씀을 대하면서 마음에 많은 찔림을 받았습니다. 그리고 갑자기 교회 건축 건이 떠올랐습니다. 하나님의 방법으로 이루어질 때까지 조금 더 기다렸어야 하지 않을까 하는 생각 때문에 많이 힘들었습니다. 그저 우리는 하나님이 뭐라고 하시는지 들을 뿐입니다. 그러려면 주님께 시간을 내어 드려야 합니다.

두 번째는, 하나님의 방법을 따르라는 것입니다. 하나님의 일은 하나님의 방법으로 이루어가야 합니다. 아무리 다급해도 하나님의 방법이 아니면 따르지 말아야 합니다. 인간의 방법을 따르면 결국 그 열매는 이삭이 아니고 이스마엘이 됩니다. 야곱처럼 거짓말로 자신의 뜻을 이루려고 하다가는 고통만이 기다리고 있을 뿐입니다. 성경은 어머니와 영원히 만나지 못하고 자식들에게 똑같은 방법으로 속아서 오랜 세월 자식 잃은 고통에 시달려야 했던 야곱의 삶을 통해 우리에게 이것을 누누이 강조합니다. 우리가 하나님의 약속을 받았다면 그 약속의 말씀을 이루기 위해서는 하나님의 방법을 따라야 합니다.

세 번째는, 날마다 십자가로 나아가십시오. 우리는 이 말씀을 보면서 우리가 얼마나 연약한 존재인가를 깨달아야 합니다. 우리가 엄청난 복을 받았다고 해도, 엄청난 은사를 받았다고 해도 그리고 과거에 하나님께 얼마나 큰 약속을 받았든지 간에 그 약속이 우리 삶에 이루어지기까지는 많은 인내와 고통을 필요로 합니다.

아브라함이 이 일에 실패했다면 하물며 우리이겠습니까? 본문이 무엇을 말합니까? 우리 안에는 하나님의 약속을 누릴 만한 능력이 없다는 것입니다. 우리는 매일 십자가 앞에 나아가야 합니다. 비록 하나님께 약속을 받았지만 현실 세계로 돌아와 하나님의 때와 방법을 기다리지 못하고 내 방법으로 뛰어다니다보면 결국 남는 것은 엉겅퀴밖에 없습니다. 이스마엘밖에 남지 않는 것입니다.

날마다 주님과 교제하시기 바랍니다. 모든 일에 기도로 십자가 앞에 나아가십시오. 사도 바울은 이렇게 고백했습니다. "내가 그리스도와 함께 십자가에 못 박혔나니 그런즉 이제는 내가 산 것이 아니요 오직 내 안에 그리스도께서 사신 것이라 이제 내가 육체 가운데 사는 것은 나를 사랑하사 나를 위하여 자기 몸을 버리신 하나님의 아들을 믿는 믿음 안에서 사는 것이라" 갈 2:20.

우리는 부족합니다. 매일 십자가 앞에 나아가 하나님의 뜻 앞에서 우리의 잘못을 회개하고, 우리의 삶을 올바로 조율하지 않으면 불협화음만 낼 뿐입니다. 그러므로 하나님께 시간을 내어 드리고, 하나님의 방법을 따르며, 날마다 십자가 앞에 나아가 하나님의 약속이 이스마엘이 아닌 이삭으로 열매 맺기를 바랍니다.

10장

우리의 아픔을 아시는 하나님

창세기 16:7-16

여호와의 사자가 광야의 샘 곁 곧 술 길 샘물 곁에서 그를 만나 가로되 사래의 여종 하갈아 네가 어디서 왔으며 어디로 가느냐 그가 가로되 나는 나의 여주인 사래를 피하여 도망하나이다 여호와의 사자가 그에게 이르되 네 여주인에게로 돌아가서 그 수하에 복종하라 여호와의 사자가 또 그에게 이르되 내가 네 자손으로 크게 번성하여 그 수가 많아 셀 수 없게 하리라 여호와의 사자가 또 그에게 이르되 네가 잉태하였은즉 아들을 낳으리니 그 이름을 이스마엘이라 하라 이는 여호와께서 네 고통을 들으셨음이니라 그가 사람 중에 들나귀 같이 되리니 그 손이 모든 사람을 치겠고 모든 사람의 손이 그를 칠지며 그가 모든 형제의 동방에서 살리라 하니라 하갈이 자기에게 이르신 여호와의 이름을 감찰하시는 하나님이라 하였으니 이는 내가 어떻게 여기서 나를 감찰하시는 하나님을 뵈었는고 함이라 이러므로 그 샘을 브엘라해로이라 불렀으며 그것이 가데스와 베렛 사이에 있더라 하갈이 아브람의 아들을 낳으매 아브람이 하갈의 낳은 그 아들을 이름하여 이스마엘이라 하였더라 하갈이 아브람에게 이스마엘을 낳을 때에 아브람이 팔십 륙 세이었더라.

모든 사람의 마음에는 아픔이 있습니다. 개인에 따라 다소 차이는 있지만 세상에 아픔 없이 사는 사람은 아무도 없습니다. 우리 주위에 보면 가끔 주변 사람들의 부러움을 사는 사람들이 있습니다. 집도 좋고, 재산도 있고, 학교도 다닐 만큼 다녔고, 부부관계도 좋고, 자녀들도 다 잘됩니다. 주위 사람들은 이런 사람들을 부러워하며 생각합니다. '저런 환경 속에 사는 사람들은 무슨 걱정이 있을까?' 하지만 막상 그들을 깊이 알게 되면 그들에게도 남모르는 아픔이 있음을 발견하게 됩니다. 이땅에 사는 인생 중에 아픔이 없는 사람이 어디 있겠습니까? 삶의 고통은 바로 우리의 문제요, 우리가 당하는 현실입니다.

고통 – 축복을 담아내는 그릇

본문에도 삶의 고통을 가진 한 여인이 등장합니다. 그녀의 이름은 우리가 잘 아는 하갈입니다. 그녀는 종이었습니다. 아마도 아브라함이 기근을 피해 애굽으로 갔을 때 사라를 동생으로 속이고 그 대가로 받았던 것 같습니다. 한번 그녀의 입장이 되어서 본문 말씀을 보십시오. 그녀는 어느 날 영문도 모른 채 낯선 아브라함의 집에서 종으로 살게 됩니다. 언어도 다르고 풍습도 다른 남의 나라, 한 번도 본 적이 없는 사람의 집에서 종노릇하는 것이 얼마나 힘들었을지 한번 상상해보십시오. 말이라도 통해야 어떻게 할 수 있지 않겠습니까? 고향과 가족이 얼마나 그리웠겠습니까? 하갈의 삶은 슬픔 자체였습니다. 그러던 어느 날 설상가상으로 하늘이 무너지는 것 같은 소리를 듣게 됩니다. 그것은 바로 자신의 의사와는 상관없이 아이를 낳지 못하는 여주인 대신 나이 많은 주인과 동침하라는 것이었습니다.

그녀의 삶이 얼마나 고달팠겠습니까? 종노릇도 힘든데 이제는 강제로 자신의 몸을 사랑과 상관없이 단순한 씨받이로 바쳐야 하는 그 심정이 어떠했겠습니까? 그녀에게도 꿈이 있었을 것입니다. 자기가 사랑하는 건장한 남자를 만나서 아름다운 가정을 이루고 싶은 꿈이 있었을 것입니다. 그러나 종으로 잡혀오면서 그 꿈은 산산조각이 나고 맙니다. 그동안 겪었던 육체의 고달픔은 앞으로 다가올 일에 비하면 아무것도 아니었습니다. 자신의 인생을 포기한 채 단순한 씨받이로 85세가 넘은 노인과 합방을 해야 했습니다. 이제 그녀는 자신의 삶을 마음대로 할 수가 없습니다. 그래서 그녀는 여주인의 바람대로 주인과 동침을 했고 드디어 임신을 하게 됩니다. 그래도 그 모든 고난을 겪으면서 마음에 하나의 위안거리가 있었다면 이렇게 큰 희생을 치렀으니 앞으로의 삶은 지금보다 조금 편안해질 것이라는 기대감이었을 것입니다. 그러나 이것 또한 헛된 소망에 지나지 않았습니다. 주인의 아이를 가지면 자기 신세가 좀 나아질 것이라고 기대를 했건만 이게 웬일입니까? 임신을 하자마자, 자기더러 주인에게 들어가라고 시켰던 여주인이 자기를 질투하기 시작합니다. 거기서 그치지 않고 견딜 수 없는 학대를 해오는 것입니다. 그래서 하갈은 뱃속에 있는 아이의 아버지인 아브라함에게 구원의 눈길을 보내 도움을 요청해봅니다. 하지만 아브라함은 처음에는 자신을 돕는 것같더니 여주인의 강압에 못 이겨 그냥 모른 척하고 맙니다. 아브라함의 나이가 그럴 때가 되었던 것입니다. 부부가 예순이 넘으면 집안에서 서로의 위치가 달라집니다. 남자는 기죽어서 살지만 여자는 고개를 꼿꼿하게 들고 다닙니다. 이런 학대 속에 하갈은 신음합니다.

여성의 삶에서 첫아이를 가진다는 것이 얼마나 대단한 일입니까? 입덧도 얼마나 심했겠습니까? 먹고 싶은 것을 다 사다주고 남편이 지극 정성으로 위해줘도 견디기 힘든 것이 첫 임신인데, 하갈은 최소한의 배려도 기대할 수 없는 입장이었습니다. 배려는커녕 육체 노동에다 심적 압박감으로 괴로워하고 있었습니다. 육신은 물론, 그 마음이 얼마나 아팠을까요?

그러던 어느 날 그녀는 드디어 큰 결심을 하게 됩니다. '그래, 떠나자. 이까짓 삶 미련 없이 떠나는 거야.' 그녀는 모든 사람들이 잠든 틈을 타서 한맺힌 눈물을 흘리며 아브라함의 집을 나섭니다. 아마 자기 고향인 애굽으로 떠나려 했던 것 같습니다. 그러나 막상 집을 나섰지만 홀몸도 아니고 사막을 지나 애굽까지 간다는 것은 불가능한 일이었습니다. 우물을 찾던 그녀는 천신만고 끝에 찾아낸 우물가에 주저앉아 통곡하고 있었습니다. 자신의 인생이 얼마나 서러웠을까요? 이제 자신의 삶은 여기서 끝이라고 생각했을 것입니다. 어디로 가야 할지도 모르고, 어떻게 살아가야 할지도 난감해서 앞길이 캄캄하기만 했습니다. 누가 아이까지 가진 자신을 거두어줄까 하고 막막한 심정으로 우물가에 주저앉아 울고 있는데, 그녀 앞에 한 사람이 나타납니다. "여호와의 사자가 광야의 샘 곁 곧 술 길 샘물 곁에서 그를 만나"창 16:7 .

여기서 "여호와의 사자"는 누구입니까? 히브리 성경으로 읽어보면 이 '여호와의 사자' 앞에 특별한 관사를 쓰고 있습니다. 이분은 바로 하나님이십니다. 많은 학자들은 이분이 바로 성육신하기 이전에 이땅에 인간의 모습으로 나타나셨던 성자 하나님, 즉 예수님일 것이라고 추측합니다. 하나님이 인간의 몸을 입고 나타나셨습니다. 이 얼마나 놀라운 일입니까? 여종 하나 없어졌다고 누가 신경이나 썼겠습니까? 그날 아브라함의 집에서 하갈이 없어졌어도 아무도 찾아나서지 않았을 것입니다. 사라는 '아이고, 잘됐다' 하고 박수를 쳤을 것이고, 동료 여종들도 '그래, 좀 안됐지만 이제 우리 집안이 좀 조용해지겠구나' 하고 가슴을 쓸어내렸을 것입니다. 도망가다 죽어도 누구 하나 돌봐줄 이 없는 신세, 이것이 바로 하갈의 형편이었습니다. 그러나 성경은 성육신하기 이전의 예수님, 성자 하나님이 이런 처량한 신세의 하갈에게 나타나셨다고 말씀합니다.

제가 본문을 연구하면서 놀란 것은 구약 성경에서 '여호와의 사자'란 말이 총 58번 등장하는데, 인간의 육신을 입고 나타나신 첫 번째 사건이 바로 본문의 사건인 것입니다. 하나님이 처음으로 인간의 몸을 입고 이 땅에 나타나신 것이 본문의 여종, 하갈을 만나러 오신 것이었다고 성경은 말씀합니다.

하나님은 어떤 분이십니까? 하나님은 이 말씀을 통해 우리에게 무엇을 말씀하시고자 하는 것일까요? 그것은 바로 하나님과 우리의 관계를 설명해주시기 위함입니다. 하나님은 우리 모두를 사랑하시는 분입니다. 아무리 신분이 미천하더라도, 세상 사람들이 눈길 한 번 주지 않는 보잘것없는 사람이라 하더라도 하나님은 그를 사랑하시는 분입니다. 우리의 처지가 아무리 비참해도 그분은 우리를 지켜보시는 분입니다. 비록 사람들은 나를 무시하지만, 하나님은 나를 눈동자처럼 돌보시는 분입니다. 그날 나타나신 성자 하나님은 하갈을 처음부터 지켜보고 계셨습니다. 사람들은 무시했고, 하갈 자신도 이제 끝이라며 통곡하면서 울부짖고 있을 때 하나님이 그 자리에 나타나신 것입니다. 그날 나타나신 성자 하나님은 하갈에게 이렇게 묻습니다. "가로되 사래의 여종 하갈아 네가 어디서 왔으며 어디로 가느냐 그가 가로되 나는 나의 여주인 사래를 피하여 도망하나이다" 창 16:8.

하나님은 두 가지를 물으셨습니다. "네가 어디서 왔으며, 어디로 가려고 하느냐?" 즉, 과거와 미래를 동시에 물으셨습니다. 그런데 하갈은 한 가지만 대답합니다. 과거의 일만 대답합니다. 왜 그렇습니까? 자신에게는 미래가 없다고 생각했기 때문입니다.

바로 이것이 우리의 형편 아닐까요? 인생을 살다가 앞이 캄캄해본 적이 있을 것입니다. 아무리 생각해도 살아갈 방도가 없고 해결할 방법이 없는, 내 힘으로 어찌 해볼 수 없는 고난 가운데서 우리는 캄캄함을 느낍니다. 나에게 미래는 없다고 생각합니다. 과거에 대해서라면 몇 시간이라도 떠들 수 있습니다. 나의 설움과 상처와 억울함과 고난과 아픔을 며칠 동안이라도 이야기할 수 있습니다. 그러나 우리는 그 어렵고 힘든 순간에 미래에 대해서는 아무 말도 하지 못합니다. 그저 캄캄할 뿐입니다. 이것이 하갈의 심정이었습니다. 하갈은 하나님께 이렇게 말했습니다. "하나님, 어디로 가야 할지, 어찌 해야 될지 모르겠어요."

에덴동산에서 하와에게 하나님이 나타나셨을 때, 하와는 변명하기에 급급했습니다. 그러나 하갈은 어떤 변명도 하지 않았습니다. "내가 내 주인의 곁을 떠나 도망하고 있는 중입니다." 그러자 하나님은 하갈에게 이렇게 명령하십니다. "여호와의 사자가 그에게 이르되 네 여주인에게로 돌아가서 그 수하에 복종하라" 창 16:9.

참으로 의외의 명령입니다. 어떻게 하나님이 이런 명령을 하실 수 있을까요? 여기서 '복종하다' 라는 단어의 히브리어 동의어가 6절에 나옵니다. "아브람이 사래에게 이르되 그대의 여종은 그대의 수중에 있으니 그대의 눈에 좋은 대로 그에게 행하라 하매 사래가 하갈을 학대하였더니" 창 16:6. 여기서 '학대하다' 라는 단어와 '복종하다' 라는 단어는 어원이 같습니다. 그런데 이것은 하갈이 도저히 납득할 수 없는 명령이었습니다. 지금 하갈은 여주인의 학대를 견딜 수 없어서 도망 나왔는데 하나님은 그 학대 속으로 돌아가라고 하시는 것입니다. 돌아가서 학대를 계속 받으라는 것입니다.

하갈은 하나님의 말씀을 듣고 난 후에 한 가지 사실을 깨닫게 됩니다. 자신의 고통과 하나님의 복에는 상관관계가 있다는 것이었습니다. 이것이 바로 하나님이 우리에게 가르치려고 하시는 것입니다. 하나님은 언제나 우리에게 무조건 복종하라고 말씀하지 않으십니다. 그러면 하나님은 왜 지금 하갈에게 학대받는 삶으로 돌아가라고 말씀하시는 걸까요? 하갈의 인생을 망치기 위해서가 아닙니다. 하갈은 종이니까 무시하고 사라의 편을 들기 위해 하갈을 돌려보내시려는 것도 아닙니다. 하나님이 하갈에게 돌아가라고 하신 이유는 하갈에게 복을 주시기 위함이었습니다. "여호와의 사자가 또 그에게 이르되 내가 네 자손으로 크게 번성하여 그 수가 많아 셀 수 없게 하리라" 창 16:10.

어디서 많이 들어본 소리 아닙니까? 이 말씀은 바로 하나님이 아브라함에게 주셨던 그 복의 내용입니다. 그리고 16장 11절에서 친히 이렇게 말씀하십니다. "여호와의 사자가 또 그에게 이르되 네가 잉태하였은즉 아들을 낳으리니 그 이름을 이스마엘이라 하라 이는 여호와께서 네 고통을 들으셨음이니라." "아들을 낳으리니 그 이름을 이스마엘이라 하라"는 말 또한 어디서 많이 들어보지 않았습니까? 이 말씀이 언제 들려왔습니까? 마리아가 예수님을 잉태했을 때, 그래서 웬일인가 하고 고민하고 있을 때 천사 가브리엘이 와서 이야기해줍니다. "마리아여 무서워 말라 네가 하나님께 은혜를 얻었느니라 보라 네가 수태하여 아들을 낳으리니 그 이름을 예수라 하라" 눅 1:30-31.

성경은 이 말을 최초로 들은 사람이 마리아가 아니라 하갈이라고 말씀합니다. 놀랍지 않습니까? 마리아가 이 말씀을 듣기 2천 년 전 성자 하나님은 우물가에서 여종 하갈에게 이렇게 말씀하십니다. "아들을 낳을 것이니 그 이름을 이스마엘이라고 하라." 이 얼마나 놀라운 축복입니까? 여기서 성경이 말씀하는 것은 무엇입니까? 하나님은 마리아만 사랑하신 것이 아닙니다. 이것이 바로 천주교의 오류입니다. 하나님은 우리 모두를 똑같이 사랑하시는 줄 믿습니다. 하나님 앞에서는 모든 사람들이 다 똑같습니다. 부한 자나, 가난한 자나, 건강한 자나, 병든 자나, 높은 자나, 낮은 자나, 여자나, 남자나, 어른이나, 아이나 할 것 없이 하나님은 모두를 사랑하시고, 모두에게 관심이 있으시며, 모두를 지켜보십니다. 그리고 그들에게 하나같이 복을 주시는 하나님이십니다.

만일 우리가 하나님의 말씀에 순종하면, 그래서 비록 고통스럽더라도 하나님이 주신 자리를 끝까지 지키면, 하나님은 우리를 높이시고, 왕 같은 제사장으로 삼으시며, 우리에게 복을 주십니다. 우리에게 우연한 고통은 없습니다. 이유 없는 고통도 없습니다. 구원받은 우리가 당하는 아픔에는 다 이유가 있습니다. 그 아픔은 바로 우리를 빚으신 하나님의 손길입니다. "하갈아, 네 여주인에게 돌아가라." 하나님께는 계획이 있었습니다. 그녀의 아픔을 모르시는 것도 아니었습니다. 그러나 하나님은 하갈에게 복을 주어 그에게 이스마엘이라는 아들을 주시기 위해 그를 아브라함의 집으로, 고통 속으로 다시 보내신 것입니다.

본문을 자세히 살펴보면 하갈이 돌아가서 어떻게 살았습니까? 그녀의 삶은 이전과 같지 않았습니다. 어찌 보면 하갈이 당한 고난은 자신이 자초한 면도 없지 않습니다. 종이었던 자기 신분을 망각하고 주인의 아이를 가졌다고 해서 여주인 사라를 무시하고 약을 올렸으니 말입니다. 하지만 하나님을 만나고난 후에 그녀는 겸손해집니다. 고통 속에서 점차 하나님의 사람으로 빚어져갔던 것입니다. 이렇듯 고통은 하나님의 복을 담아내는 그릇입니다.

당신의 마음에 아픔이 있습니까? 그 아픔이 크면 클수록 그릇이 커지는 법입니다. 고난이 크면 클수록 하나님의 복을 많이 받아 담을 수가 있습니다. 성경에서 하나님의 복을 받은 사람들을 보십시오. 한결같이 고통으로 말미암아 축복을 담아내는 그릇을 키운 사람들입니다. 이 세상에서 우리에게 닥치는 고통 중에 우연한 것은 없습니다. 이유 없는 아픔도 없습니다. 그래서 광야의 우물가에서 하나님을 만나고나서 하갈이 하나님을 향하여 찬양하기 시작합니다.

감찰하시는 하나님

그리고 이 여종이 놀라운 일을 합니다. 하갈이 감히 하나님께 별호(別號)를 지어 드립니다. 이름이란 무릇 높은 사람이 낮은 사람에게 지어주는 것입니다. 그런데 하갈은 가슴이 벅차서 감히 하나님을 자신의 방식대로 호칭합니다. "하갈이 자기에게 이르신 여호와의 이름을 감찰하시는 하나님이라 하였으니 이는 내가 어떻게 여기서 나를 감찰하시는 하나님을 뵈었는고 함이라" 창 16:13.

하나님을 직접 체험한 하갈에게 하나님은 이제 귀로만 듣던 분이 아니었습니다. 직접 눈으로 뵌 하나님을 하갈은 "나를 감찰하시고, 내 인생을 지켜주시는 하나님"이라고 부르기 시작합니다. 우리는 '여호와 이레'라는 말을 잘 알고 있습니다. 이 '여호와 이레'라는 말은 아브라함이 만든 말입니다.

이삭이 스무 살이 되었을 때입니다. 어느 날 하나님이 아브라함에게 이삭을 제물로 드리라고 말씀하십니다. 아브라함은 그 말씀에 순종해서 이삭을 데리고 모리아 산으로 올라갔습니다. 그랬더니 거기에 양 한 마리가 뿔이 수풀에 걸려 있었습니다. 하나님은 이미 이삭 대신에 바칠 제물을 준비해두셨던 것입니다. 그래서 그것을 본 아브라함이 하나님의 성실하심을 '여호와 이레'라고 표현한 것입니다. 이는 '준비하시는 하나님'이라는 뜻입니다.

그러나 본문에 따르면 아브라함이 하나님을 '여호와 이레'라고 부르기 전에 하갈이 하나님을 '감찰하시는 하나님'이라고 불렀다고 되어 있습니다. 우리는 여기서 하나님이 아브라함에게 주신 복을 하갈에게도 똑같이 주셨다는 사실을 알 수 있습니다. '감찰하시는 하나님'은 히브리어로 '엘로이 El-Roi'입니다. 그녀는 절망의 장소에서 비로소 하나님을 올바로 깨닫게 됩니다. 하나님을 보았던 것입니다. 그때서야 깨닫고 과거를 돌이켜보니 하나님은 언제나 자신을 돌보고 계신 분이셨습니다. 자신의 고통도, 눈물도, 아픔도, 고난도 다 보고 계셨습니다. 하나님이 자신을 지켜보고 계시다는 사실이 얼마나 감사하고 감격스러웠던지 하갈은 그날 하나님의 이름뿐 아니라, 하나님을 만난 그 우물의 이름까지도 짓습니다. "이러므로 그 샘을 브엘라해로이라 불렀으며 그것이 가데스와 베렛 사이에 있더라" 창 16:14. '브엘라해로이'는 우리말로 번역하면 '살아 계셔서 나를 감찰하시는 분의 우물'이란 뜻입니다. 삶에 간증거리가 있으면 이런 이름들이 지어집니다.

그리고 성경은 마지막으로 이렇게 말합니다. "하갈이 아브람의 아들을 낳으매 아브람이 하갈의 낳은 그 아들을 이름하여 이스마엘이라 하였더라"창 16:15.

많은 사람들이 이스마엘을 싫어합니다. 오늘날 그리스도인들이 이스라엘 편을 들고 아랍인들은 무시하는 경향이 있는데 이것은 구약적인 사고방식입니다. 신약에서는 이스라엘 사람이든, 아랍 사람이든 동일합니다. 일단 예수 그리스도를 믿는 이상, 그들은 우리의 적이 아닙니다. 오해하지 마십시오. 이스마엘의 후손들이 잘못 선택한 것이지 하나님이 이스마엘 후손들을 저주하신 것은 아닙니다. 하나님은 하갈에게도 동일한 축복을 주셨습니다. 우리도 마찬가지입니다. 할아버지가 목사였다고, 자손들이 자동적으로 복을 받습니까? 각자 자신의 선택일 뿐입니다. 그날 하갈은 비록 애굽의 여종이었고, 이방인이었으며, 노예였지만 살아 계셔서 자신을 돌보시는 하나님을 만났습니다.

그 우물에서 하갈이 성자 하나님을 만난 지 2천 년이 지났습니다. 사마리아 수가 성의 어떤 우물에서 이름도 없는 사마리아 여인이 예수님을 만납니다. 그녀의 삶 역시 고통의 연속이었습니다. 남편을 다섯 번이나 바꾸고 지금은 다른 남자와 살고 있습니다. 그녀가 남달리 남자를 밝혔는지도 모릅니다. 하지만 분명한 것은 그녀의 인생이 평범한 인생은 아니었다는 것입니다. 그 마음에는 아픔이 많았습니다. 그러나 자신의 삶을 지켜보고 계신 예수님을 만난 날, 그녀는 생수를 마시게 되었습니다. 그리고 다시는 목마르지 않았습니다. 그 생수를 마시고난 후 그녀는 동네 사람들에게 돌아가 이렇게 외칩니다. "여자가 물동이를 버려두고 동네에 들어가서 사람들에게 이르되 나의 행한 모든 일을 내게 말한 사람을 와 보라 이는 그리스도가 아니냐 하니"요 4:28-29.

그녀는 하갈과 똑같은 고백을 한 것입니다. 자신의 아픔을 보고 있는 이가 없는 줄 알았는데, 자신의 은밀한 죄를 아무도 모르는 줄 알았는데, 그날 예수님을 만나보니 그분이 자신을 다 보고 계셨던 것입니다. "나의 행한 모든 일을 내게 말한 사람을 와 보라 이는 그리스도가 아니냐 하니 저희가 동네에서 나와 예수께 오더라" 요 4:29-30. 이 여인의 간증으로 말미암아 요한복음 4장에 보면 수많은 사람들이 예수께 나와 구원을 받고 예수님은 거기서 추수밭 이야기를 하셨습니다. "눈을 들어 밭을 보라 희어져 추수하게 되었도다" 요 4:35 하.

본문에서 한 가지 말씀을 당신 마음에 담아보십시오. 하나님은 우리의 아픔을 아십니다. 하나님은 우리를 감찰하는 분이십니다. 그분은 당신이 통곡하는 모습을 지금도 지켜보고 계십니다. 우리에게 이유 없는 아픔은 없습니다. 하나님이 우리를 고통받는 자리에 남겨두시는 이유는 우리를 복을 담을 그릇으로 빚기 위함인 줄 믿으시기 바랍니다. 그 하나님의 손길을 믿으십시오. 그리고 그 우물가에서 하나님을 만나십시오. 그리하여 당신의 눈물을 찬양으로 바꾸십시오. 하갈과 같이 아픔의 장소를 예배의 장소로 바꾸시기 바랍니다.

당신을 아프게 하는 우물은 어디입니까? 그 우물이 당신의 가정입니까? 직장입니까? 그곳이 어디이든 그곳을 생수가 솟아나는 곳으로 만드시기를 바랍니다. 당신에게 아픔을 주는 사라가 누구입니까? 남편입니까? 아내입니까? 건강입니까? 경제적 어려움입니까? 그것이 무엇이든, 그가 누구이든 회피하지 말고 그에게 돌아가 그와의 관계를 개선하십시오. 그곳에서 당신의 고통을 지켜보고 계시는 하나님을 만나보시기 바랍니다.

우리는 우리의 아픔을 하나님의 복으로 바꿀 수 있는 능력이 있는 자들입니다. 하갈이 그렇게 했다면, 우리 역시 못할 이유가 없습니다. 고난의 우물에서 하나님을 만났던 하갈의 복이 임하시기를 바랍니다.

11장

약속하신 열매를 받기 위하여

창세기 17:1–11

아브람의 구십 구 세 때에 여호와께서 아브람에게 나타나서 그에게 이르시되 나는 전능한 하나님이라 너는 내 앞에서 행하여 완전하라 내가 내 언약을 나와 너 사이에 세워 너로 심히 번성케 하리라 하시니 아브람이 엎드린대 하나님이 또 그에게 일러 가라사대 내가 너와 내 언약을 세우니 너는 열국의 아비가 될지라 이제 후로는 네 이름을 아브람이라 하지 아니하고 아브라함이라 하리니 이는 내가 너로 열국의 아비가 되게 함이니라 내가 너로 심히 번성케 하리니 나라들이 네게로 좇아 일어나며 열왕이 네게로 좇아 나리라 내가 내 언약을 나와 너와 네 대대 후손의 사이에 세워서 영원한 언약을 삼고 너와 네 후손의 하나님이 되리라 내가 너와 네 후손에게 너의 우거하는 이 땅 곧 가나안 일경으로 주어 영원한 기업이 되게 하고 나는 그들의 하나님이 되리라 하나님이 또 아브라함에게 이르시되 그런즉 너는 내 언약을 지키고 네 후손도 대대로 지키라 너희 중 남자는 다 할례를 받으라 이것이 나와 너희와 너희 후손 사이에 지킬 내 언약이니라 너희는 양피를 베어라 이것이 나와 너희 사이의 언약의 표징이니라.

그리스도인들은 모두 똑같은 삶을 사는 것 같지만 실상은 그렇지 않습니다. 풍성한 열매를 맺는 삶을 사는 사람이 있는가 하면, 가뭄으로 인하여 다 갈라진 논바닥 같은 삭막한 삶을 사는 사람들도 있습니다. 당신은 어떤 삶을 살고 있습니까? 우리는 어떻게 하나님이 약속하신 풍성한 열매를 받아 누리는 삶을 살 수 있을까요? 본문을 통해 이 풍성한 삶을, 하나님이 약속하신 이 열매를 우리의 삶 속에서 받아 누릴 수 있는 방법 몇 가지를 살펴보고자 합니다.

본문은 아브라함의 나이를 밝히는 것으로 시작합니다. "아브람의 구십구 세 때에 여호와께서 아브람에게 나타나서 그에게 이르시되 나는 전능한 하나님이라 너는 내 앞에서 행하여 완전하라" 창 17:1 성경은 왜 아브라함의 나이를 먼저 언급했을까요? 성경 학자들은 아브라함이 하나님으로부터 후손에 대한 약속의 말씀을 듣고나서 오늘 하나님의 말씀을 듣기까지의 기간에 주목해야 한다고 말합니다.

하나님이 처음으로 아브라함에게 후손을 약속하신 것이 언제입니까? 그의 나이 75세 때였습니다. 그런데 본문은 99세 때의 일입니다. 자그마치 24년이 지났습니다. 남의 일로 생각지 말고 우리 자신의 일로 생각해봅시다. 하나님이 우리에게 약속을 주셨습니다. 그런데 24년이 지나도록 아무런 변화가 없습니다. 과연 하나님의 응답을 기다리며 여전히 신실하게 믿음을 지킬 수 있을까요?

아브라함은 75세 때 하나님께 약속을 받고나서 10년을 참고 기다렸습니다. 이것만 해도 오래 기다린 것입니다. 그런데 86세 때에 그의 아내 사라가 제안을 합니다. "아무래도 나는 아이 낳기가 불가능한 것 같으니 내 여종 하갈과 동침하십시오." 아브라함은 그 제안을 받아들였고, 그렇게 해서 이스마엘을 낳았습니다. 그 결과가 무엇입니까? 이미 우리가 살펴보았듯이 괴로움의 연속이었습니다. 질투와 학대와 원망과 불평이 아브라함의 가정에 다반사로 일어났습니다.

이스마엘로 인하여 가정이 분란에 휩싸일 때마다 아브라함이 얼마나 후회했을까요? 이런 고통의 연속에서 13년이 또 훌쩍 지나갑니다. 이제 아브라함은 기다리다 지칩니다. 아마 죄책감도 들었을 것입니다. '그래, 나 같은 사람에게 하나님이 무슨 아들을 주시겠는가? 믿음으로 기다렸어야 했는데 왜 현실과 타협해 하갈을 취해서 이스마엘을 낳아 우리 가정에 이렇게 분란을 가져왔단 말인가? 내 꼬락서니가 이런데 어떻게 하나님이 나를 축복하시겠는가? 아마 하나님도 포기하셨을 것이다.' 아브라함은 거의 자포자기 상태였습니다.

이렇게 오래 기다리게 하신 후 마침내 하나님이 아브라함에게 나타나십니다. 그리고 이렇게 말씀하십니다. "나는 전능한 하나님이라 너는 내 앞에서 행하여 완전하라"[1절]. 히브리어 성경은 전능한 하나님을 '엘샤다이'라고 표현하고 있습니다. 이것이 하나님이 모든 것을 포기한 아브라함에게 나타나셔서 하신 첫 번째 말씀입니다. "아브라함아, 나는 전능한 하나님이란다." 다시 말해 "나는 전능한 하나님이다. 내가 약속하고, 내가 마음먹은 것은 못 할 것이 없는, 이 세상 그 어떤 일이라도 이룰 수 있는 전능한 하나님이란다"는 뜻입니다. 그러면 "너는 내 앞에서 행하여 완전하라"는 말은 무슨 말입니까? "아브라함아, 더 이상 방황하지 말고, 낙심하지 말고 온전히 나를 믿어라. 나는 전능하기 때문이다"는 의미입니다.

우리가 이땅을 살아가면서 어떻게 하면 하나님이 약속하신 풍성한 열매를 얻을 수 있을까요? 어떻게 하면 우리 삶이 다 말라 터진 논바닥 같은 삶이 아니라 가을에 누렇게 익은 들판과 같이 풍성한 하나님의 약속을 받아낼 수 있을까요?

하나님을 알아야 한다

본문은 우리가 하나님이 약속하신 열매들을 삶 속에서 누리기 위해서는 먼저 하나님이 어떤 분이신지를 알아야 한다고 말씀합니다. 본문에서 말씀하는 하나님은 어떤 분이십니까? 그분은 전능하신 하나님이십니다. 하나님은 우리에게 이 사실을 가르쳐주시려고 이 말씀을 기록하셨습니다.

하나님은 어떤 분이십니까? 아무리 오랜 시간이 지나도, 우리 상황이 아무리 불가능해 보여도 하나님은 자신의 약속을 반드시 이루어주시는 분입니다. 이때 아브라함의 나이는 99세, 사라의 나이는 89세였습니다. 인간적으로 볼 때 더 이상 자녀를 기대할 수 없는 나이입니다. 그런데도 하나님은 그들 앞에 나타나셔서 이렇게 말씀하십니다. "아브라함아, 나는 전능한 하나님이란다."

우리의 삶도 아브라함과 별반 다르지 않습니다. 기도한 후 그 기도대로 곧바로 이루어진다면 얼마나 좋겠습니까? 아픈 몸을 이끌고 기도할 때 기적적으로 병이 내 몸에서 떠나간다면 얼마나 좋겠습니까? 탈레반에 사로잡혀 있던 형제, 자매들을 위해 온 교회가 그렇게 부르짖었을 때에 한 명도 다치지 않고 풀려났다면 얼마나 감사하겠습니까?

그러나 우리가 알듯이 우리의 삶은 우리 뜻대로 되지 않습니다. 우리에게는 24년의 기다림이 있습니다. 그 기다림이 너무 힘들어서 하나님을 더 이상 기다리지 못하고 내 방법대로 만들어낸 이스마엘이 우리 인생에 있습니다. 우리 가운데 누군들 이 이스마엘이 없는 자가 있겠습니까? 너무 오랜 하나님의 침묵으로 인해 견디다 못해 내 방법을 택했다가 쓰디쓴 열매를 맛보지 않은 자가 누가 있겠습니까? 이것이 바로 우리의 인생입니다. 이것이 바로 하나님이 아브라함의 인생을 이처럼 자세하게 성경에 기록해놓으신 이유입니다.

이것은 아브라함의 이야기가 아니라 바로 우리의 이야기입니다. 당신의 이야기입니다. 힘들고 지쳐 더 이상 아무것도 기대할 수 없는 때에 하나님이 찾아오셔서 이렇게 말씀하십니다. "애야, 나는 전능한 하나님이란다. 네 환경이 불가능으로 돌아섰을 때, 모든 희망이 다 끊어져버린 그때에도 여전히 나를 믿을 수 있겠니?" 이것이 하나님이 우리에게 들려주시는 음성입니다.

예전에 저는 독일의 나치 포로수용소를 방문했다가 그곳에서 한 소녀가 쓴 일기를 보고 펑펑 울었던 적이 있습니다. 마치 초등학생이 쓴 것 같은 짧은 일기였는데 거기에는 이렇게 쓰여 있었습니다. "너무 배가 고프다. 무엇이라도 다 먹을 수 있을 것 같다. 그래도 오늘은 엄마를 위해 금식을 해야지. 하나님, 엄마를 좀 살려주세요. 엄마를 살려주세요." 그리고 그후 며칠 뒤의 일기는 다음과 같았습니다. "엄마는 나를 떠나가셨다. 왜 하나님은 내 기도를 들어주시지 않았을까? 너무 슬프다. 그래도 난 하나님을 믿는다. 언젠가 나도 저 가스실로 들어가는 날 엄마를 만나게 될 거야. 다시는 배고프지 않고 더 이상 두려움이 없는 저 나라에서 예수님과 엄마와 영원히 살게 될 거야."

이 소녀처럼 주린 배를 부여잡으며 간절한 기도를 드렸음에도 불구하고 나를 사랑하는 사람이 병에서 일어나지 못하고 나를 떠나도 하나님을 믿을 수 있겠습니까? 내가 기도한 대로 일이 진행되지 않아도 그분은 여전히 이 역사를 주관하시며 나의 삶을 가장 좋은 곳으로 인도하시는 전능한 하나님이시라는 사실을 믿을 수 있겠습니까? 하나님은 어떤 분이십니까? 그분은 '엘 샤다이'의 하나님이십니다. 하나님은 자신의 약속을 상기시켜주시는 분이십니다. 우리 믿음이 연약해질 때면 언제나 다가오셔서 환경을 통해, 말씀을 통해, 때로는 자연을 통해서라도 우리와 대화하시고 우리에게 주셨던 약속을 상기시켜주시는 분이십니다.

하나님은 우리에게 자신을 소개하실 뿐만 아니라 본문 17장 2절을 보면 이렇게 말씀하십니다. "내가 내 언약을 나와 너 사이에 세워 너로 심히 번성케 하리라 하시니." 하나님은 우리의 약점을 아십니다. 우리의 믿음이 연약한 것을 알고 계십니다. 우리가 오래 기다리지 못하는 것도 아십니다. 자주 흔들리는 것도 아십니다. 하나님은 거듭해서 다가오셔서 의심 많은 우리에게 확신을 주십니다. 찾아와 말씀을 주십니다. 하나님은 그런 분이십니다.

뿐만 아니라 하나님은 우리의 과거도 바꿔주는 분이십니다. 본문에 보니 하나님이 아브라함과 사라의 이름을 바꾸어주십니다. "이제 후로는 네 이름을 아브람이라 하지 아니하고 아브라함이라 하리니 이는 내가 너로 열국의 아비가 되게 함이니라" 창 17:5. 아브람이라는 이름은 자기를 높이는 이름입니다. '존귀한 아버지' 라는 뜻입니다. 좋기는 하지만 결국 가문을 자랑하는 이름에 불과합니다. 그런데 그 이름을 하나님이 그가 받은 복의 내용에 걸맞게 바꾸어주십니다. 아브라함이란 '열국의 아비' 라는 뜻입니다. 우리 주위에도 이름을 바꾸는 사람들이 많습니다.

옛날에 제가 어렸을 적에 우리 동네에도 특이한 이름을 가진 사람들이 많이 있었습니다. 딸만 다섯인 가정이 있었는데, 치성을 드려서 여섯 번째 아이를 낳았는데 또 딸이었습니다. 그래서 권 씨였던 그 아버지가 분하다고 해서 이름을 '권분해' 라고 지었습니다. 분해는 저와 동기였습니다. 마지막으로 하나만 더 낳자고 해서 낳았는데 또 딸이었습니다. 그 애 이름은 '권원통' 이 되었습니다. 원통이는 제 후배였습니다.

이처럼 우리는 모두 자신의 이름을 바꾸고 싶어합니다. 누구라서 수치스러운 과거가 없겠습니까? 다 마음에 아픔이 있고 상처가 있습니다. 다 과거를 바꾸고 싶어합니다. 그러나 하나님은 우리의 연약함을 다 아십니다. 우리의 수치와 실수도 알고 계십니다. 그렇지만 우리의 과거 때문에 우리를 책망하지 않으시고 오히려 우리에게 다가오셔서 우리의 이름을 아름답게 바꾸어주시는 분입니다.

창세기 12장에서 하나님은 아브라함을 처음 부르시면서 약속하셨습니다. "내가 너로 큰 민족을 이루고 네게 복을 주어 네 이름을 창대케 하리니 너는 복의 근원이 될지라" 창 12:2. 13장에서는 또 이렇게 약속하셨습니다. "내가 네 자손으로 땅의 티끌 같게 하리니 사람이 땅의 티끌을 능히 셀 수 있을진대 네 자손도 세리라" 창 13:16. 그러나 세월이 지나면서 아브라함은 점점 믿음이 약해졌습니다. 그러자 하나님이 아브라함에게 찾아오셔서 밤하늘의 별들을 보여주시며 "아브라함아, 너는 저 하늘의 별들을 셀 수 있겠느냐? 네 자손이 저 별들처럼 많아질 것이다"고 확신을 주십니다.

그래도 마음에 의심이 남아 있는 아브라함을 향해 하나님은 언약식을 행하십니다. 그 당시 사람들이 즐겨 썼던, 짐승을 잡아서 둘로 쪼개어놓고 그 가운데를 언약의 당사자가 지나가는 방식인데, 그 의미는 약속을 지키지 않는 자는 이 짐승처럼 찢겨져 죽을 것이라는 뜻입니다. 그런데 하나님은 아브라함이 그 약속을 지킬 능력이 없음을 아시고 아브라함을 잠들게 하신 후에 하나님 혼자서 그 쪼갠 고기 사이를 지나가십니다. 하나님이 무슨 뜻으로 이렇게 행하셨는지 아십니까? "아브라함아, 내가 너를 축복할 것이다. 내가 너의 실수에도 불구하고, 너의 수치스러운 과거에도 불구하고 그것과는 전혀 상관없이 너에게 복을 줄 것이다. 내가 너에게 복을 주는 그 일에 목숨을 거마."

우리에게 복주시는 일에 하나님이 목숨을 거신 것입니다. 그러나 하나님의 언약 이후에도 아브라함은 여전히 아들을 얻지 못합니다. 그러자 사라가 제안을 합니다. 아브라함은 사라의 제안을 받아들여 여종 하갈과 동침을 해서 이스마엘을 낳습니다. 그리고 그 가정에 생긴 고통으로 말미암아 낙심해 있는 아브라함에게 하나님은 찾아오셔서 다시 약속을 상기시키시며 그의 이름을 바꾸어주십니다.

이 하나님이 바로 우리의 아버지이십니다. 그리고 그분은 이렇게 말씀하십니다. "내가 내 언약을 나와 너와 네 대대 후손의 사이에 세워서 영원한 언약을 삼고 너와 네 후손의 하나님이 되리라" 창 17:7.

너와 누구의 하나님이 되리라고 하십니까? 네 후손의 하나님이 되겠다고 하십니다. 그 후손이 바로 우리입니다. 하나님은 이런 분이십니다. 그분은 결코 우리를 포기하지 않으시는 분입니다. 끊임없이 우리를 사랑하시는 분입니다. 그분은 당신의 약속을 능히 이루시는 전능하신 하나님이십니다. 이런 하나님을 잊지 마시기 바랍니다. 무슨 일이 있어도, 어떤 실수를 했더라도 이 사실만은 잊지 마십시오. 하나님은 당신을 사랑하십니다. 그러므로 우리 삶 가운데 하나님이 약속하신 풍성한 열매를 맺기 위해서는 하나님이 누구신가를 알아야 합니다.

언약 백성임을 알아야 한다

두 번째로, 우리가 풍성한 열매를 얻기 위해서는 우리가 누구인가를 알아야 합니다. 그렇다면 우리는 누구입니까? 성경은 이에 대해 복잡하게 이야기하지 않습니다. 우리는 하나님의 언약의 대상입니다. "하나님이 또 아브라함에게 이르시되 그런즉 너는 내 언약을 지키고 네 후손도 대대로 지키라 너희 중 남자는 다 할례를 받으라 이것이 나와 너희와 너희 후손 사이에 지킬 내 언약이니라 너희는 양피를 베어라 이것이 나와 너희 사이의 언약의 표징이니라" 창 17:9-11.

할례는 오늘날의 포경수술과 같은 것입니다. 데릭 키드너 Derek Kidner라고 하는 신학자는 할례를 이렇게 표현했습니다. "할례는 우리 몸에 새긴 하나님의 브랜드다." 사람들이 옷을 입으면 브랜드를 자랑합니다. 할례는 하나님이 우리 몸에 새긴 하나님의 브랜드입니다. 다시 말하면, 이것은 하나님의 언약의 백성임을 나타내는 정체성 identity의 표징이라는 것입니다. 결혼을 하면 그 결혼이 언약임을 나타내기 위해 표징을 교환합니다. 바로 반지입니다.

요즘 젊은 사람들은 결혼을 하면서 반지가 다이아몬드냐, 몇 캐럿짜리냐 이런 걸 따지는데 다 어리석은 짓입니다. 결혼 반지가 갖는 단 하나의 의미는 표징입니다. 다이아몬드가 아니면 어떻습니까? 비싸봤자 나중에 형편 어려워지면 팔아먹기밖에 더하겠습니까? 아예 처음부터 팔아도 돈 안 되는 싼 걸로 해야 평생 낄 수 있습니다. 자녀들에게도 그렇게 교육을 시키십시오.

하나님은 이 표징을 아브라함과 그 후손들의 몸에 주셨습니다. 그것이 바로 할례입니다. 중요한 포인트는 그들이 이 표징을 볼 때마다 '아, 나는 하나님의 백성이로구나. 하나님과 결혼한 자로구나. 반지를 받은 자로구나. 나는 세상 사람과는 틀려. 나는 하나님의 언약의 백성이다' 라는 사실을 떠올리게 된다는 것입니다. 그렇게 자신의 정체성을 인정하는 사람은 세상과 나를 구분하게 됩니다. 구원받기 이전의 삶과 현재의 삶을 구분합니다. 양피를 벤다는 것은 과거의 옛 삶과 육신적인 삶을 버린다는 것을 상징합니다.

오늘날 우리 그리스도인들은 더 이상 몸에 할례를 받지 않습니다. 그러나 하나님은 우리 모두가 할례를 받기 원한다고 말씀하십니다. 마음의 할례가 무엇인지 아십니까? 내가 하나님의 언약의 백성임을 마음에 새기고 사는 것입니다. "나는 하나님의 사랑의 대상이다. 나는 그리스도의 신부이다. 나는 하나님과 결혼한 사람이다. 하나님과 언약을 맺은 사람이다."

구약 성경에 보면, 하나님은 언약의 백성을 얼마나 사랑하셨던지 자기 곁을 떠나 우상을 섬기는 백성들을 향해 이렇게 외치셨습니다. "에브라임이여 내가 어찌 너를 놓겠느냐 이스라엘이여 내가 어찌 너를 버리겠느냐 내가 어찌 너를 아드마같이 놓겠느냐 어찌 너를 스보임같이 두겠느냐 내 마음이 내 속에서 돌아서 나의 긍휼이 온전히 불붙듯 하도다" 호 11:8. 공동 번역에 보면 이 구절의 뒷부분을 이렇게 번역해놓았습니다. "내가 너를 향한 사랑이 얼마나 큰지 나의 간장이 다 녹는구나." 왜 이렇게까지 표현했을까요? 우리가 하나님의 언약의 대상이기 때문입니다.

당신을 향한 하나님의 사랑이 의심됩니까? 갈보리 언덕을 바라보시기 바랍니다. 갈보리로 발길을 옮겨보십시오. 그곳에서 그분이 당한 고통의 신음소리를 들어보십시오. 채찍에 맞은 그 상처를 바라보십시오. 그 손과 발에 난 못자국을 한번 만져보십시오. 하나님이 그 위에서 당신을 위해 목숨을 버리셨습니다. 구약의 아브라함에게 나타나셔서 목숨을 거신 하나님이 신약 시대에는 인간의 몸으로 오셔서 갈보리 언덕에서 당신을 위해 목숨을 버리셨습니다. 무슨 말이 더 필요합니까? 어떤 약속이 더 필요합니까? 무슨 확증이 더 필요합니까?

이 엄청난 사랑을 받은 우리는 이제 어떻게 살아야 합니까? 할례를 받은 자답게 구별된 삶을 살아야 합니다. 내 마음의 딱딱한 양피를 베어버리고, 내 뜻과 의지와 욕심을 잘라버리고, 예수 그리스도가 십자가 위에서 피 흘리시면서 세운 그 새 언약에 합당하게 살아야 합니다. 이제는 우리 자신이 누구인지를 상기하고 구별된 백성으로 하나님의 언약에 충성하며 사는 것이 그리스도인다운 삶의 모습입니다.

언젠가 차를 운전하고 시골에 간 적이 있습니다. 그런데 도로가 갑자기 좁아지는데 제 차 앞으로 할아버지, 할머니가 걸어가시는 겁니다. 약간 구부러진 허리에 피부는 검으신, 연세가 많은 분들이었습니다. 양쪽에 보따리를 들고 걸어가시다가 차가 오는 소리가 들리니까 뒤를 돌아보시더니 할아버지가 할머니의 손을 꽉 잡고 옆으로 끄시는 것이었습니다. 제가 그 곁으로 조심스럽게 지나갔습니다. 그 손을 잡은 모습이 얼마나 정겨워 보였던지 빨리 지나갈 수가 없었습니다. 그런데 제 눈에 확 들어오는 것이 있었습니다. 할머니 할아버지 손에 반지가 끼어 있었습니다. 아무런 보석도 박히지 않은 누런 가락지 말입니다. 비록 손은 거칠고 마디도 굵어졌지만, 두 분 손에 끼어 있는 그 반지만은 결혼 당시와 변함없이 그 자리를 지키고 있었습니다. 차를 운전하고 오는 내내 그 모습을 잊을 수가 없었습니다.

저는 그 모습에서 언약을 보았습니다. 그 연세에 이르도록 얼마나 많은 사연이 있었겠습니까? 슬픔과 고통과 기쁨과 신음이 수없이 교차했을 것입니다. 그러나 그분들은 인생의 마지막을 그렇게 언약의 표시인 반지를 끼고, 손을 꼭 잡은 채로 걸어가고 있었습니다. 백미러로 보니 제 차가 다 지나갔는데도 두 분이 그렇게 손을 잡고 걸어가고 계셨습니다. 비록 그 장면을 카메라로 담지는 못했지만 아마 제 기억 속에 평생 지워지지 않고 남아 있을 것입니다.

이것이 하나님이 아브라함에게, 아니 우리 모두에게 말씀하시는 내용입니다. "애야, 너는 나의 언약의 백성이란다." 하나님은 십자가 위에서 손에 못자국으로 그 언약을 새기셨고, 우리는 마음의 할례로 우리 몸에 하나님의 언약을 받았습니다. 하나님은 오늘 우리에게 찾아오셔서 이렇게 말씀하십니다. "애야, 완벽하지 않아도 좋다. 과거에 실수를 했어도 괜찮다. 지금까지 너의 삶이 엉망이었어도 괜찮다. 이스마엘을 만들었더라도 괜찮다. 무엇을 했어도 상관없다. 이것 한 가지만 기억해다오. 너는 나의 언약의 대상이란다. 나는 너를 존귀하게 여기고 사랑한단다."

하나님의 언약의 대상인 우리는 하나님이 맺어주신 언약 때문에 천국에서 왕 같은 제사장이 되어 영원토록 살 것입니다. 무엇이 더 필요합니까? 무엇이 두렵습니까? 이제 언약의 백성답게 살아가지 않겠습니까? 하나님의 이 음성을 듣고 남은 삶을 언약의 백성답게 살아가기를 바랍니다.

12장
언약의 백성들이 해야 할 일

창세기 18:1-5

여호와께서 마므레 상수리 수풀 근처에서 아브라함에게 나타나시니라 오정 즈음에 그가 장막 문에 앉았다가 눈을 들어 본즉 사람 셋이 맞은편에 섰는지라 그가 그들을 보자 곧 장막 문에서 달려나가 영접하며 몸을 땅에 굽혀 가로되 내 주여 내가 주께 은혜를 입었사오면 원컨대 종을 떠나 지나가지 마옵시고 물을 조금 가져오게 하사 당신들의 발을 씻으시고 나무 아래서 쉬소서 내가 떡을 조금 가져오리니 당신들의 마음을 쾌활케 하신 후에 지나가소서 당신들이 종에게 오셨음이니이다 그들이 가로되 네 말대로 그리 하라.

창세기 17장을 통해서 우리는 하나님이 어떤 분이시며, 우리가 누구인가에 대해 배웠습니다. 하나님은 어떤 분이십니까? 그분은 전능하신 하나님이십니다. 그러면 우리는 누구입니까? 우리는 그분과 언약을 맺은 언약의 백성입니다. 하나님은 그 언약의 징표로 아브라함과 온 가족에게 할례를 받게 하셨습니다. 그래서 그들은 자신의 몸에 '나는 하나님의 언약의 백성이다'는 표시를 새겼습니다.

창세기 18장은 우리가 전능하신 하나님의 언약의 백성이라면 과연 어떻게 살아가야 하는가에 초점을 맞추고 있습니다. 우리가 언약의 백성인 것을 믿습니까? 할례를 받지 않았는데도 말입니다. 우리는 예수 그리스도의 이름으로 구원받은 하나님의 언약의 백성입니다. 그렇다면 언약의 백성으로서 우리는 어떻게 살아야 합니까?

삶 속에서 그리스도를 나타내야 한다

먼저 삶 속에서 하나님을 나타내야 합니다. "여호와께서 마므레 상수리 수풀 근처에서 아브라함에게 나타나시니라 오정 즈음에 그가 장막 문에 앉았다가 눈을 들어 본즉 사람 셋이 맞은편에 섰는지라" 창 18:1-2 상.

성경은 지금 아브라함 앞에 나타나신 분이 분명히 여호와 하나님이셨다고 말씀합니다. 그런데 그분은 어떤 모습으로 나타나셨습니까? 사람의 모습으로 나타나셨습니다. 우리와 같은 보통 사람의 모습으로 말입니다. 여기서 등장하는 인물은 여호와 하나님과 두 명의 천사입니다. 본문의 뒷부분을 읽어보면 이 두 명의 천사가 소돔과 고모라를 멸망시킨다는 사실을 알 수 있습니다.

본문을 자세히 읽어보면 아브라함은 처음에 이들이 누군지를 알지 못했습니다. '주여'라고 부르긴 했지만 당시에 '주여'라는 호칭은 그저 존칭일 뿐이었습니다. 자신에게 다가오는 분이 하나님인 줄 알고 '주여'라고 한 것이 아닙니다. 그냥 존경의 뜻을 담아서 그렇게 부른 것뿐입니다. 예수님 시대 사람들이 예수님을 '선생님'이라고 부른 것과 같습니다. 왜 아브라함이 그들의 모습을 알아보지 못했을까요? 그 이유는 하나님이 자신의 모습을 감추셨기 때문입니다.

그러면 하나님은 왜 아브라함에게 자신의 모습을 감추고 나타나셨을까요? 그것은 아브라함을 시험하시기 위해서였습니다. 아브라함은 17장의 할례를 통해 자신이 하나님과 언약을 맺은 백성임을 만방에 공포했습니다. 이제 아브라함이 하나님과 언약을 맺었다면 그리고 자신이 언약의 백성임을 공포했다면, 과연 아브라함의 삶은 어떻게 달라졌을까요? 하나님은 그것을 시험하시고자 사람의 모습으로 나타나셨습니다. 시험 방법은 너무도 평범한 것이었습니다. 하나님과 두 천사가 여행자의 모습으로 아브라함 앞에 나타나신 것입니다.

왜 여행자의 모습이 아브라함에게 시험거리가 될까요? 여기에는 문화적인 이해가 필요합니다. 우리는 예수님이 열두 제자를 파송하시면서 이렇게 말씀하신 것을 기억합니다. "이 소자 중 하나에게 냉수 한 그릇이라도 주는 자는 내가 진실로 너희에게 이르노니 그 사람이 결단코 상을 잃지 아니하리라" 마 10:42.

소자에게 냉수 한 그릇 주는 것은 별일 아닙니다. 하지만 그것을 오늘 우리의 문화로 이해해서는 안 됩니다. 냉수 한 그릇 떠주는 것이 뭐 그리 어려운 일이겠습니까? 하지만 이스라엘에서는 그렇지 않았습니다. 이스라엘은 사막 기후라 물이 아주 귀합니다. 게다가 당시에는 오늘날과 같이 자동차를 타고 사막을 횡단할 수도 없었기 때문에 내가 원한다고 해서 아무 곳에서나 물을 사 먹을 수 있는 것이 아니었습니다. 그래서 여행객들은 자연히 여행길 주변에 사는 주민들에게 자신의 생명을 의존할 수밖에 없었습니다. 사막의 그 뜨거운 햇볕 아래서 물 없이 오래도록 걷다가 목말라 죽을 지경에 이르렀을 때, 그에게 물 한 그릇은 이 세상 어떤 것보다 가치 있는 것입니다. 그것이 바로 생명입니다.

그래서 당시 유목민들에게는 지나가는 길손을 대접하는 것이 가장 중요하고도 아름다운 덕목으로 간주되었습니다. 왜냐하면 서로가 나그네를 대접하지 않는다면 어느 누구라도 감히 여행을 떠날 마음을 먹지 못하기 때문입니다. 그래서 지나가는 길손에게 물뿐 아니라 식사를 제공하는 것이 가장 아름다운 덕목이었습니다.

하나님은 지금 이런 기본적이고 필수적인 덕목으로 아브라함을 시험하고 계신 것입니다. 그래서 여행자의 모습으로 아브라함 앞에 나타나신 것입니다. '네가 정말 할례를 받은 나의 언약 백성이라면 너의 삶 속에서 가장 기본적인 덕목을 내가 체크해보겠다.' 바로 이런 의도로 여행자의 모습으로 찾아오신 것입니다.

이것은 비단 아브라함에게만 국한되는 것은 아닙니다. 하나님의 언약의 백성들이 해야 할 일이 무엇입니까? 오늘날 십자가의 피로 마음에 할례를 받고 하나님의 언약 백성이 된 그리스도인들의 삶의 모습은 어떤 것입니까? 하나님은 무엇을 통해서 우리를 시험하실까요? 성경 공부일까요? 기도일까요? 제자 훈련일까요? 만약에 하나님이 이런 것들을 통해서 시험하신다면 한국 교회는 문제없이 전세계에서 1등을 차지할 것입니다. 그러나 안타깝게도 본문을 보면 하나님은 이런 것으로 우리를 시험하지 않으십니다. 하나님은 우리의 일상 생활을 통해서 우리를 시험하십니다. 하나님은 우리의 가정 생활, 직장 생활 같은 일상의 삶을 통해 우리를 시험하십니다.

가령 당신이 휴가를 맞아 어느 휴양지를 갔다고 칩시다. 오랜만에 가족들과 즐거운 시간을 보내려고 멀리까지 왔는데 갑자기 휴대폰이 울립니다. 당신의 친구가 아주 위급한 일을 당했다고 합니다. 어떻게 하겠습니까? 결정 내리기가 쉽지 않을 것입니다.

또 이런 경우는 어떨까요? 집안일로 너무 바쁩니다. 손님이 오기로 되어 있어서 음식 준비를 해야 하는데 세탁기에서는 빨래가 다 됐다고 신호가 울리고, 냄비에서는 찌개가 흘러넘치는 등 할 일이 산더미입니다. 그런데 아이가 와서 "엄마, 질문이 있어요"라고 하면서 심각한 표정을 짓습니다. 이제 어떻게 하겠습니까?

저에게는 지금도 잊지 못하는 기억이 있습니다. 박사 과정 입학 시험을 하루 앞둔 날이었습니다. 제가 다닌 달라스 신학교는 박사 과정 시험이 매우 어렵습니다. 필기 시험만 여섯 시간을 봐야 하고 구술 시험도 치러야 합니다. 시험 전날, 제가 얼마나 긴장이 되었겠습니까? 며칠 전부터 아랫배가 아프고 '합격할 수 있을까?' 하는 생각 때문에 너무 불안했습니다. 그런데 며칠 전에 한국에서 전화가 왔는데 달라스 신학교로 유학을 오는 후배가 마중을 좀 나와달라는 것이었습니다. 하필이면 도착하는 날이 바로 시험 전날이었습니다. 그것도 밤 10시에 도착한다고 하니 제 심정이 어떻겠습니까? 제가 나갈 형편은 안 되고, 그렇다고 누구한테 부탁하자니 마땅히 그럴 사람도 없었습니다. 정말 나가기가 싫었습니다. 그 전에도 아파트를 알아봐달라고 해서 이리저리 돌아다니면서 아파트도 구해줬는데 이렇게까지 사람을 힘들게 하나 싶어서 마음이 정말 힘들었습니다. 그런데 책상 앞에 앉아 있는데 하나님이 이렇게 말씀하시는 겁니다. "너는 무엇 때문에 신학을 하려고 하니? 무엇 때문에 박사 학위를 받으려고 하니?" 정말 정곡을 찌르는 말씀이었습니다. 너무나 억울했지만 순종하지 않을 수가 없었습니다. 그래서 별로 내키지 않는 마음으로 마중을 나갔습니다. 그래도 다행히 합격은 했습니다.

어쩌면 예배드리는 것은 쉬울 수 있습니다. 성경 공부도 힘들다고는 하지만 그럭저럭 해낼 수 있습니다. 하지만 일상의 삶 속에서 하나님의 언약 백성 티를 내며, 하나님의 백성답게 사는 것은 정말 어렵습니다. 결코 쉬운 일이 아닙니다. 그러나 이것만은 반드시 기억하십시오. 하나님은 이런 평범한 삶을 통해 우리를 시험하시기 원하십니다. 이것이 바로 하나님이 아브라함을 시험한 방법이었고, 오늘 우리를 시험하시는 방법입니다. 하나님과 언약을 맺으셨습니까? 정말로 구원받은 자입니까? 그렇다면 무엇보다도 삶 속에서 그리스도를 나타내시기 바랍니다.

사도 바울은 교리에 대한 설명을 마친 후에 이런 권면을 합니다. "너희 몸을 하나님이 기뻐하시는 거룩한 산 제사로 드리라 이는 너희의 드릴 영적 예배니라" 롬 12:1 하. 여기서 사도 바울은 우리 몸을 하나님께 드리라고 말합니다. 바로 삶을 드리라는 것입니다. 그런데 그 삶을 드리는 것을 '산 제사'라고 표현하고 있습니다.

제 경우에는 차라리 설교를 몇 시간 하는 것이 집에서 남편 노릇하는 것보다 훨씬 수월합니다. 저한테는 남편 노릇하는 것이 바로 산 제사입니다. 우리 모두에게는 정말 회피하고 싶은 것이 있습니다. '이것만 아니면 정말 잘할 수 있는데' 하는 것들 말입니다. 그러나 언약 백성은 삶 속에서 그리스도를 나타내야 합니다. 우리가 정말 언약 백성이라면, 언약 백성답게 하나님 앞에 복을 누리기 원한다면, 먼저 삶 속에서 하나님을 나타내야 하는 것입니다.

하나님과 교제하는 일에 힘써야 한다

두 번째로 하나님이 말씀하시는 것은, 하나님과의 교제를 우선시해야 한다는 것입니다. 아브라함은 손님을 위해 정성을 다해 식사를 준비했습니다. 그리고 이제 여호와 하나님과 두 천사가 아브라함과 즐거운 시간을 가집니다. 사막은 특히 해질 무렵이 근사합니다. 아브라함이 하나님과 시원한 나무 그늘 아래서 만찬을 드시는 모습을 상상해보십시오.

구약 성경에 보면 언약을 맺은 사람들끼리 종종 함께 식사를 하곤 했습니다. 그것이 당시의 풍습이었습니다. 출애굽기 24장을 보면, 시내 산에서 하나님과 언약을 맺은 후에 이스라엘 백성들이 다함께 기쁨으로 잔치를 벌이고 식사를 나누는 장면이 나옵니다. 레위기에 보면 화목제가 있는데 이것은 하나님과의 평화로운 관계를 즐기는 제사입니다. 다섯 가지 제사 가운데서 유독 화목제만큼은 제사를 드리고나서 백성들이 함께 제물을 나누어 먹었습니다.

신약에서도 예수님은 늘 사람들과 같이 식사를 하셨습니다. 삭개오의 집에 가셨을 때도 그 집에서 식사를 하셨고, 십자가를 앞두고서도 제자들과 최후의 만찬을 함께하셨습니다. 그리고 성경은 장차 만유의 주 그리스도가 이땅에 다시 오실 때 우리 모두 혼인 잔치에 참여할 것이라고 말씀합니다. 성경은 계속해서 잔치 이야기를 합니다. 그리고 잔치에서 가장 중요한 일은 먹는 것입니다. 먹을 것이 없는 잔치는 생각할 수도 없습니다.

왜 이렇게 성경에는 먹는 이야기가 많이 나올까요? 그것은 바로 식사가 교제를 의미하기 때문입니다. 당신이 정말 누군가를 사랑한다면 그분과 함께 식사를 할 것입니다. 그래서 가족끼리는 날마다 밥을 같이 먹습니다. 식구라는 단어의 뜻이 무엇인지 아십니까? 먹을 식食 자에, 입 구口 자입니다. 같이 먹는 사람들이 식구입니다. 그렇다면 밥을 같이 먹지 않는 사람은 식구가 아닌 셈입니다. 이와 같이 먹는다는 것은 교제를 의미합니다. 하나님은 언약의 백성들과 교제하기를 원하십니다. 언약의 백성으로서 우리가 하나님과 해야 할 첫 번째 일이 무엇이겠습니까? 일이 아닙니다. 봉사도 아닙니다. 헌금도 아닙니다. 하나님은 먼저 우리와 교제하기를 원하십니다.

"볼지어다 내가 문 밖에 서서 두드리노니 누구든지 내 음성을 듣고 문을 열면 내가 그에게로 들어가 그로 더불어 먹고 그는 나로 더불어 먹으리라" 계 3:20.

우리는 이 말씀이 예수님을 믿지 않는 자들을 위한 것이라고 알고 있지만, 실상은 믿는 자들을 향한 부르심입니다. 주님은 지금도 구원받은 언약 백성인 우리의 마음 문을 두드리고 계십니다. "교제하자. 나와 교제하자."

몇 주 전 제 둘째 형님이 저희 교회에서 수요 예배 설교를 하셨습니다. 그런데 아직도 그때 하신 말씀이 제 마음에 살아 있습니다. 형님이 그동안 목회를 하시다가 갑자기 중국 선교사로 부르심을 받고 떠나게 되었는데, 그때 우리 형제들이 얼마나 말렸는지 모릅니다. 간경화에다 몸도 너무 약하고, 나이도 60이 다 됐는데 무슨 선교사냐고 큰 형님이 만류하셨습니다. 그런데 둘째 형님이 "우리 네 형제가 다 목사인데 그중에 한 명도 선교사로 드리지 않은 것이 얼마나 부끄러운 일이냐?"고 말씀하시면서 중국으로 가셨습니다.

1년 만에 다시 만났는데 형수님으로부터 형님에 대해 많은 이야기를 들을 수 있었습니다. 형님은 저녁 8시 반에 취침을 해서 새벽 3시 반이면 일어난다고 합니다. 그리고 아침 먹을 때까지 5시간 정도 하나님과의 교제 시간을 갖는데 성경 읽고, 기도하고, 성경 구절을 암송하신답니다. 이렇게 매일 새벽 하나님과 교제하는 가운데 '하나님이 나에게 중국을 주실 것이다' 라는 불 같은 확신이 들더라는 것입니다. 사실 형님은 그곳에서 말도 잘 통하지 않고 후원하는 사람도 별로 없습니다. 형편이 너무 어렵습니다. 그래서 저는 형님이 건강도 좋지 않으시니까 저에게 선교지의 힘든 점을 토로하실 줄 알았는데, 오히려 제 마음에 불을 질러놓고 가셨습니다. 그간 형님이 얼마나 건강해지셨는지 모릅니다. 영성이 흘러넘쳤습니다.

하나님과의 교제에는 이런 능력이 있습니다. 우리가 하나님과의 교제의 자리로 깊이 들어갈 때, 정말로 주님을 만날 때 우리의 영이 소생하고 하나님의 능력이 우리와 함께합니다. 바로 이것이 하나님이 우리와 교제하기를 원하시는 이유입니다. 하나님은 우리에게 복 주시기 위해, 우리가 하나님의 축복을 맛보도록 하시기 위해, 하나님의 능력을 우리에게 공급하시기 위해 언약의 백성들에게 찾아오셔서 말씀하십니다. "네가 참으로 나와 언약을 맺었다면, 정말 구원받은 백성이라면 나와 교제하는 일에 힘써야 한다."

말씀을 읽든, 기도를 하든, 큐티를 하든, 무엇을 하든지 간에 우리는 하나님과 교제하는 일에 최선을 다해야 합니다. 언약 백성은 삶 속에서 하나님을 나타내야 합니다. 하나님과의 교제에 힘써야 합니다.

하나님을 신뢰해야 한다

세 번째로 본문이 말씀하는 것은, 우리가 정말 언약 백성이라면, 약속을 이루시는 하나님을 신뢰하며 살아야 한다는 것입니다. 하나님은 식사를 마치신 후에 아브라함의 아내 사라를 찾으셨습니다. "네 아내 사라가 어디에 있느냐?" 이때가 사래에서 사라로 이름이 바뀐 지 얼마 되지 않았을 때인데 이 사람이 어떻게 바뀐 이름을 알았겠습니까? 아마 아브라함은 이 대목에서 '이분이 하나님이시구나' 하고 확신했을 것입니다. 하나님의 질문에 아브라함은 "그녀가 장막에 있습니다"고 대답합니다. 그러자 하나님이 아브라함에게 이렇게 말씀하십니다. "내년 이 맘 때에 네 아내 사라가 아들을 가질 것이다." 사라가 장막 문에서 이 말을 듣고 있다가 속으로 웃었습니다. 왜냐하면 그것은 도저히 불가능한 일이었기 때문입니다. 아브라함은 그렇다 쳐도 이미 자신의 몸에서는 경수가 끊어진 지 오래됐기 때문입니다. 의학적인 용어로 말하면 그녀의 몸에서는 더 이상 배란이 되지 않았습니다. 그러니 어떻게 아이를 가질 수 있겠습니까? 그래서 사라는 웃었습니다. 그러자 하나님이 사라가 마음속으로 웃는 것을 아시고 이렇게 아브라함에게 말씀하십니다. "사라가 왜 웃으며 이르기를 내가 늙었거늘 내가 어떻게 아들을 낳으리요 하느냐" 창 18:13.

그리고 또 이렇게 말씀하십니다. "여호와께 능치 못한 일이 있겠느냐 기한이 이를 때에 내가 네게로 돌아오리니 사라에게 아들이 있으리라" 창 18:14. 하나님은 사라의 불신에 "여호와께 능치 못한 일이 있겠느냐"고 반문하십니다. 이 질문은 사라의 의심을 잠재우고 믿음을 자극하기 위한 의도로 하신 것입니다. 신학자들은 하나님이 "여호와께는 능치 못한 일이 없느니라"고 선포하는 대신에 오히려 질문을 던진 사실에 주목하라고 합니다. 이 질문을 받은 사라가 그에 대해 얼마나 심각하게 생각했겠습니까?

하나님은 오늘 우리에게도 동일한 질문을 던지십니다. "여호와께 능치 못한 일이 있겠느냐?" 우리에게 불가능해 보이는 일은 어떤 일입니까? 가족의 구원입니까? 남편 혹은 아내의 회심입니까? 당신의 영적 회복입니까? 어릴 적부터 꿈꿔온 비전입니까? 하나님은 우리에게 질문하십니다. "여호와께 능치 못한 일이 있겠느냐?"

우리는 때로 마음속으로 '이것만은 하나님도 해결하실 수 없을 거야'라고 생각하는 문제들이 있습니다. 그래서 월터 브루그만 Walter Brueggemann 이라는 신학자는 이 말씀을 이렇게 해석합니다. "당신의 하나님은 정말 하나님이신가? 하나님께는 불가능한 일이 없다고 정말로 믿고 있는가?"

의외의 질문을 통해 사라의 영을 깨우치신 하나님은 곧바로 이렇게 말씀하십니다. "여호와께 능치 못한 일이 있겠느냐 기한이 이를 때에 내가 네게로 돌아오리니 사라에게 아들이 있으리라" 창 18:14.

경수가 끊어진 90세의 할머니가 아들을 낳는 것은 불가능한 일일지 모르지만 하나님께는 이미 예정된 하나의 계획에 불과합니다. "기한이 이를 때에." 이는 이제 시간만 지나면 된다는 것입니다. 하나님은 이미 자신의 때를 계획해놓으셨습니다. 그러자 사라가 두려워서 "내가 웃지 아니하였나이다" 창 18:15 고 대답합니다. 그러자 하나님이 "아니라 네가 웃었느니라"고 말씀하십니다.

수업 시간에 학생이 웃습니다. 선생님이 그 모습을 보고서 "너 왜 웃어?" 그러니까 학생이 무서워서 "저 안 웃었는데요" 하고 발뺌을 합니다. 그러자 선생님이 "아니, 이놈의 자식이 내가 웃는 것 봤는데, 이리 나와" 하는 식이 아닙니다. 하나님은 지금 사라에게 시비를 거시는 것이 아닙니다. 하나님이 사라가 웃은 사실을 덮어주지 않고 드러내신 이유는 아브라함과 사라가 하나님의 약속에 대해 어떻게 반응했는가를 훗날까지 기억시키기 위함이었습니다.

훗날 아들이 태어나자 아브라함과 사라는 그 이름을 하나님이 알려주신 대로 이삭이라고 지었습니다. '이삭'은 '웃음'이라는 뜻입니다. 그 이름에 담긴 의미를 잘 묵상해보십시오. 사라가 웃었고, 아브라함도 웃었습니다. 이삭을 볼 때마다 아브라함과 사라는 한 가지 사실을 떠올릴 수밖에 없습니다. 인간적으로 볼 때는 말도 안 되는, 처음 들었을 때는 웃음밖에 나오지 않았던 그 일이 자신의 생애에 이루어져서 삶에 진정한 웃음을 가져다준 놀라운 사건을 말입니다. 아브라함은 아들의 이름을 부를 때마다 두 가지 웃음이 생각났을 것입니다. 그것은 말도 안 되는 소리라 여겨져 피식 웃었던 웃음과, 자신의 생애에 걸쳐 가장 귀한 것을 얻었을 때 나오는 환희의 웃음입니다.

이만하면 하나님은 정말 멋진 분 아닙니까? 우리의 불신앙까지도 그것을 참 행복과 감사거리로 만들어주는 분이시니 말입니다. 왜 하나님은 그들을 웃게 만드셨을까요? 사실 하나님은 아브라함으로 하여금 이렇게 오래 기다리게 하지 않고 바로 아들을 주실 수도 있었습니다. 그런데 왜 사라가 경수가 끊어져 자식을 주시겠다는 하나님의 말씀을 들을 때 웃음 밖에 나오지 않는 상황까지 몰고가서야 아들을 주셨을까요? 빨리 주셨다면 그들이 그렇게 마음 졸이며 기다리지 않아도 되고, 이스마엘이라는 시행착오를 하지 않아도 됐을 텐데 말입니다.

우리는 여기서 한 가지 중요한 교훈을 발견해야 합니다. 그것은 우리가 처하는 불가능한 상황은 우리의 믿음을 키워주고 하나님을 신뢰하게 만드는 하나님의 계획의 일부라는 것입니다. 우리가 당하는 모든 불가능한 상황은 저주가 아니라 우리의 믿음을 키우고 하나님만을 신뢰하게 만드는 하나님의 계획의 일부입니다. 우리의 믿음은 언제 자랄까요? 바로 불가능한 상황 가운데서 자랍니다. 하나님은 언제나 불가능한 상황 속으로 우리를 찾아오셔서 우리와 교제하기 원하십니다. 그리고 우리의 믿음을 키워주기를 원하십니다. 하나님은 아브라함이 아들을 낳고나서 그와 교제를 하신 것이 아닙니다. 아들을 낳기 1년 전에, 미처 잉태하기도 전에, 전혀 불가능한 상황 가운데서도 하나님은 이렇게 말씀하십니다. "너는 먼저 나와 교제해야만 한다."

가끔 자신이 안고 있는 모든 문제가 해결되고나면 교회 나와서 하나님을 만나고, 봉사하고, 섬기겠다는 사람이 있습니다. 하지만 제가 단언하건대 절대로 그렇게 되지 않습니다. 하나님의 방법은 그렇지 않기 때문입니다. 하나님은 이렇게 말씀하십니다. "네가 어려울 때에, 불가능한 상황 가운데서 나와 만나자. 나와 교제하자." 문제 해결이 우선이 아니라 먼저 하나님과 교제하는 가운데 하나님을 제대로 만나게 될 때 비로소 환경이 바뀌게 되는 것입니다.

주님과 깊은 교제 가운데 있는 자들에게는 그 어떤 것도 우리를 압도할 만큼 엄청나지 않습니다. 하나님 앞에서는 그 어떤 것도 감당하지 못할 만큼 엄청날 수 없기 때문입니다. 하나님은 당신의 백성들이 불가능의 벽에서 자신을 바라보고 믿음을 키우기 원하십니다. 출애굽기를 보십시오. 이스라엘 백성이 홍해를 건너려는데 홍해가 앞을 막습니다. 뒤에서는 애굽 군대가 쫓아오고 백성들은 일제히 원망하기 시작합니다. 불가능한 상황, 죽을 수밖에 없는 상황에서 하나님은 모세를 통해 뭐라고 하셨습니까? "너희는 두려워 말고 가만히 서서 여호와께서 오늘날 너희를 위하여 행하시는 구원을 보라" 출 14:13. 그러자 사람의 생각으로는 도저히 불가능한 일이 일어났습니다. 홍해가 갈라져버린 것입니다.

이런 일이 일어나리라고 누가 생각이나 했겠습니까? 불가능 가운데서 좌절하거나 낙담하는 대신, 눈을 들어 여호와를 바라보고 하나님과 깊은 교제를 갖게 될 때 우리의 믿음은 자라나고 우리가 불가능하다고 생각했던 모든 일들이 하나님의 방법대로, 하나님의 시간에 이루어질 줄 믿습니다.

한번 당신의 마음을 돌아보시기 바랍니다. 지금 당신은 어떤 상황 가운데 있습니까? 혹시 막다른 길에 다다르지는 않았습니까? 마음이 열리지 않고 여전히 절망할 수밖에 없는, 그런 상황 가운데 있지는 않습니까? 이제 내 삶은 여기서 끝이라고 생각하지는 않습니까? 그렇다면 지금 이 순간 하나님을 바라보십시오. 하나님을 깊이 만나십시오. 그리고 당신 삶 속의 작은 일에서부터 하나님의 뜻을 실천하시기 바랍니다.

13장
언약 백성의 성품

창세기 18:22-33

그 사람들이 거기서 떠나 소돔으로 향하여 가고 아브라함은 여호와 앞에 그대로 섰더니 가까이 나아가 가로되 주께서 의인을 악인과 함께 멸하시려나이까 그 성중에 의인 오십이 있을지라도 주께서 그 곳을 멸하시고 그 오십 의인을 위하여 용서치 아니하시리이까 주께서 이같이 하사 의인을 악인과 함께 죽이심은 불가하오며 의인과 악인을 균등히 하심도 불가하니이다 세상을 심판하시는 이가 공의를 행하실 것이 아니니이까 여호와께서 가라사대 내가 만일 소돔 성중에서 의인 오십을 찾으면 그들을 위하여 온 지경을 용서하리라 아브라함이 말씀하여 가로되 티끌과 같은 나라도 감히 주께 고하나이다 오십 의인 중에 오인이 부족할 것이면 그 오인 부족함을 인하여 온 성을 멸하시리이까 가라사대 내가 거기서 사십 오인을 찾으면 멸하지 아니하리라 아브라함이 또 고하여 가로되 거기서 사십인을 찾으시면 어찌 하시려나이까 가라사대 사십인을 인하여 멸하지 아니하리라 아브라함이 가로되 내 주여 노하지 마옵시고 말씀하게 하옵소서 거기서 삼십인을 찾으시면 어찌 하시려나이까 가라사대 내가 거기서 삼십인을 찾으면 멸하지 아니하리라 아브라함이 또 가로되 내가 감히 내 주께 고하나이다 거기서 이십인을 찾으시면 어찌 하시려나이까 가라사대 내가 이십인을 인하여 멸하지 아니하리라 아브라함이 또 가로되 주는 노하지 마옵소서 내가 이번만 더 말씀하리이다 거기서 십인을 찾으시면 어찌 하시려나이까 가라사대 내가 십인을 인하여도 멸하지 아니하리라 여호와께서 아브라함과 말씀을 마치시고 즉시 가시니 아브라함도 자기 곳으로 돌아갔더라.

이 지구상에는 약 60억의 사람들이 살고 있습니다. 그러나 그렇게 많은 사람들이 다 똑같은 것은 아닙니다. 분명 같은 사람인데 어떤 사람은 그 옆에 있으면 향기가 납니다. 그런 사람과는 항상 같이 있고 싶습니다. 비싼 식사를 사주고서라도, 아니 그보다 더한 비용을 들여서라도 함께하고픈 사람이 있습니다. 그러나 그렇지 않은 사람들도 있습니다. 향기는 고사하고 악취가 나는 사람이 있습니다. 도무지 옆에 있고 싶지가 않습니다. 그런 사람과는 아주 짧은 시간을 함께해도 마음이 불편합니다. 가능하면 마주치고 싶지 않고, 피하고 싶은 사람들이 우리 주위에 있습니다.

당신은 어떤 사람입니까? 성경은 우리 그리스도인들을 그리스도의 향기라고 말씀합니다. 즉, 사람들이 우리를 통해 그리스도의 향내를 맡을 수 있어야 한다는 말입니다. 다시 말해, 그리스도께 가고 싶은 욕망이 일어나야 된다는 것입니다. '이 사람 정말 매력적이다. 예수 믿어서 그렇구나. 나도 예수님께 가까이 가보고 싶다.'

본문은 바로 이 점에 대해 말씀하고 있습니다. 그리스도인으로서 향기 나는 삶을 살기 위해서 언약 백성이 갖추어야 할 성품에 대해 이보다 더 정확하게 설명하는 구절은 없을 것입니다. 우리가 정말 구원받은 자라면, 하나님과 언약을 맺은 언약 백성이라면 우리의 삶 가운데서 어떤 성품을 가져야 할까요?

하나님의 의를 갈망하라

아브라함과 식사를 마친 세 사람은 이제 소돔으로 떠나기 위해 일어나고, 아브라함은 그들을 배웅하기 위해 나갑니다. 동양적인 풍습입니다. 서양 사람들은 인사 한 번 하면 끝인데 우리는 그렇지 않습니다. 방에서 인사하고, 나가면서 인사하고, 마당에서 인사하고, 차 안에서 인사하고, 떠나면서도 손을 흔듭니다. 성경에는 동양적인 정서가 자주 엿보입니다. 아무튼 아브라함이 이렇게 배웅을 나갑니다. 그러다가 잠깐 대화를 나누게 되는데, 하나님이 그 자리에서 아브라함에게 소돔의 죄악이 너무 커서 그 성을 멸망시키기 위해 소돔으로 떠난다고 말씀하십니다.

여기서 아브라함이 하나님께 자꾸 조건을 내걸다보니 대화가 길어져서 결국 두 천사는 소돔 성으로 먼저 떠나고 하나님은 남으셔서 계속해서 아브라함과 대화를 하는 장면이 본문의 내용입니다. 이제 곧 소돔을 멸망시키겠다는 하나님의 말씀을 전해들은 아브라함은 대화중에 하나님께 나아가 이렇게 말합니다.

"가까이 나아가 가로되 주께서 의인을 악인과 함께 멸하시려나이까 그 성중에 의인 오십이 있을지라도 주께서 그곳을 멸하시고 그 오십 의인을 위하여 용서치 아니하시리이까 주께서 이같이 하사 의인을 악인과 함께 죽이심은 불가하오며 의인과 악인을 균등히 하심도 불가하니이다 세상을 심판하시는 이가 공의를 행하실 것이 아니니이까" 창 18:23-25.

우리는 여기서 아브라함의 말을 자세히 살펴보아야 합니다. 도대체 성경이 아브라함의 말을 통해서 우리에게 전달하고자 하는 것이 무엇입니까? 아브라함이 지금 하나님께 대들고 있는 것입니까? 하나님의 잘못을 지적하고 있는 것입니까? 만일 우리가 본문을 그렇게 받아들이고 해석한다면 우리는 이 본문을 잘못 이해하고 있는 것입니다.

지금 아브라함은 하나님께 따지고 있지 않습니다. 아브라함이 말하는 태도를 보면 알 수 있습니다. "아브라함이 말씀하여 가로되 티끌과 같은 나라도 감히 주께 고하나이다" 창 18:27. "아브라함이 또 가로되 내가 감히 내 주께 고하나이다 거기서 이십 인을 찾으시면 어찌 하시려나이까 가라사대 내가 이십 인을 인하여 멸하지 아니하리라" 창 18:31. "아브라함이 또 가로되 주는 노하지 마옵소서 내가 이번만 더 말씀하리이다" 창 18:32.

이 대목에서 엿보이는 아브라함의 태도 그 어디에도 하나님 앞에서 불경한 모습은 보이지 않습니다. 대든다거나 따지는 태도가 없습니다. 그는 지극히 겸손한 태도로 하나님 앞에 나아가고 있는 것입니다. 그렇다면 "주께서 이같이 하사 의인을 악인과 함께 죽이심은 불가하오며 의인과 악인을 균등히 하심도 불가하니이다 세상을 심판하시는 이가 공의를 행하실 것이 아니니이까" 25절 라고 한 이 말씀의 뜻은 무엇일까요? 우리가 이 말씀을 올바로 이해하기 위해서는 이 단락이 말하는 전체적인 주제가 무엇인지를 알아야 합니다.

본문은 지금까지 주로 기도에 초점을 맞춰서 해석되고 설교되어왔습니다. 물론 이것도 맞는 말입니다. 아브라함의 끈질긴 기도, 무려 여섯 번이나 하나님께 간청한 그 기도는 매우 중요합니다. 그러나 오늘날 이 본문을 자세히 연구한 성경 학자들은 기도도 중요한 주제이지만, 기도보다 훨씬 더 중요한 주제가 이 본문의 저변에 흐르고 있다고 말합니다. 그것은 바로 '의' 입니다. 의로움 말입니다.

이 본문은 의로움에 대해서 말하고 있는 것입니다. 하나님은 지금 왜 소돔을 멸망시키려고 하십니까? 그 이유는 바로 그들의 죄악 때문입니다. 하나님은 소돔을 멸하시려는 이유를 이렇게 말씀하십니다. "여호와께서 또 가라사대 소돔과 고모라에 대한 부르짖음이 크고 그 죄악이 심히 중하니"창 18:20. 하나님은 지금 이 세상을 의롭게 하시기 위해 소돔을 심판하시겠다는 것입니다.

이것이 본문의 주제입니다. 그러니까 본문의 주제인 의의 관점에서 아브라함의 발언을 한번 살펴보십시오. 하나님이 소돔을 멸망시키겠다고 하시자 아브라함은 하나님께 이렇게 아룁니다. "하나님, 지금 그 결정은 옳지 않습니다. 그렇게 하시는 것은 하나님의 성품과는 어울리지 않습니다." 무엇이 하나님의 성품과 어울리지 않는다는 말입니까? 악을 심판하는 것입니까? 아니면 소돔 성을 멸망시키는 것입니까?

지금 아브라함이 반대하는 것은 그런 것들이 아니라 악인과 함께 의인을 멸망시키는 것이 하나님의 성품과 맞지 않는다는 것입니다. 하나님의 성품은 너무나 의로우신데 어떻게 악인들과 함께 의인들을 멸망시킬 수 있느냐는 것입니다.

요점을 이야기하자면, 아브라함은 지금 하나님께 의에 대해 말하고 있는 것입니다. 그러니까 이 본문의 주제는 의로움입니다. 그렇다면 하나님의 언약 백성이 가져야 할 가장 으뜸가는 성품이 무엇입니까? 하나님은 본문을 통해 의로움이라고 말씀하십니다. 이 말씀을 가슴에 담기 바랍니다. 우리가 정말 하나님과 언약을 맺은 백성이라면, 천국에 갈 것을 분명히 믿고 성령님과 동행하는 삶을 살기를 원한다면, 우리 삶에 어떤 성품이 두드러지게 나타나야 합니까? 그것은 바로 의로움입니다.

이 말씀을 해석하면서 어떤 신학자는 이렇게 말했습니다. "의에 대한 열정이 아브라함을 삼킨 것 같다." 아브라함이 의에 대한 열정으로 가득했기 때문에 하나님 앞에 나아가 감히 따지듯이(실제로 따진 것은 아니지만) 말할 수 있었다는 것입니다.

오늘날의 세상을 한번 보십시오. 무엇이 이 세상을 이렇게 살기 어렵게 만들고 있습니까? 의가 사라지고 있기 때문입니다. 무엇이 당신의 가정을 불행하게 만든다고 생각합니까? 돈 때문인가요? 속지 마십시오. 돈이 없어도 행복하게 잘 사는 가정들이 많습니다. 반대로 돈이 많아도 불행하게 사는 가정들도 있습니다. 돈 때문이 아닙니다. 의가 없기 때문입니다. 남편이, 아내가, 가족이, 자신의 의를 지키지 않기 때문에 그렇습니다.

얼마 전 저는 우리 사회에 만연해 있는 불의 때문에 손해를 본 적이 있습니다. 서면에서 택시를 타고 교회 앞까지 오는데 요금이 2,900원이 나왔습니다. 그래서 만 원짜리를 내미는데 그 순간 휴대폰이 울렸습니다. 그 바람에 통화하느라 거스름돈을 세보지도 않고 받았는데 나중에 헤아려보니까 천 원이 모자라는 겁니다. 제가 이런 경우를 한 번만 당했다면 '실수로 그랬겠지' 하고 넘기겠는데 이런 일을 종종 당합니다.

요즘 교회 문제 중에서 저를 무척 신경 쓰이게 만드는 문제가 바로 젊은이들의 혼전 성교입니다. 성생활이 얼마나 문란한지 모릅니다. 잠자리를 같이 하고서는 정작 결혼은 다른 사람과 해버립니다. 의로움이 없는 것입니다. 작년에 온 나라의 주목을 받았던 탈레반 사건을 생각해봅니다. 그들은 자신들을 섬기기 위해서 간 사람들을 감금해놓고서 흥정을 하고 두 명이나 처형하지 않았습니까? 이 모든 일이 결국 의가 없어서 일어난 일입니다. 우리 개인이, 가정이, 사회가 고통받고 있는 단 하나의 이유는 의가 사라졌기 때문입니다. 하나님이 우리에게 원하시는 것은 공의를 행하는 것입니다.

본문에서 하나님은 아브라함과의 대화중에 아브라함을 택한 이유를 이렇게 말씀하십니다. "내가 그로 그 자식과 권속에게 명하여 여호와의 도를 지켜 의와 공도를 행하게 하려고 그를 택하였나니 이는 나 여호와가 아브라함에게 대하여 말한 일을 이루려 함이니라" 창 18:19.

하나님이 우리를 왜 구원하셨습니까? 그 이유는 단 하나입니다. 의와 공도를 행하게 하려고 우리를 택하셨습니다. 하나님이 택하신 나라 이스라엘이 왜 멸망했습니까? 그들이 의를 버렸기 때문입니다.

이사야 선지자는 이렇게 한탄합니다. "대저 만군의 여호와의 포도원은 이스라엘 족속이요 그의 기뻐하시는 나무는 유다 사람이라 그들에게 공평을 바라셨더니 도리어 포학이요 그들에게 의로움을 바라셨더니 도리어 부르짖음이었도다" 사 5:7.

바로 이것이 이스라엘이 멸망한 이유입니다. 우리가 정말로 구원받아서 하나님과 언약 맺은 것을 믿고 세상의 향기가 되는 삶을 살기 원한다면 우리 삶 가운데 어떠한 특징이 나타나야 합니까? "빛의 열매는 모든 착함과 의로움과 진실함에 있느니라" 엡 5:9. 의로움과 진실함은 거짓을 말하지 않습니다. 속이지 않습니다. 하나님의 의를 사모합니다.

우리 삶이 의로워진 순간을 한번 상상해보십시오. 얼마나 담대하겠습니까? 얼마나 떳떳하고 행복하겠습니까? 내 주변 사람들이 다 의로운 사람이라고 생각해보십시오. 우리 사회가 얼마나 행복해지겠습니까? 그래서 예수님은 우리에게 "의에 주리고 목마른 자는 복이 있나니"라고 말씀하셨습니다. 하나님의 의를 사모하는 자가 되기 바랍니다. 이것이 우리의 기도 제목이요, 하나님 앞에서 우리의 소원이 되어야 합니다. 그리고 우리 삶의 마땅한 인격이 되어야 합니다. 우리의 삶이 의로워질 때 우리 주위 사람들이 그 향기를 맡고 그리스도께로 나올 것입니다.

풍성한 자비의 사람이 되라

그런데 이 의로움은 과연 어떤 것일까요? 그것은 한 마디로 말하면 자비를 수반한 의로움입니다. 아브라함은 의로움을 갈망하는 사람이었지만 차가운 도덕주의자는 아니었습니다. 예수님 당시의 바리새인들은 그 누구보다도 의를 강조한 사람들이었습니다. 그러나 그들은 예수님으로부터 전혀 인정을 받지 못했습니다. 그 이유는 그들이 주장한 의에 자비가 없었기 때문입니다. 사랑이 뒷받침되지 않는 의는 언제나 다른 사람들을 정죄하고 비판하는 날카로운 칼이 되고 맙니다. 바리새인들은 이런 오류에 빠져버리고 말았습니다. 그들의 삶을 한번 보십시오. 그들은 언제나 주위 사람들을 비판하고 정죄하기에 바빴습니다. 그들은 늘 의를 부르짖고, 그 의를 따라 살 것을 주장했습니다. 그들은 실제로 율법을 열심히 지키며, 의로운 삶을 살려고 노력했습니다. 하지만 그들에게는 사람을 사랑하는 마음이 없었습니다. 그래서 자신의 기준에 미흡한 사람을 보면 그들을 위해 중보하기보다는 정죄하고 비판하기에 바빴습니다. 바로 이러한 마음이 그들을 교만하게 만들고, 결국 그들이 손가락질했던 세리나 창녀보다도 훨씬 더 하나님으로부터 멀어지게 하고 말았습니다.

저는 현실에서 자주 이런 경우를 보게 됩니다. 가정도 마찬가지입니다. 배우자 가운데 한 사람이 의롭지 못합니다. 그런데 상대적으로 의롭다고 하는 나머지 한쪽은 사랑이 없습니다. 그래서 상대방을 무자비하게 비판하고 정죄하고 맙니다. 그러다가 결국은 잘못한 사람보다 정죄한 그 사람이 하나님으로부터 더 멀어지는 비극적인 일이 종종 발생하곤 합니다. 오늘날 교회에서도 이와 같은 실수가 반복되고 있습니다. 소위 복음을 사랑하고 의를 사랑하는 사람 중에 자비의 마음을 잃어버리고 다른 사람들을 향해 정죄와 비판을 일삼는 사람들이 얼마나 많은지 모릅니다.

얼마 전에 선교지에서 큰 상처를 받고 선교를 중도에 그만둔 선교사 가정을 만난 적이 있습니다. 그들이 중도에 귀국하게 된 이유가 참으로 기가 막힙니다. 사건의 발단은 된장 때문이었습니다. 그분은 험한 오지로 선교를 나갔는데 그곳은 너무 외떨어진 곳이어서 국내에서 부친 화물이 도착하려면 시간도 많이 걸리고 비용도 굉장히 많이 든다고 합니다. 그래서 그곳에 먼저 와 있던 선교사들 가정에서 된장을 먹지 않기로 결정을 했답니다. 그곳까지 된장을 부치려면 비용이 너무 비싸니까 하나님을 위해 그 비싼 된장을 먹지 말고 그냥 희생하자고 한 것입니다.

그런데 이 선교사님은 된장 없이는 못 사는 분이었습니다. 그래서 다른 선교사들은 희생하느라 된장을 안 먹는데, 이분은 계속해서 된장을 끓여 먹었습니다. 그러자 주위에 있는 선교사들이 참다못해 자신들의 결정 사항을 다시 전해주었습니다. 너무 비싸서 자신들은 안 먹기로 했다고 말입니다. 그런데도 이 선교사님은 견딜 수 없어서 계속해서 끓여 먹었답니다. 마침내 어떤 일이 일어났는지 아십니까? 그는 믿음 없는 사람으로 낙인찍혀버렸습니다. 그리고 하나님을 위해 된장 하나도 못 버리는 선교사, 전혀 헌신되지 않은 선교사로 매도하더니 마침내는 이분과의 교제마저도 끊어버렸다고 합니다.

그 선교사님이 울면서 "목사님, 제가 된장을 먹은 것이 그렇게 큰 죄입니까?"라고 말하더군요. 얼마나 치사한 일입니까? 도저히 그들의 냉대를 견딜 수 없었답니다. 함부로 판단하고 정죄하는데 도저히 감당할 수가 없었다는 것입니다. "목사님, 다른 쪽으로 가야 되겠습니다"고 말하는데 얼마나 기가 막혔는지 모릅니다. 정말 농담 같은 일이 실제로 우리 삶 가운데 얼마나 많이 일어나고 있는지 모릅니다. 물론 하나님께 헌신하는 것은 좋은 일입니다. 의롭게 살아야 합니다. 그러나 의를 부르짖는 사람들 가운데는 어느새 자신이 하나님의 자리에 앉아서 사람들을 판단하는 경우가 참으로 허다합니다.

노사분규를 한번 보십시오. 분규가 일어났다 하면 양쪽 모두 자신들만이 100퍼센트 의롭다고 주장합니다. 상대는 다 나쁜 사람들입니다. 교회 안에서도 마찬가지입니다. 의견이 대립되기 시작하면 상대방은 다 틀렸다고 주장합니다. 오직 자신만이 의롭습니다. 의의 잣대를 오직 상대방에게만 들이댑니다. 그곳에서는 긍휼과 자비는 흔적도 찾아볼 수가 없습니다. 그래서 엊그제까지만 해도 그렇게 충성하고 서로 아껴주던 형제들이 하루아침에 원수가 되어버립니다. 그렇다고 무슨 큰 문제가 있는 것도 아닙니다. 정말 사소한 문제로 그렇게 등 돌리고 마는 것이 바로 우리 의의 수준입니다.

그러나 본문에 나타난 아브라함은 그렇게 살지 않았습니다. 이것이 하나님이 본문을 기록하신 이유입니다. 그는 의로움을 추구하는 사람이었습니다. 하지만 그는 동시에 풍성한 자비의 사람이기도 했습니다. 그는 하나님이 소돔 성을 멸하시려고 하자 적극적으로 만류했습니다. 그는 우리가 아는 대로 여섯 번이나 하나님 앞에 나아가 간곡히 부탁을 드렸습니다. "하나님, 소돔 성에 오십 인의 의인이 있으면 어찌하실 것입니까? 용서치 아니하시겠습니까?" 하나님이 말씀하십니다. "내가 용서하마." "만일 사십오 인이 있으면 어찌하시겠습니까?" 하나님이 다시 말씀하십니다. "내가 용서하마." "사십 인이 있으면 어찌하시겠습니까?" "하나님, 정말 죄송하지만 한 번 더 얘기하겠습니다. 이십 인이 있으면 어찌하시겠습니까?" "하나님, 마지막으로 한 번 더 말씀드릴게요. 십 인이 있으면 어찌하시겠습니까?" "내가 십 인을 인하여도 멸하지 아니하겠다."

아브라함은 지금 누구를 위해 이렇게 하나님께 간청하고 있습니까?

자기 조카 롯을 위해서입니까? 아니면 의인을 위해서입니까? 아브라함은 이 악한 소돔 거민 전부를 위해 간청하고 있는 것입니다.

요나는 니느웨에 살고 있는 십이만 명의 사람들이 다 멸망되기를 바라서 그곳에 복음 전하기를 거절했습니다. 그러나 아브라함은 그렇지 않았습니다. 극도로 타락한 소돔 거민 전체를 향해 자비의 마음을 품고 하나님 앞에 나아가 여섯 번이나 간청했던 것입니다. 하나님은 이런 아브라함의 마음을 받으신 줄로 믿습니다.

성자 하나님은 십자가에서 아주 처참하게 돌아가셨습니다. 하나님이 왜 그토록 잔혹한 형벌을 받으셔야 했습니까? 그것은 바로 하나님 자신의 의 때문이었습니다. 죄를 조금도 용납하실 수 없는 하나님의 공의 때문에 그분은 그곳에서 죽으셔야 했습니다. 십자가는 하나님의 공의가 이루어진 곳입니다. 우리의 불의함 때문에 하나님이 이땅에 오셔서 십자가에서 그 모진 형벌을 받으셨습니다. 그러므로 구원받은 사람은 의롭게 살아야 합니다. 거짓을 그치십시오. 속임수를 그만두십시오. 잘못된 성관계를 청산하십시오. 하나님은 바로 이 일을 위해 십자가 위에서 우리 대신 그 고통을 당하셨습니다.

그러나 그날 갈보리 언덕의 십자가에서는 공의만 이루어진 것이 아닙니다. 그곳에서는 공의와 함께 하나님의 자비와 사랑이 동시에 이루어졌습니다. 하나님은 자신의 공의를 이루시기 위해 그 자리에서 죄인을 처벌하신 것이 아니라 자신의 독생자를 희생시키셨습니다. 하나님은 불의한 우리를 의롭다 하시기 위해 자신의 목숨을 그곳에서 버리신 것입니다. 우리로 하여금 과거의 어두운 일을 버리도록, 다시는 불의한 일로 돌아가지 아니하고 하나님의 공의를 선포하도록 그 고통을 받으신 것입니다. 이보다 더한 사랑이 어디 있겠습니까? 이보다 더 큰 자비가 어디 있겠습니까? 십자가는 하나님의 공의뿐만 아니라 하나님의 사랑이 이루어진 곳입니다.

사도 바울은 그 사랑을 이렇게 표현합니다. "의인을 위하여 죽는 자가 쉽지 않고 선인을 위하여 용감히 죽는 자가 혹 있거니와 우리가 아직 죄인 되었을 때에 그리스도께서 우리를 위하여 죽으심으로 하나님께서 우리에게 대한 자기의 사랑을 확증하셨느니라" 롬 5:7-8.

당신은 정말로 구원받았습니까? 정말로 하나님과 언약을 맺었습니까? 천국에 갈 것을 믿습니까? 그렇다면 의를 행하시기 바랍니다. 어둠의 일들을 벗어버리십시오. 그 삶에서 떠나십시오. 그리고 삶 속에서 자비를 나타내십시오. 의롭게 살기 위해 힘써 노력하되 그 의가 다른 사람을 정죄하는 수단이 되지 않게 하십시오. 긍휼히 여기십시오. 당신의 사랑을 주위 사람들에게 나타내는, 십자가의 공의와 사랑이 당신의 삶에 나타나는 놀라운 언약의 백성이 되시기를 바랍니다.

14장
부끄러운 구원

창세기 19:23-29

롯이 소알에 들어갈 때에 해가 돋았더라 여호와께서 하늘 곧 여호와에게로서 유황과 불을 비같이 소돔과 고모라에 내리사 그 성들과 온 들과 성에 거하는 모든 백성과 땅에 난 것을 다 엎어 멸하셨더라 롯의 아내는 뒤를 돌아본고로 소금 기둥이 되었더라 아브라함이 그 아침에 일찌기 일어나 여호와의 앞에 섰던 곳에 이르러 소돔과 고모라와 그 온 들을 향하여 눈을 들어 연기가 옹기점 연기 같이 치밀음을 보았더라 하나님이 들의 성들을 멸하실 때 곧 롯의 거하는 성을 엎으실 때에 아브라함을 생각하사 롯을 그 엎으시는 중에서 내어 보내셨더라.

성경을 읽다보면, 성경이 부끄러운 구원을 언급하고 있는 것을 발견하게 됩니다. 우리로서는 그것이 정확하게 무엇을 의미하는지 알 수 없지만, 성경은 부끄러운 구원이 있다고 분명하게 말씀하고 있습니다.

본문에도 부끄러운 구원을 얻은 인물이 자세히 기록되어 있습니다. 그의 이름은 바로 우리가 잘 아는 롯입니다. 그는 소돔과 고모라가 멸망할 때 간신히 구원받아 목숨은 건졌지만, 사실 그가 받은 구원은 참으로 부끄럽기 짝이 없는 구원이었습니다.

그는 소돔과 고모라의 심판으로 말미암아 아내와 사위들을 잃고, 친딸들과 동침하여 각각 아들을 낳는 기막힌 일을 겪습니다. 비록 소돔과 고모라의 심판에서 목숨은 건졌지만 그것은 너무나 부끄러운 구원이었습니다. 그는 분명 구원받은 하나님의 사람이었습니다. 그래서 하나님의 은혜로 불과 유황의 심판 가운데서도 구원을 받습니다. 그러나 차라리 소돔에서 목숨을 잃는 것이 더 나을 뻔한, 그런 부끄러운 구원을 받고 말았습니다.

그런데 더 놀라운 것은 오늘날 예수를 믿고 구원받은 그리스도인들조차도 이땅에서 잘못 살게 되면 롯과 같이 부끄러운 구원을 받을 수밖에 없다는 것입니다. 그러면 우리가 어떻게 해야 부끄러운 구원이 아닌 자랑스러운 구원을 받을 수 있겠습니까? 본문을 통해서 부끄러운 구원을 면할 수 있는 방법 몇 가지를 살펴보고자 합니다.

삶의 장소를 올바로 선택해야 한다

본문에서는 먼저 부끄러운 구원을 면하기 위해서는 무엇보다 삶의 장소를 올바로 선택해야 한다고 말씀합니다. 이것이 본문을 통해 우리에게 주시는 하나님의 교훈입니다. 롯이 왜 부끄러운 구원을 얻을 수밖에 없었습니까? 여러 가지 이유가 있겠지만 본문에서 말씀하는 것은 그가 삶의 장소를 올바로 선택하지 못했기 때문이라는 것입니다. 하나님은 왜 소돔을 멸망시키셨을까요? 그 이유는 소돔의 악함이 극에 달했기 때문입니다. 하나님은 더 이상 지켜볼 수만 없으셨습니다. 이땅에 하나님의 의를 이루시기 위해서라도 소돔을 심판하셔야 했습니다.

창세기 19장 전체를 보면 소돔 사람들이 당시에 얼마나 악했는지를 극명하게 보여주는 사건들이 등장합니다. 하나님은 아브라함의 천막에 남으시고, 두 천사는 소돔 성을 멸하기 위해 떠납니다. 그들이 소돔 성에 도착하자 마침 그들을 발견한 롯이 그들을 자신의 집에 맞아들입니다. 그런데 젊은 두 이방인이 롯의 집에 들어가는 것을 보고 온 동네 남자들이 롯의 집으로 몰려왔습니다. 그리고 그 남자 둘을 내놓으라고 합니다. 왜 그랬을까요? 당시 소돔에서는 동성애가 만연했습니다. 그래서 롯의 집에 찾아온 젊은 남자들을 자신들의 욕망의 대상으로 생각했던 것입니다.

소돔 사람들이 얼마나 악한지 한번 생각해보십시오. 오늘날에도 동성연애자들이 있습니다. 한국에도 동성연애자들이 30만 명이 넘는다고 해서 사회적으로 심각한 문제가 되고 있습니다. 하지만 이 세상 어디에서도 지나가는 이방인을 겁간하겠다고 손님으로 온 사람들을 내놓으라고 몰려드는 사회는 없었습니다. 그러나 4천 년 전 소돔에서는 악독이 얼마나 심했던지 동성연애자들이 온 성에 넘쳐날 뿐 아니라, 자기 마음에 드는 자라면 주저 없이 겁간하고자 했다고 성경은 말씀합니다. 만약 우리가 사는 사회가 이렇다면 어떻게 하겠습니까? 이런 사회에서 살 수 있을까요? 그만큼 소돔의 악은 극에 달했던 것입니다.

롯이 비록 아브라함처럼 하나님의 부르심을 받아 갈대아 우르를 떠난 것은 아니지만, 그 역시 분명 택함받은 하나님의 백성이었습니다. 그러나 그는 목초지 문제로 아브라함과 헤어질 수밖에 없는 상황에서 이미 악독함이 극에 달한 소돔을 선택했습니다. 롯이 소돔을 선택하는 장면을 성경은 이렇게 묘사하고 있습니다.

"이에 롯이 눈을 들어 요단 들을 바라본즉 소알까지 온 땅에 물이 넉넉하니 여호와께서 소돔과 고모라를 멸하시기 전이었는 고로 여호와의 동산 같고 애굽 땅과 같았더라 그러므로 롯이 요단 온 들을 택하고 동으로 옮기니 그들이 서로 떠난지라" 창 13:10-11.

이 다음에 보면 중요한 말씀이 나옵니다. "소돔 사람은 악하여 여호와 앞에 큰 죄인이었더라" 창 18:13. 앞의 두 구절만 보면 소돔이 굉장히 살기 좋은 곳처럼 보입니다. 그러나 소돔은 치명적인 결함을 안고 있었습니다. 그것은 소돔 사람들이 악했다는 것입니다. 성경은 그들이 여호와 앞에 큰 죄인이었다고 분명히 말씀하고 있습니다. 롯도 소돔이 악한 곳이라는 사실을 알고 있었기 때문에 처음부터 소돔으로 이사 가지는 않았습니다. 처음에는 소돔 쪽으로 약간 옮겨가서 근처에 장막을 치고 살았습니다. 그러나 그는 조금씩 조금씩 장막을 소돔 쪽으로 옮겨갑니다. "아브람은 가나안 땅에 거하였고 롯은 평지 성읍들에 머무르며 그 장막을 옮겨 소돔까지 이르렀더라" 창 13:12.

롯이 처음부터 소돔 성 안에 들어가서 산 것은 아닙니다. 히브리어로 보면 그냥 옮긴 것이 아니라 조금씩 옮겨간 것으로 되어 있습니다. 분명 롯의 마음 한 구석에는 '저 소돔으로 들어가면 안 되는데' 하는 주저함이 있었을 것입니다. 그 역시 구원받은 백성이기 때문에 성령 하나님이 말씀해주셨을 것입니다. 그러나 그는 결국 하나님의 의보다는 물질에 마음이 더 끌리고 말았습니다. 쾌락에 마음이 더 끌린 것입니다. 그래서 소돔을 향하여 조금씩 장막을 옮기다가 마침내 소돔 성 안으로 덥석 이사를 가고 맙니다.

게다가 그는 소돔으로 이사 가서 평범하게 살지 않습니다. 소돔 성에서 크게 영향력 있는 인물이 되었습니다. 본문 19장 1절이 그것을 말해주고 있습니다. "날이 저물 때에 그 두 천사가 소돔에 이르니 마침 롯이 소돔 성문에 앉았다가 그들을 보고 일어나 영접하고 땅에 엎드리어 절하여."

여기서 '성문에 앉았다'는 것은 문화적인 해석이 필요한 구절입니다. 성문은 당시 사람들에게 상당히 중요한 역할을 했습니다. 당시에 성문은 법정의 역할을 했습니다. 마을의 중요한 회의는 항상 성문 앞에서 열렸습니다.

느헤미야 1장 3절을 보십시오. "저희가 내게 이르되 사로잡힘을 면하고 남은 자가 그 도에서 큰 환난을 만나고 능욕을 받으며 예루살렘 성은 훼파되고 성문들은 소화되었다 하는지라." 여기에서 느헤미야는 예루살렘 성문이 불에 타버렸다는 소식을 듣고 크게 놀랍니다. 왜 놀랐을까요? 그만큼 성문이 중요한 곳이었기 때문입니다.

롯이 성문에 앉았다고 하는 이야기는, 그가 이미 소돔에서 영향력 있는 인물이 되었다는 말입니다. 아마 재판장이었는지도 모릅니다. 어떤 학자들은 소돔 성의 행정 책임자 정도쯤으로 추측하기도 합니다. 이 구절만 가지고 확실하게 알 수는 없지만 어쨌든 한 가지 확실한 것은, 롯이 소돔 성의 영향력 있는 인물이 되었다는 것입니다. 그 악한 도시에서, 그 악한 사람들 사이에서 말입니다. 그는 소돔의 비옥함에 마음이 끌려 소돔을 택했지만 처음에는 그곳이 너무 악한지라 선뜻 그곳으로 이사 가지 않았습니다. 그러나 소돔 가까이에 장막을 쳤다가 결국에는 소돔 성의 유력 인사가 되어버렸습니다.

하나님의 품을 떠나가는 사람들의 발걸음이 전부 이와 같습니다. 구원의 은혜를 아는 사람치고 어느 누구도 하루아침에 세상으로 덥석 나아가는 자는 없습니다. 그들은 죄가 무엇인지 압니다. 죄가 가득 찬 곳으로 나아가면 자신이 멸망한다는 것도 압니다. 그러나 그들은 하나님보다 세상을 더 사랑해서 조금씩, 아주 조금씩 그곳을 향해 나아갑니다. 그리고 마침내 어느 시점에 이르러서는 그곳에 안주할 뿐 아니라 종국에는 그 악한 곳에 뿌리를 내려서 주저앉고 맙니다.

오늘 당신이 머무르고 있는 곳은 어떤 곳입니까? 당신이 매일 만나는 사람들은 어떤 사람들입니까? 그들은 과연 하나님의 의를 목숨 바쳐 추구하는 자들입니까? 아니면 세상적이고 정욕적인 대화를 나누며 당신의 영혼을 갉아먹는 퇴폐 문화를 조장하는 자들입니까? 당신의 마음이 머무는 곳이 어디인가를 살펴보십시오. 우리가 정말 이땅에서의 삶 이후에 하나님 앞에 섰을 때 부끄러운 구원을 얻기 원치 않는다면, 우리가 지금 어디에 머물고 있는지를 살펴보아야 합니다.

하나님이 범죄한 아담에게 찾아오셔서 처음 하신 질문은 삶의 장소를 묻는 질문이었습니다. "아담아, 네가 어디에 있느냐?" 하나님이 아담이 어디 있는지 몰라서 물어보신 것이 아닙니다. 죄를 짓고 숨어 있는 장소, 두려움과 수치심 가운데 숨어 있는 장소는 마땅히 아담이 거할 곳이 아니었습니다. 하나님은 그것을 깨닫게 하기 위해서 "지금 네가 있는 곳은 네가 머무를 만한 곳이 아니다"라고 직접적으로 말씀하시지 않고, "아담아, 네가 어디에 있느냐?"라고 돌려서 말씀하신 것입니다. 오늘 하나님은 우리에게도 동일한 질문을 던지고 계십니다. "네가 어디에 있느냐?"

롯이 부끄러운 구원을 얻은 이유는 삶의 장소를 잘못 택했기 때문입니다. 오늘 우리 역시 우리가 머물러야 할 장소에 있지 않을 때 언제가 롯과 같이 부끄러운 구원을 얻을 수 있습니다. 이것이 하나님의 메시지입니다. 부끄러운 구원이 아닌, 자랑스러운 구원을 얻는 그리스도인들이 되십시오.

그러면 어떻게 해야 부끄러운 구원이 아닌 자랑스러운 구원을 얻을 수 있을까요? 그것은 삶의 장소를 올바로 선택해야 하는 것입니다. 우리가 머물러야 할 곳에 머물러야 합니다. 하나님이 아니라고 하시면 단호히 끊어야 합니다. 그곳에서 나와야 합니다. 그 관계를 청산해야 합니다. 더 늦기 전에, 정말 눈물 흘리면서 부끄러운 모습으로 하나님의 심판대 앞에 서지 않도록 우리 모두 이 말씀에 순종하여 하나님이 원하시는 삶의 장소로 과감하게 옮기는 놀라운 결단을 해야 합니다.

삶 가운데 믿음의 간증이 있어야 한다

두 번째로, 우리가 부끄러운 구원을 얻지 않으려면 삶 가운데 온전한 믿음의 간증이 있어야 합니다. 천사들이 롯의 집으로 들어가는 것을 보고 이웃 사람들이 찾아와서 그의 집에 온 손님들을 내놓으라고 소동을 벌이자 롯은 이렇게 말합니다. "내게 남자를 가까이 아니한 두 딸이 있노라 청컨대 내가 그들을 너희에게로 이끌어 내리니 너희 눈에 좋은 대로 그들에게 행하고 이 사람들은 내 집에 들어왔은즉 이 사람들에게는 아무 짓도 하지 말라" 창 19:8.

도대체 세상에 이런 아버지가 어디 있습니까? 당시 롯은 소돔의 문화에 상당히 물들어 있었던 것 같습니다. 그 도시가 성적으로 아주 문란했기 때문에 설령 자기 딸들이 그들과 관계하더라도 그렇게 흠이 될 만한 일이 아니라는 기존 관념으로 딸을 쉽게 내줄 생각을 하지 않았겠습니까? 아무튼 그 난리를 피우는 와중에 폭도들은 롯이 자신들에게 재판관 노릇을 하려 한다며 이제는 롯에게 위해를 가하려 합니다. 바로 그때 천사들이 롯을 집 안으로 끌어들이고는 무리들의 눈을 멀게 합니다. 그리고 바로 롯에게 자기들이 소돔에 온 목적을 말해줍니다. 멀쩡한 사람들의 눈을 멀게 하는 것을 보고 롯은 그들의 정체를 짐작했을 것입니다.

천사들의 말을 듣고 롯이 제일 먼저 생각한 사람은 딸들과 정혼한 사위들이었습니다. 그래서 사위들에게 달려가서 하나님이 이곳을 멸하려고 하시니 어서 이곳을 떠나자고 말합니다. 그랬더니 사위들이 그 말을 농담으로 여겼습니다. "롯이 나가서 그 딸들과 정혼한 사위들에게 고하여 이르되 여호와께서 이 성을 멸하실 터이니 너희는 일어나 이곳에서 떠나라 하되 그 사위들이 농담으로 여겼더라" 창 19:14.

이 얼마나 비참한 상황입니까? 롯이 얼마나 화급하게 달려갔겠습니까? 그리고 얼마나 진지하게 말했겠습니까? "사위들아, 지금 여호와께서 이곳을 불과 유황으로 멸하려 하시니 어서 빨리 이곳을 떠나야 한다." 하지만 그들은 롯의 말을 농담으로 여겼다고 했습니다.

이것이 롯의 삶의 실체였습니다. 그의 삶에는 믿음의 간증이 없었습니다. 롯은 그 순간 아마 자신을 탓할 수밖에 없었을 것입니다. 왜냐하면 이때까지 사위들에게 믿음의 모습을 보여준 적이 없었기 때문입니다. 얼마나 그가 삶 속에서 믿음을 간증하지 못했기에 사위들이 장인어른의 말을 농담으로 여겼겠습니까? 롯은 사위들과 진지하게 신앙 문제를 얘기해 본 적이 없었습니다. 아니, 딸의 결혼 상대를 고를 때 신앙 같은 것은 고려하지도 않았을 것입니다. 아마 소돔 성에서 잘나가는 사람들을 사위로 맞았을 것입니다.

또한 롯은 이때까지 주위 사람들에게 영적인 영향력을 끼쳐본 적이 한 번도 없었을 것입니다. 그는 이웃, 친구, 직장 동료는 고사하고 자기 사위에게조차도 인정받지 못하는, 허울뿐인 신자였습니다. 분명 주일에 성경책을 들고 교회에는 갔습니다. 직분도 받았습니다. 그러나 그의 삶에는 간증이 전혀 없었습니다. 하나님이 그와 동행하신다는 간증 말입니다. 기도 응답도 받아본 적이 없습니다. 감격도 없고, 감사도 없고, 주의 말씀을 듣다가 눈물을 흘려본 적도 없습니다. 예배 시간에 그저 예배는 드리지만 정말 마음을 열고 하나님과 교통해본 적도 없습니다. 하나님을 믿는 자로서의 간증이 전혀 없는 것이 롯의 신앙 수준이었습니다.

그는 부끄러운 구원을 얻을 수밖에 없었습니다. 그 허무한 밤이 지나가고 이제 동이 터옵니다. 사위를 설득하다가 빈손으로 돌아온 롯이 스스로를 얼마나 자책했을까요? 내가 왜 이렇게 살았을까? 내가 왜 아이들을 이렇게 길렀을까? 이제 철이 들어 늘그막에 하나님의 음성을 듣고보니 자기가 잘못 살았다는 사실이 그렇게 아플 수가 없습니다. 그러나 이미 자녀들은 하나같이 하나님의 품을 떠나고 난 후입니다. 서서히 동이 틉니다. 이제 소돔을 떠나야만 합니다. 그러나 본문에서 보니 롯은 여전히 망설이고 있습니다. 왜냐하면 이제까지 자신이 노력해서 얻은 모든 것들이 그곳에 남아 있기 때문입니다.

어떤 신학자는 이렇게 말합니다. "불과 유황도 롯을 진정한 순례자로 만들지 못했다." 이윽고 롯을 보다 못한 천사들이 롯과 아내와 두 딸의 손목을 낚아채듯이 끌어냅니다. 하나님이 얼마나 자비로우십니까? 피 흘리면서까지 구원한 자기 백성이 자신보다 죄악을 더 사랑하여도 하나님은 변함없이 우리를 사랑하시는 분입니다. 그리고 멸망으로부터 우리를 건져내십니다. 세상이 너무 좋아 하나님을 좇지 못하고 망설이는 우리의 손을 하나님은 잡아채십니다. 우리가 왜 이런 하나님을 사랑하지 않고 오히려 우리를 멸망으로 이끌 소돔을 더 사랑합니까? 우리가 어리석기 때문입니다. 하나님의 은혜, 사랑, 자비하심, 오래 참으심을 잘 모르기 때문입니다. 롯의 식구들이 천사의 손에 붙잡혀서 소알이라는 성으로 들어가자 드디어 해가 돋기 시작합니다. 해가 돋자 하늘로부터 불과 유황이 비처럼 소돔과 고모라에 내렸습니다.

이렇게 멸망한 소돔과 고모라의 정확한 위치는 아직 밝혀지지 않고 있습니다. 많은 학자들이 사해 밑바닥이 아닐까 추측만 할 뿐입니다. 그러나 소돔과 고모라와 비슷한 도시가 발견되었는데 바로 폼페이입니다. 1700년 동안 폼페이는 땅 밑에 묻혀 있었습니다. 아시다시피 폼페이는 로마의 휴양지였습니다. 발굴된 모습을 직접 보고 왔는데 정말 놀라웠습니다. 그 오랜 도시가 지금의 도시와 다를 것이 전혀 없었습니다. 사우나 시설도 있고, 도로도 좌우로 차선이 분리되어 있고, 더욱 놀라운 것은 도로변에 야광 돌을 박아놓아서 깜깜한 밤에도 말들이 그 불빛을 보고 달려갈 수 있게 해놓은 것입니다. 사창가에도 가봤는데 각 방마다 각기 다른 성적 체위를 그려놓은 그림이 붙어 있습니다. 고객이 각자 원하는 체위대로 방에 들어가는 것입니다. 그런데 이 환락의 도시에 어떤 일이 일어났습니까? 베수비오 화산이 폭발해서 불과 유황의 뜨거운 재가 폼페이를 8미터 두께로 덮어버렸습니다. 사람들은 죽기 직전에 취하고 있던 동작 그대로 파묻혀버렸습니다.

아마 소돔과 고모라가 그러했을 것입니다. 유황과 불이 비처럼 떨어져 소돔과 고모라가 멸망하는 순간에도 롯의 아내는 미련을 떨칠 수가 없었습니다. 자신이 그렇게 모아놓은 재산, 애지중지하던 살림살이, 값비싼 사치품 등등 그 모든 것이 소돔에 남아 있었던 것입니다. 그녀는 이 모든 것을 결코 포기할 수도, 잊어버릴 수도 없었습니다. 비록 하늘에서 벼락이 치고 유황이 비처럼 떨어지지만 뒤돌아보지 않을 수 없었습니다. 바로 그 순간 그녀는 소금기둥이 되고 말았습니다. 불순종의 기념비가 된 것입니다.

훗날 예수님은 세상을 사랑하는 것을 경고하시며 우리에게 "롯의 처를 생각하라" 눅 17:32 고 말씀하셨습니다. 즉, 세상을 사랑한 결과가 어떤지 보고 교훈을 삼으라는 뜻입니다. 아내가 소금기둥이 되는 것을 보고 충격을 받은 롯은 이제 소알에서 나와서 산으로 들어가 두 딸과 함께 동굴에서 거하게 됩니다. 그런데 이 딸들이 또 가관입니다. '이렇게 살다가는 우리 가문의 대가 끊어지겠다'고 생각한 딸들이 아버지와 동침해서 대를 이을 생각을 합니다. 아마 타락한 소돔의 문화 속에서 오래 살다보니 이성이 마비되었던 것입니다. 두 딸이 아버지에게 술을 잔뜩 권해서는 차례로 동침한 후 각기 아들을 낳게 되는데, 그들이 바로 두고두고 이스라엘을 괴롭혔던 모압 족속과 암몬 족속의 시조가 됩니다.

이제 롯의 처지를 한번 생각해보십시오. 사위들은 다 소돔과 고모라에서 죽고, 자신이 이제껏 쌓아온 재산들은 불타버려서 빈털터리가 되었습니다. 하나님의 강력한 경고와 심판을 보고서도 욕심에 끌려 뒤를 돌아보던 아내는 소금기둥이 되어버렸고, 게다가 자신은 딸들과의 사이에서 아들이자 손자까지 보았습니다. 그 아이들은 롯을 향해 뭐라고 불러야 할까요? 아버지라고 불러야 합니까, 아니면 할아버지라고 불러야 합니까? 이런 비극이 어디 있으며 이것이야말로 부끄러운 구원이 아니고 무엇이겠습니까?

이것이 구원받은 하나님의 사람, 롯의 이야기입니다. 그는 분명히 삼촌 아브라함과 마찬가지로 선택받은, 구원받은 하나님의 백성이었습니다. 그러나 그의 결말은 이렇게 초라하고 비참했습니다.

바로 이것이 세상을 쫓아간, 세상을 사랑한 그리스도인의 결말입니다. 성경은 이렇게 경고합니다.

"이 세상이나 세상에 있는 것들을 사랑치 말라 누구든지 세상을 사랑하면 아버지의 사랑이 그 속에 있지 아니하니 이는 세상에 있는 모든 것이 육신의 정욕과 안목의 정욕과 이생의 자랑이니 다 아버지께로 좇아 온 것이 아니요 세상으로 좇아 온 것이라" 요일 2:15-16.

"이 세상도 그 정욕도 지나가되 오직 하나님의 뜻을 행하는 이는 영원히 거하느니라" 요일 2:17.

명예도, 돈도, 쾌락도 다 지나갑니다. 이땅에 있는 모든 것은 순간적인 것입니다. 그러나 그 대가는 영원합니다. 하나님이 롯의 이야기를 여기에 기록한 것은 우리에게 한 가지 교훈을 주시기 위함입니다. 그것은 세상을 따라 살면 반드시 멸망한다는 것입니다. 부끄러운 구원을 얻는다는 것입니다.

그래서 사도 바울은 이렇게 말합니다. "너희가 육신대로 살면 반드시 죽을 것이로되 영으로써 몸의 행실을 죽이면 살리니" 롬 8:13. 이 말씀은 신분상의 구원에 대해 말하는 것이 아닙니다. 이미 구원을 얻은 하나님의 자녀들을 상대로 하시는 말씀입니다. 우리는 이미 구원받은 자이지만 육신대로 살면 반드시 죽습니다. 지옥에 간다는 소리가 아니라 죽음과 같은 삶, 부끄러운 구원을 맛볼 수밖에 없다는 것입니다. 이땅에서뿐 아니라 저 천국에 가서도 부끄러움을 당해야 합니다. 롯이 천국에 가서 과연 하나님 앞에서 낯이나 들 수 있었겠습니까?

우리 모두 롯의 전철을 밟지 않도록, 부끄러운 구원을 얻지 않도록 삶의 장소를 올바로 선택하기를 바랍니다. 그리고 오늘 이후 신앙 고백에 부합하는 삶을 사십시오. 삶 속에서 믿음을 증거하십시오. 이 말씀이 축복이 되어서 훗날 주님 앞에서 그리고 이땅에서도 자랑스러운 구원을 얻는 하나님의 백성이 되기를 바랍니다.

15장

실패를 감싸는 은혜

창세기 20:1-7

아브라함이 거기서 남방으로 이사하여 가데스와 술
사이 그랄에 우거하며 그 아내 사라를 자기 누이라 하
였으므로 그랄 왕 아비멜렉이 보내어 사라를 취하였
더니 그 밤에 하나님이 아비멜렉에게 현몽하시고 그
에게 이르시되 네가 취한 이 여인을 인하여 네가 죽으
리니 그가 남의 아내임이니라 아비멜렉이 그 여인을
가까이 아니한 고로 그가 대답하되 주여 주께서 의로
운 백성도 멸하시나이까 그가 나더러 이는 내 누이라
고 하지 아니하였나이까 그 여인도 그는 내 오라비라
하였사오니 나는 온전한 마음과 깨끗한 손으로 이렇
게 하였나이다 하나님이 꿈에 또 그에게 이르시되 네
가 온전한 마음으로 이렇게 한 줄을 나도 알았으므로
너를 막아 내게 범죄하지 않게 하였나니 여인에게 가
까이 못하게 함이 이 까닭이니라 이제 그 사람의 아내
를 돌려 보내라 그는 선지자라 그가 너를 위하여 기도
하리니 네가 살려니와 네가 돌려 보내지 않으면 너와
네게 속한 자가 다 정녕 죽을 줄 알지니라.

혹시 지금까지 살아오면서 당신 자신에게 크게 실망한 적이 있습니까? 마크 트웨인Mark Twain은 이런 말을 했습니다. "이 세상에는 두 종류의 사람이 있는데, 자신에 대해 크게 실망해본 사람과 자신에 대해 한 번도 실망해보지 않은 사람이다. 스스로에게 실망감을 느껴본 사람은 자신을 괴롭히는 경향이 있다. 그러나 자신에 대해 실망해보지 않은 사람은 기쁘게 사는 대신 남을 괴롭게 한다."

당신은 어느 쪽입니까? 성경은 둘 중 어느 쪽을 선호할까요? 혹시 자신에 대하여 크게 실망하고 있습니까? 돌이킬 수 없는 과거의 잘못으로 인해 늘 두려움과 낙담 가운데 하루하루를 보내고 있지는 않은가요? 신앙 생활을 할 만큼 했음에도 불구하고 여전히 계속되는, 끊지 못하는 잘못된 습관 때문에 혼란스러워하고 있습니까?

거듭되는 실패에도

본문 말씀은 바로 당신을 향한 하나님의 말씀입니다. 본문에서는 아브라함의 여러 실패 가운데서도 기억할 만한 실패를 기록하고 있습니다. 소돔과 고모라 사건 이후 아브라함은 남방 그랄로 이주했습니다. 그랄이라는 지방은 지중해 연안과 애굽 가까이에 있는, 그러니까 가나안 땅 남서쪽에 위치한 곳입니다. 그곳은 블레셋 사람들이 사는 땅이었는데 아브라함은 그곳에 거주하면서 그곳 사람들이 하나님을 섬기지 않음을 보고 혹시 자기 아내를 빼앗기 위해 자기를 죽이려고 하지 않을까 염려했습니다. 그래서 자기 아내를 누이라고 거짓말합니다. 그 결과 하나님이 간섭하셔서 사라를 빼앗으려고 했던 아비멜렉이 죽을 위기에 처했다가 사라를 다시 돌려줍니다. 하지만 그로 인해 아브라함은 이방인인 아비멜렉으로부터 심한 책망과 꾸중을 듣게 됩니다.

사람이라면 누구나 실패를 하기 마련이지만 아브라함의 실패가 놀라운 이유는 우리가 알다시피 이것이 첫 번째가 아니기 때문입니다. 창세기 12장에 보면 아브라함은 가나안 땅의 가뭄 때문에 애굽으로 내려갔을 때에도 똑같은 거짓말을 했고, 그 결과 애굽 왕 바로 앞에서도 심한 책망을 받았습니다. 그래도 그때는 아브라함이 이제 막 하나님 앞에 부름을 받은 때였기 때문에 아직 신앙이 미성숙한 것으로 그 잘못이 이해될 수도 있었습니다.

그러나 본문의 사건은 아브라함이 하나님을 만난 지 25년이 지난 후에 일어난 일입니다. 그 동안 아브라함은 하나님과 언약식도 맺고 깊은 교제도 나누었습니다. 그리고 무엇보다도 창세기 19장에서는 하나님의 공의를 강조하면서 소돔의 구원을 위해 기도함으로써 중보 기도의 사람으로 하나님 앞에 인정을 받았습니다.

그런데 그 일 후에 아브라함은 또 실패를 경험합니다. 이것은 보통 일이 아니었습니다. 초신자도 아닙니다. 믿은 지 25년이나 된, 신앙도 자랄 만큼 자랐고, 신앙의 체험도 있는 중견 신자입니다. 이제는 나름대로의 신앙의 경지를 주위 사람들에게 보여주어야 할 때인데 또다시 실패합니다. 그러니 어떻게 이것이 그냥 지나칠 수 있는 간단한 실패겠습니까?

성경은 한 사람의 일생을 낱낱이 기록하지 않습니다. 아브라함의 인생 가운데서도 극히 일부분인 몇 가지 사실만을 발췌해서 기록해놓았습니다. 그런데 왜 비슷해 보이고, 똑같아 보이는 아브라함의 실수를 이렇게 두 번에 걸쳐 기록했을까요? 그 이유는 그것이 비단 아브라함의 실패일 뿐만 아니라 우리의 실패이기 때문입니다.

신앙 생활이란 무엇일까요? 날마다 그리스도와 함께 교제함으로 성숙해 나가는 것입니다. 우리가 진정으로 구원받고, 진정으로 하나님을 섬긴다면 우리의 인격은 자라나고 우리의 신앙은 성숙하게 되어 있습니다. 마치 정상적인 아이가 시간이 흐르면서 성장하는 것처럼 거듭난 사람은 그 영혼과 인격이 자라나게 되어 있습니다. 성숙과 성장이 없는 믿음은 가짜입니다. 성장과 성숙은 우리 신앙 생활의 필수 요소입니다.

그러나 우리가 한 가지 오해하지 말아야 할 것이 있습니다. 그것은 우리가 아무리 성장한다고 해도 이땅에 있는 동안에는 결코 완전해질 수 없다는 것입니다. 본문은 이 점을 극명하게 보여주고 있습니다.

아브라함이 누구입니까? 지금까지 그가 어떻게 살아왔습니까? 그는 자신의 몸이 늙어 생물학적으로는 후손을 볼 가능성이 없었음에도 불구하고 하나님이 밤하늘의 별을 보여주시며 "너의 후손이 저와 같을 것이

다"고 하셨을 때 하나님을 순전히 믿은 사람입니다. 롯과 재산으로 인한 분란이 생겼을 때에도 "네가 우하면 나는 좌하고, 네가 좌하면 나는 우하리라"고 하면서 조카에게 양보했던 사람입니다. 게다가 이렇게 파렴치한 롯이 포로로 잡혀가자 위험을 무릅쓰고 그를 구했던, 용서가 무엇인지 아는 사람이었습니다. 그리고 하나님이 소돔을 멸하시려 하자 그 거민을 위해 하나님께 여섯 번이나 간청하며 중보한 자비의 사람이었습니다.

이 얼마나 성숙한 신앙인입니까? 오늘 우리 가운데 누가 이러한 인격과 성품을 소유할 수 있을까요? 이처럼 아브라함은 대단한 사람이었습니다. 그러나 성경은 이렇게 훌륭한 신앙의 소유자인 아브라함이 그 성공 직후에 실패했다고 말씀합니다. 그것도 25년 전의 실패와 똑같은 실패를 되풀이했다고 말입니다. 이것이 바로 본문이 우리에게 주는 메시지입니다.

아브라함을 실패로 이끈 것은 두려움이었습니다. 언뜻 보면 아브라함은 굉장히 용감한 사람입니다. 그는 메소포타미아 연합군이 전쟁을 일으켜서 롯과 그 가족을 붙잡아갔다는 소식을 듣자마자 사병 318명을 데리고 가서 그 밤에 기습 공격으로 연합군을 쳐서 파하고 롯을 구해냈습니다. 하지만 이렇게 용감한 아브라함에게도 마음 깊숙한 곳에 두려움이 있었습니다. 어떤 두려움입니까? 그에게는 늘 누군가가 자기 아내를 빼앗기 위해 자기를 죽이지 않을까 하는 막연한 두려움이 있었습니다. 이것이 바로 아브라함의 아킬레스건이었습니다. 아무도 모르는 두려움이었지만 본인에게는 평생을 따라다니는 멍에였습니다.

우리는 모두 다 약점을 지니고 살고 있습니다. 어떤 사람에게는 탐욕

이 약점일 수도 있고, 또 어떤 사람은 성적 유혹에 쉽게 넘어가기도 합니다. 어떤 사람에게는 분노가, 어떤 사람에게는 거짓말이 아킬레스건이 되기도 합니다. 우리는 자신의 약점이 무엇인지 알고 있어야 합니다.

이렇듯 아브라함은 아내로 인한 두려움 때문에 25년 전과 똑같은 거짓말을 하고 맙니다. 그렇다면 아브라함의 잘못에 대해 하나님은 어떻게 반응하셨습니까? 하나님은 첫 번 실수 이후 25년 동안 그토록 많은 은혜를 부어주었음에도 불구하고 다시 실패한 아브라함을 이렇게 질책하지 않으셨습니다. "아브라함아, 너한테 정말 지쳤다. 네가 그런 식으로 해서 어떻게 믿음의 조상이 될 수 있겠느냐? 내가 너에게 했던 약속은 없던 일로 하자."

사실 하나님이 이렇게 말씀하셨어도 아브라함으로서는 아무 할 말이 없는 입장이었습니다. 하지만 하나님은 그렇게 하지 않으셨습니다. 하나님은 놀랍게도 아브라함 편에 서서 아비멜렉의 손에서 사라를 구해내십니다. 하나님은 꿈에 아비멜렉에게 나타나셔서 이렇게 말씀하십니다. "네가 취한 이 여인을 인하여 네가 죽으리니 그가 남의 아내임이니라"창 20:3. 그러자 아비멜렉이 "그가 나더러 이는 내 누이라고 하지 아니하였나이까 그 여인도 그는 내 오라비라 하였사오니 나는 온전한 마음과 깨끗한 손으로 이렇게 하였나이다"창 20:5 고 항변합니다. 그리고 "주여 주께서 의로운 백성도 멸하시나이까"창 20:4 하 고 묻습니다. 이 말은 바로 창세기 19장에서 아브라함이 했던 말입니다.

창세기 20장을 읽다보면 아비멜렉이 아브라함 같은 이야기를 하고, 아브라함은 마치 이방인처럼 아비멜렉에게 꾸중을 듣고 있는 모습을 봅니다. 아비멜렉의 질문에 하나님이 뭐라고 말씀하십니까? "하나님이 꿈에 또 그에게 이르시되 네가 온전한 마음으로 이렇게 한 줄을 나도 알았으므로 너를 막아 내게 범죄하지 않게 하였나니 여인에게 가까이 못 하게 함이 이 까닭이니라 이제 그 사람의 아내를 돌려보내라 그는 선지자라 그가 너를 위하여 기도하리니 네가 살려니와 네가 돌려보내지 않으면 너와 네게 속한 자가 다 정녕 죽을 줄 알지니라" 창 20:6-7.

하나님이 얼마나 철저하게 아브라함 편인지를 보십시오. 사실 아비멜렉은 억울합니다. 그러나 하나님은 잘못한 아브라함 편만 들고 계십니다. 그리고 철저하게 사라를 보호하셨습니다. 혼비백산한 아비멜렉은 많은 재물과 함께 사라를 돌려보내고 맙니다.

하나님은 어떤 분이십니까? 그분은 우리의 계속되는 실수에도 불구하고 여전히 우리 편에 서서 우리를 보호해주시는 분이십니다. 그분이 바로 우리의 하나님이십니다. 많은 사람들이 나의 잘못 때문에, 나의 나쁜 습관 때문에 하나님이 나를 미워하고 멀리할 것이라고 생각합니다. 부모가 자녀에게 어떻게 합니까? 자녀가 한두 번 잘못했다고 호적에서 파버리는 부모가 있습니까? 말로는 "부모 자식 간의 연을 끊자"고 하지만 그것은 제대로 살라고 협박하는 것이지 실제로 부자관계를 끝내자는 말은 아닙니다. 하물며 하나님이 그러시겠습니까?

과거에 실패한 적이 있습니까? 고쳐지지 않는 습관 때문에 늘 좌절하고 있습니까? 이제 많이 성숙해졌다고 생각했는데 또 넘어졌습니까? 계속되는 실수로 말미암아 이제 나는 끝이라고, 하나님도 나를 더 이상 사랑하지 않을 거라고 생각합니까? 그렇더라도 낙심하지 마십시오. 하나님은 절대로 당신을 포기하시지 않는 분이심을 기억하십시오. 하나님은 우리를 절대 포기하지 않으십니다. 거듭해서 하나님의 곁을 떠나 죄를 지었던 이스라엘 백성들을 향해 하나님은 어떻게 말씀하셨습니까? "에브라임이여 내가 어찌 너를 놓겠느냐 이스라엘이여 내가 어찌 너를 버리겠느냐 내가 어찌 너를 아드마같이 놓겠느냐 어찌 너를 스보임같이 두겠느냐 내 마음이 내 속에서 돌아서 나의 긍휼이 온전히 불붙듯 하도다" 호 11:8.

부모가 자녀를 포기할 수 없듯이 하나님은 결코 당신을 포기하지 않는 분이심을 명심하십시오. 이제 이 본문을 토대로 몇 가지 실제적인 적용을 나누고자 합니다.

낙심하지 말라

첫 번째는, 어떠한 경우에도 낙심하지 말라는 것입니다. 여기에는 분명한 단서가 있습니다. '어떠한 경우에도' 입니다. 당신에게 아무리 큰 잘못이 있다 해도, 아무리 나쁜 습관이 있다 해도 주저앉지 마십시오. 하나님은 우리를 위해서 이미 십자가 위에서 자신의 생명을 내주셨습니다. 우리가 착하게 사는가, 아닌가를 보고 어떻게 하시겠다는 것이 아니라 우리의 죗값을 지불하시려고 십자가 위에서 이미 목숨을 버리셨습니다.

우리는 이미 하나님의 아들입니다. 그분은 지금도 집 떠난 탕자를 기다리는 우리의 아버지이십니다. 몇 번을 넘어졌더라도 다시 일어나기만 하면, 그리고 아버지께로 발걸음을 옮기기만 하면 아버지는 팔을 벌리고 우리를 감싸 안아주실 것입니다. 이것이 바로 우리가 절대 이해할 수 없는 하나님의 사랑입니다. 하나님은 우리가 도저히 상상할 수 없는 자비와 사랑으로 아무 이유 없이 우리를 사랑하십니다. 이것을 절대 잊지 마십시오. 우리가 이 놀라운 하나님의 사랑만 굳게 간직하고 있다면 이 세상 어떤 사탄의 공격에도 주저앉지 않고 담대하게 하나님 앞에 나아갈 수 있습니다.

사도 요한은 이렇게 말합니다. "만일 우리가 우리 죄를 자백하면 저는 미쁘시고 의로우사 우리 죄를 사하시며 모든 불의에서 우리를 깨끗하게 하실 것이요"요일 1:9. 우리는 그냥 자백하기만 하면 됩니다. 돌이키기만 하면 됩니다. 우리가 아버지께로 가기만 하면 어떤 죄를 지었든 간에, 얼마나 많은 죄를 반복해서 지었든 간에 하나님은 우리를 용서하실 준비가 되어 있으십니다. 우리의 의로움이 그 근거가 아닙니다. 저가 미쁘시고 의로우시기 때문입니다.

우리가 신앙 생활을 하면서 사탄의 속임수에 가장 많이 넘어가는 부분은 어디일까요? 하나님이 내 행위에 따라 나를 사랑하실 것이라는 잘못된 생각입니다. 우리의 행위는 아무것도 아닙니다. 우리가 아무리 고해를 하고, 새벽 기도를 하고 그 무슨 짓을 하더라도 우리의 공로로 하나님 앞에서 의롭다고 인정받을 사람은 아무도 없습니다.

구소련의 스파이 로젠버그가 체포되어 재판을 받게 되었습니다. 재판장이 사형을 선고했습니다. 그때 변호사가 일어나서 "재판장님, 공정을 기해주십시오"라고 말했습니다. 그때 그 재판장이 피고와 변호사를 가만히 쳐다보더니 이렇게 말했습니다. "공정은 이미 집행이 되었습니다. 당신이 이제 나에게 구할 것은 공정이 아니고 자비입니다." 이 말이 무슨 뜻인지 아십니까? 우리의 행위로는 하나님 앞에서 무엇을 얻을 자격이 전혀 없다는 것입니다.

하나님이 왜 우리 죄를 용서하셨습니까? 우리가 어느 정도 착하게 살기 때문에 용서하신 것입니까? 교회 봉사를 많이 하기 때문에 용서하셨습니까? 오직 하나님의 자비하심만이 우리의 죄가 용서받을 수 있는 근거입니다. 그러므로 어떠한 잘못을 범했더라도 낙심하지 말고 자비로운 하나님 앞에 나아가십시오. 그리고 그 자비를 근거로 하나님 앞에 죄를 자백하고 돌이키는 역사가 있기를 바랍니다.

연약한 자를 포용하라

두 번째는, 주위에 있는 연약한 자들을 포용하라는 것입니다. 당신에게 하나님의 은혜가 필요하듯이 당신 주위에 있는 사람들 역시 하나님의 은혜가 필요한 존재들입니다. 당신의 남편과 아내와 부모와 자녀와 형제는 하나님의 은혜가 필요한 존재들입니다. 이 세상에 은혜 없이 살 수 있는 사람은 아무도 없습니다. 우리 모두는 은혜가 필요한 연약한 자들입니다.

당신 주위에 실수와 잘못을 범한 자들이 있습니까? 그들에게 은혜를 베푸시기 바랍니다. 그리스도인이 가장 많이 범하는 죄가 무엇인지 아십니까? 바로 정죄와 비판입니다. 세상 사람들이 왜 교인들을 싫어하는지 아십니까? 우리는 우리 자신도 모르게 의롭다고 생각하고 있습니다. 깨끗하게 산다고 생각하고 있습니다. 올바르게 살고 있다고 생각합니다. 그래서 교인들을 만나보면, 저도 과거에 그런 죄를 많이 지었지만, 남을 향해 정죄하고 비판하는 데 매우 익숙합니다. 얼마나 비판적인지 모릅니다.

제가 목회를 하면서 알게 된 사실인데 저 때문에 시험에 드는 분들이 꽤 많은 것 같습니다. 처음 목회를 시작할 때에는 상상도 못 했던 일입니다. '교인이 목사의 시험거리지 어떻게 목사가 교인들에게 시험거리가 될 수 있는가?' 그런데 때로는 그런 일이 일어납니다. 제가 최선을 다한다고 하지만 안 될 때가 있습니다. 고치고 싶지만 고쳐지지 않는 좁은 소갈머리가 있고 잘못된 습관들이 있습니다. 그래서 본의 아니게 교인들을 시험에 들게 만들곤 합니다. 제가 고치고 똑바로 살아야 되겠지만 그것만 가지고는 해결되지 않는 것 같습니다.

어느 날 제가 성경을 읽다가 놀라운 사실을 발견했습니다. 바로 고린도후서 6장 11절 말씀입니다. "고린도인들이여 너희를 향하여 우리의 입이 열리고 우리의 마음이 넓었으니." 즉, '너희를 향해 우리의 마음을 더 넓혔다'는 말입니다. "너희가 우리 안에서 좁아진 것이 아니라 오직 너희 심정에서 좁아진 것이니라" 고후 6:12.

고린도 교인들은 사도 바울에 대해 잘못된 정보와 오해를 가지고 있었습니다. 시험에 든 것입니다. 그래서 사도 바울이 해명을 하고 있습니다. "나는 너희를 향해서 마음을 좁힌 것이 없다. 그런데 너희들이 지금 나를 굉장히 오해하고 있구나." 그래서 마지막 13절에서 이렇게 말씀합니다.

"내가 자녀에게 말하듯 하노니 보답하는 양으로 너희도 마음을 넓히라."

정말 대단한 말씀입니다. "너희도 마음을 넓히라." 하나님의 말씀입니다. 이 세상을 사는 동안 주위에 있는 사람들에게 마음을 넓히십시오.

제가 목회를 하면서 깨달은 것은 두 부류의 목사가 있다는 것입니다. 한 부류는 갈수록 마음이 좁아집니다. 그래서 교인들이 자신에게 서운하게 한 것을 자꾸 토로합니다. 그런데 저는 둔해서 그런지, 아니면 하나님의 은혜여서 그런지 교인들에게 불만이 없습니다. 교인들 중에 제게 시험거리가 되는 사람들이 없다는 말입니다. 정말 감사한 일입니다. 부부 간에도 이렇게 살아야 합니다. 어차피 불완전함을 숙명으로 안고 사는 것이 우리 인간인데 누가 완전하겠습니까? 살면서 서로 시험을 받는 부부들이 있습니다. '우리 남편은 죽어도 안 고쳐'. '우리 집사람 천성은 절대로 못 버려.' 이렇게 불평들 마시고 안 고쳐지면 안 고쳐지는 대로 살면 되지 않습니까? 각자의 마음을 넓혀보시기 바랍니다.

얼마 전 교인 한 분이 제게 이렇게 말했습니다. "목사님, 제 남편이 담배를 안 끊어요." 그래서 제가 "집사님, 마음을 넓히세요. 저도 가끔 한 대 피우고 싶을 때가 있습니다"고 했습니다. 그 유명한 설교가 찰스 스펄전 Charles Spurgeon도 골초였습니다. 물론 그때는 담배가 그렇게 몸에 해롭다는 것을 몰라서 그랬을 것입니다. 그렇다고 담배가 좋다는 말은 결코 아닙니다. 제 말을 오해하지 마십시오.

남편의 음주 문제 때문에 상담하러 온 부부가 있었습니다. 그 부인이 남편이 도무지 술을 끊지 못한다고 하면서 너무 괴로워하길래 제가 그 부인에게 말했습니다. "술집에 가서 못 먹게 가끔 집에서 남편에게 한 잔씩 따라주세요". 이 말은 결코 술이 좋다는 말이 아닙니다. 성경에서도 분명히 독주를 끊으라고 말씀하고 있습니다. 분명히 진리로, 하나님의 말씀으로 가르쳐야 합니다. 그러나 우리 모두가 은혜가 필요한 존재라는 사실을 먼저 염두에 두셔야 합니다. 당신 주위 사람들에게 마음을 넓혀 보십시오. 얼마나 자유로운지 모릅니다.

저는 요즘 저희 집사람에 대해서 마음을 넓히려고 애를 씁니다. 때가 됐는데 밥을 안 해줘도 불편한 마음을 안 갖기로 했습니다. '그냥 내가 해먹지 뭐' 하고 마음먹으면 편합니다. 신혼 초에는 어림도 없던 일입니다. 그때는 군기를 잡느라고 얼마나 어깨에 힘을 줬는지 모릅니다. 하지만 이제 주 안에서 마음을 넓혀가고 있습니다. 남편과 아내, 아니 우리 주위의 모든 사람들이 다 은혜가 필요한 존재들입니다. 이것이 우리 그리스도인의 삶의 모습이 되어야 합니다. 나이가 들면서 눈매가 점점 더 날카로워지는 사람들이 있습니다. 그런 모습은 그리스도인에게는 어울리지 않습니다. 마음을 점점 더 넓혀서 타인에 대한 눈길 역시 점점 더 부드러워져야 할 것입니다.

거룩한 삶을 살기 위해 노력하라

세 번째는, 거룩한 삶을 살도록 노력하라는 것입니다. 하나님이 거듭되는 실수에도 불구하고 아브라함을 구원하셨던 목적은 무엇이었을까요? 그로 하여금 거룩한 삶을 살게 하기 위해서입니다.

마음을 넓힌다고 해서 그냥 현재 상태에 안주해서 마음껏 죄 지으라는 이야기가 아닙니다. 우리를 향한 목적 역시 마찬가지입니다. 왜 성부 하나님이 우리를 위해 자신의 목숨을 거시면서까지 언약을 맺으셨을까요? 왜 성자 하나님이 십자가 위에서 우리를 위해 목숨을 버리셨을까요? 왜 성령 하나님이 우리를 위해 스스로 담보물이 되셨을까요? 성경은 그 이유를 이렇게 말씀하고 있습니다.

"그가 우리를 대신하여 자신을 주심은 모든 불법에서 우리를 구속하시고 우리를 깨끗하게 하사 선한 일에 열심하는 친 백성이 되게 하려 하심이니라" 딛 2:14.

하나님이 우리에게 계속해서 은혜를 베푸시는 이유, 즉 우리의 거듭된 잘못에도 불구하고 우리 곁을 떠나지 않으시고 보호하시는 이유는 바로 우리를 거룩하고 깨끗한 하나님의 친 백성으로 만들기 위함인 줄로 믿습니다. 우리의 삶 가운데 이 말씀이 가슴에 와닿아서 마음이 넓어지는 역사가 있기를 바랍니다.

16장
최후에 웃는 자가 되기 위하여

창세기 21:1-8

여호와께서 그 말씀대로 사라를 권고하셨고 여호와께서 그 말씀대로 사라에게 행하셨으므로 사라가 잉태하고 하나님의 말씀하신 기한에 미쳐 늙은 아브라함에게 아들을 낳으니 아브라함이 그 낳은 아들 곧 사라가 자기에게 낳은 아들을 이름하여 이삭이라 하였고 그 아들 이삭이 난 지 팔 일 만에 그가 하나님의 명대로 할례를 행하였더라 아브라함이 그 아들 이삭을 낳을 때에 백 세라 사라가 가로되 하나님이 나로 웃게 하시니 듣는 자가 다 나와 함께 웃으리로다 또 가로되 사라가 자식들을 젖 먹이겠다고 누가 아브라함에게 말하였으리요마는 아브라함 노경에 내가 아들을 낳았도다 하니라 아이가 자라매 젖을 떼고 이삭의 젖을 떼는 날에 아브라함이 대연을 배설하였더라.

인생에서 성공하기 위해서는 반드시 최후에 승자가 되어야 합니다. 그래서 사람들은 최후에 웃는 자가 진정한 승자라고 말합니다.

어떤 사람이 좋은 집안에서 태어나 좋은 부모를 만났습니다. 이후 학교를 졸업하고나서 좋은 가문의 처녀와 결혼을 했습니다. 훗날 그 가정이 깨어져 부부가 이혼하고 자녀들이 집을 뛰쳐나가 망나니가 되었다면, 그래서 화병으로 죽고 말았다면 그 사람의 삶이 성공한 인생이라고 할 수 있을까요? 당연히 아닙니다. 그러나 그 반대로 어려운 가정에서 출생했지만 결코 포기하지 않고 열심히 노력해서 나중에 이 사회에서 인정받는 훌륭한 지도자가 되었다면 어떻습니까? 그 사람의 인생은 비록 힘들긴 했지만 성공한 인생이라고 할 수 있습니다.

요즘 우리가 잘 아는 사람 가운데 이런 성공한 인생을 산 사람의 예를 들어보라고 하면 이명박 대통령이 아닐까 싶습니다. 제가 얼마 전에 그분이 쓴 「신화는 없다」라는 책을 읽었는데 그 책은 제게 많은 것을 생각하게 해주었습니다. 저는 그분이 그렇게 고생을 많이 한 줄 몰랐습니다. 어릴 때 밥을 너무 많이 굶어서 몸이 약해질 정도였고, 고등학교에 들어갈 때도 돈이 없어서 좋은 고등학교를 포기하고 장학금을 받는 조건으로 무명의 고등학교에 들어갔다고 합니다. 대학 4년을 새벽 4시에 일어나 리어카를 끌고 시장 청소를 하면서 다녔습니다. 그러나 그는 인생 후반에 우리나라의 대통령이 되었습니다. 그분은 책 말미에 자기가 지금 교회에서 주차 봉사를 하고 있는데 이 직분이 얼마나 귀한지 모르겠다고 써놓았습니다. 얼마나 자랑스러운 인생입니까?

이와 같이 인생에서 성공하기 위해서는 마지막에 승자가 되어야 합니다. 우리 그리스도인들이 왜 복 받은 자입니까? 우리에게는 이미 최후가 보장되어 있기 때문입니다. 우리 그리스도인에게는 이땅에서의 죽음이 결코 마지막이 아닙니다. 죽음 이후에 엄청난 세계가 우리를 기다리고 있습니다. 그러므로 인생의 진정한 문제는 죽음 이후의 세계에서 어떠한 삶을 사느냐 하는 것입니다. 성경은 죽음 이후의 세계를 보장받는 길은 오직 하나밖에 없다고 말씀합니다. 그것은 우리를 그 세계로 인도하시기 위해 오신 예수님을 믿는 것입니다. 우리를 죽음 이후의 놀라운 세계로 인도하시기 위해 하나님이 인간의 몸을 입고 이땅에 오셔서 십자가 위에서 피 흘리심으로 우리의 모든 죄를 해결해주셨습니다. 그 보혈의 공로를 믿는 자들에게는 한 가지 문제가 완벽하게 해결되는데, 그것은 사망을 이기고 최후의 승자가 되는 것입니다.

바울은 그 감격을 이렇게 노래했습니다. "사망아 너의 이기는 것이 어디 있느냐 사망아 너의 쏘는 것이 어디 있느냐 사망의 쏘는 것은 죄요 죄의 권능은 율법이라 우리 주 예수 그리스도로 말미암아 우리에게 이김을 주시는 하나님께 감사하노니 그러므로 내 사랑하는 형제들아 견고하며 흔들리지 말며 항상 주의 일에 더욱 힘쓰는 자들이 되라 이는 너희 수고가 주 안에서 헛되지 않은 줄을 앎이니라" 고전 15:55-58.

이제 우리는 그분의 희생과 공로로 말미암아 사망을 이기고 최후의 승리를 보장받았습니다. 우리는 이땅에서 실패할 수도 있습니다. 병들 수도 있고, 연약해서 죄를 지을 수도 있습니다. 노력해도 가난하게 살 수 있습니다. 그러나 한 가지 사실만은 기억해야 합니다. 우리의 최후는 승리입니다. 내 공로가 아니라 하나님이 인간의 몸을 입고 이땅에 오셔서 십자가 위에서 우리의 모든 문제를 해결하셨기 때문에, 우리를 구원할 그분이 이미 승리하셨기 때문에 우리는 이미 최후의 승자가 된 줄 믿으시기 바랍니다.

우리는 삶의 마지막 관문인 죽음 이후의 세계에서도 승리할 것입니다. 그러나 여기서 그치지 말고 한 가지 사실을 더 기억해야 합니다. 그것은 성경이 내세의 승리만을 이야기하고 있지 않다는 것입니다. 성경은 우리에게 내세에 대한 승리를 말하는 동시에 우리가 이땅에 사는 동안에도 최후의 승자가 되어야 한다고 말씀합니다.

본문을 보면 최후에 웃는 이들이 등장합니다. 그들은 바로 아브라함과 사라입니다. "사라가 가로되 하나님이 나로 웃게 하시니 듣는 자가 다 나와 함께 웃으리로다" 창 21:6. 사라는 1년 전에도 웃었습니다. 하지만 그때의 웃음은 '하나님이 내년 이맘때에 내가 아들을 낳을 거라고 하시는데 과연 그런 일이 있을 수 있을까?' 하는 미심쩍은 웃음이었습니다. 그러나 여기서의 웃음은 어떤 웃음입니까? 감격의 웃음입니다. 그래서 사라가 이렇게 표현했습니다. "하나님은 나를 웃게 하시는 분이야."

아브라함과 사라는 그 동안 힘든 삶을 살아왔습니다. 그들은 인생의 중반에 갑자기 하나님의 부름을 받고서 행선지도 모른 채 고향 본토 친척 집을 떠났습니다. 그후로 낯선 곳을 전전해야 했던 그들의 삶이 얼마나 힘들었을까요? 때로 주위 사람들의 공격으로 인해, 때로 자신들의 실수로 인해 그들의 인생에는 수많은 고난과 어려움들이 기다리고 있었습니다. 그러나 성경은 아브라함과 사라가 하나님의 약속을 받은 지 25년 만에, 아브라함의 나이 백세가 되었을 때 마침내 웃었다고 말씀합니다. 그런 의미에서 이 본문은 무척 중요합니다. 비록 수많은 실수를 하고, 고생을 하고, 죄를 지었지만 아브라함과 사라는 그 인생의 마지막에 웃을 수 있었습니다. 그들은 최후에 승자가 된 것입니다.

이것이 바로 아브라함의 삶뿐만 아니라 우리 그리스도인의 삶이 되어야 합니다. 이미 말한 바 있지만 '이삭'이라는 단어는 '웃음'이라는 뜻입니다. 아들의 이름을 부르면서 아브라함의 얼굴에 드리웠을 웃음을 한번 상상해보십시오.

저도 제 인생의 말년에는 이렇게 살고 싶습니다. 저는 저희 할아버지를 통해서 이렇게 사는 것이 가능하다는 것을 알게 되었습니다. 여든 살에 목회에서 물러나셔서 6년을 더 사셨는데 하나님의 은혜로 얼마나 감동적으로 사셨는지 모릅니다. 할아버지가 은퇴하고나서 제일 힘들어하신 일은 설교를 못 하시는 것이었습니다. 그래서 설교를 하고 싶으시면 저를 부르셔서 앉혀놓으시고는 두 시간 동안 부흥회를 하시곤 했습니다. 그 자리가 얼마나 은혜로웠는지 모릅니다. 이처럼 우리 그리스도인들은 최후에 승자가 되어야 합니다.

그러면 우리가 어떻게 살아야 죽음 이후의 삶뿐만 아니라 이땅에서도 최후의 승자가 될 수 있을까요?

약속의 말씀을 믿고 기다리라

먼저 우리가 진정한 최후의 승자가 되기 위해서는 하나님의 약속의 말씀을 믿고 기다릴 수 있어야 합니다. 성경이 우리에게 그토록 중요한 이유는 기록된 말씀이 모두 실현 가능하기 때문입니다.

예수님은 마태복음 5장 18절에서 이렇게 말씀하셨습니다. "진실로 너희에게 이르노니 천지가 없어지기 전에는 율법의 일점 일획이라도 반드시 없어지지 아니하고 다 이루리라." 여기서 일점 일획이 무엇인지 아십니까? 그것은 글자는커녕 점 하나, 획 하나까지 땅에 떨어지지 아니하고 그대로 이루어질 것이라는 뜻입니다.

성경에는 수많은 예언이 있는데 그중에서 많은 예언이 이미 성취되었습니다. 성경의 예언이 왜 그대로 이루어집니까? 그것은 성경이 하나님의 말씀이기 때문입니다. 우리가 성경을 신뢰해야 할 이유 중에서 이것보다 더 분명한 것은 없습니다. 신실한 한 사람의 말에도 무게가 있는 법인데 하물며 하나님이 인간의 몸을 입고 오셔서 이땅에서 전해주신 말씀이야 오죽하겠습니까?

얼마 전 저희 교회에서 사용하는 큐티지에서 아합에 관한 내용을 다루었습니다. 아합이 아람 왕에게 영토를 빼앗겼습니다. 그래서 그 땅을 되찾기 위해 전쟁을 하려고 하는데 그 전에 선지자들에게 물어보는 것이 좋겠다 싶어서 선지자 400명을 모아놓고 묻습니다. 이미 아합 왕의 마음을 알고 있었던 가짜 선지자들은 한결같이 "올라가소서. 주의 뜻입니다"고 말합니다.

그런데 아합과 동맹을 맺고 있던 유다 왕 여호사밧이 한 사람에게 더 물어보자고 해서 데려온 사람이 미가야입니다. 아합은 평소에 미가야를 싫어했습니다. 그래서 미가야를 데리러 간 사자들이 도중에 미가야에게 왕이 왜 부르는지를 설명해주고서는 어차피 사백 대 일이니까 왕의 기분이나 좋게 해주라고 말합니다.

하지만 미가야는 "나는 여호와께서 하신 말씀 외에는 결코 전하지 아니하리라"고 말하면서 아합 앞에서 "당신이 전쟁에 올라가면 그 전쟁에서 패하고 죽을 것이오"라고 선포합니다. 이에 아합이 노해서 미가야를 감옥에 가둬놓고는 전쟁을 하러 갑니다. 그래도 미가야가 신령한 건 알아서 그 말을 다 무시하지는 못했습니다. 그래서 여호사밧에게 왕복을 입히고 아합 자신은 군사의 복장으로 변장을 하고 전쟁에 나갔습니다. 아람 왕이 다른 사람은 신경 쓰지 말고 이스라엘 왕만 잡아 죽이라고 해서 아람 군사들이 왕복을 입은 사람을 쫓아가 보니까 아합이 아니었습니다.

그런데 전쟁이 거의 끝날 즈음에 아람 군사 한 명이 쏜 화살이, 특별히 아합을 겨누고 쏜 것도 아닌데 변장한 아합에게 가서 맞았습니다. 그 화살이 하필이면 갑옷과 갑옷 사이의 이음새를 뚫고 들어가는 바람에 아합은 그 자리에서 죽고 맙니다.

이 기사가 무엇을 뜻합니까? 바로 하나님의 말씀은 그대로 이루어진다는 것입니다. 또 한 가지 감사한 것은 하나님의 말씀만 그대로 이루어지는 것이 아니라 축복의 말씀도 그대로 이루어진다는 것입니다.

학자들에 의하면 성경에는 8만 가지 이상의 약속이 기록되어 있다고 합니다. 우리가 말씀을 읽지 않고 어떻게 약속을 받을 수 있겠습니까? 하나님께 약속을 받아보십시오. 그리고 그 약속의 말씀을 붙드십시오. 성령이 당신에게 주신 약속의 말씀이 있다면 그 말씀을 끝까지 신뢰하기 바랍니다.

아브라함도 하나님의 약속의 말씀을 받고나서 25년의 세월을 인내하면서 기다렸습니다. 문제는 하나님의 말씀이 이루어지느냐, 이루어지지 않느냐가 아닙니다. 약속은 반드시 이루어집니다. 그러면 무엇이 문제입니까? 약속이 이루어지기까지는 시간이 걸린다는 것입니다. 왜 많은 사람들이 기도를 하면서 낙담합니까? 하나님의 때를 기다리지 못하기 때문입니다. 하나님의 약속은 그분의 때에 이루어지는데 우리가 조급해서 그 때까지 기다리지 못하는 데 문제가 있는 것입니다.

그래서 영국의 위대한 설교자 F. B. 마이어 F.B. Meyer 는 하나님의 때에 대해 이렇게 말했습니다. "하나님은 자신이 정한 때를 가지고 계신다. 우리는 그것을 알게 되어 있지 않고, 또 알 수도 없다. 우리는 그 시간이 오도록 기다려야 할 따름이다. 만약에 하나님이 하란에 있던 아브라함에게 약속의 자녀를 품에 안기까지 25년을 기다려야 한다고 미리 말씀했더라면 그는 아마도 낙담했을 것이다. 따라서 그분의 은혜로운 사랑 가운데서 그 필요한 세월의 길이가 감춰졌던 것이다. 그러므로 기다리는 자들이여, 용기를 내라. 당신은 당신을 실망시킬 수 없는 이를 기다리고 있다. 당신은 정해진 시간보다 5분도 늦지 않으실 그분을 기다리고 있는 것이

다. 머지않아 당신의 슬픔은 기쁨으로 변하게 될 것이다."

지금 당신은 무엇을 기다리고 있습니까? 수년째 기도하고 있는 가족의 구원입니까? 끝날 것 같지 않은 경제적 어려움입니까? 도저히 변할 것 같지 않은 배우자의 변화입니까? 아니면 자신의 성숙입니까? 그 모든 것이 이루어지지 않아 답답해하고 있습니까? 걱정하지 마십시오. 하나님은 당신의 때를 기다리고 계십니다. 하나님의 기한이 오면 사라를 권고하시던 그분이 당신을 권고하실 것입니다. 그 약속을 믿고 우리는 기다려야 합니다.

저는 설교를 준비할 때 월요일부터 수요일까지는 아무 주석도 보지 않고 본문만 읽고, 또 읽고, 묵상합니다. 그렇게 하다보면 하나님이 저에게 많은 말씀을 주십니다. 본문의 1-2절 말씀에서 제 눈에 들어온 것은 다음 구절이었습니다. "여호와께서 그 말씀대로 사라를 권고하셨고 여호와께서 그 말씀대로 사라에게 행하셨으므로 사라가 잉태하고 하나님의 말씀하신 기한에 미쳐 늙은 아브라함에게 아들을 낳으니."

할렐루야! 하나님의 말씀은 이루어집니다. 하나님의 약속을 받으십시오. 그것을 붙들고 인내로 기다리십시오. 아브라함은 다 틀렸다고 생각했습니다. 자기 나이가 100세이고 아내는 90세인데 이제 더 이상 아이를 가질 수 없다고 생각했습니다. 그러나 하나님의 약속은 변치 않습니다. 우리가 최후에 승자가 되기 위해서는 하나님의 약속의 말씀을 믿고 기다릴 줄 알아야 합니다.

순종하는 삶을 살라

두 번째로, 순종하는 삶을 사는 것입니다. 하나님의 약속이 이루어져서 아들이 태어났을 때 아브라함이 제일 먼저 한 일이 무엇입니까? 온 동네방네 다니며 광고하고, 전화하고, 잔치를 벌였습니까? 물론 아브라함이 잔치를 벌이기는 했습니다. 그러나 그것이 아브라함이 첫 번째로 한 일은 아닙니다.

본문을 보면 아브라함은 아들이 태어나자마자 그토록 기다렸던 아들인데도 기쁨을 뒤로하고 하나님이 명하신 두 가지 일에 순종했습니다. 하나는, 하나님의 명령에 따라 아들의 이름을 이삭이라고 지은 것이고, 또 하나는 이삭이 태어난 지 정확하게 8일 만에 할례를 행한 것입니다.

이것이 당신의 경우라고 생각해보십시오. 태어난 지 8일 된 귀한 아들에게 할례를 행해야 합니다. 마취제도 없고, 수술용 메스도 없고, 병원도 없던 시절이었습니다. 지금처럼 좋은 의료 기관에서 수술을 받아도 며칠 동안 제대로 걷지도 못하고 고통스러운데 그 당시야 오죽했겠습니까? 게다가 할례를 행하다가 혹시 실수라도 하면 어떡합니까? 이렇게 생각하면 걱정거리가 한두 가지가 아닙니다. 그러나 아브라함은 아이가 태어나자마자 다른 모든 것을 제쳐두고 할례를 행했다고 말씀합니다. 약속이 성취되고나서 아브라함은 더 열심 있는, 더 순수한 순종을 한 것입니다. 이것이 중요합니다. 이것이 바로 최후 승자가 될 수 있는 비결입니다.

제가 목회를 하면서 성도들에게 언제 위기가 닥치는지 오랫동안 살펴봤더니 신기하게도 어려울 때보다는 그 어려운 시기가 지나고나서였습니다. 어려울 때는 기도도 열심히 합니다. 정말 가슴에서 우러나오는 간절함으로 하나님을 찾습니다. 교회에서 봉사도 열심히 합니다. 그런데 어느 날 기도 제목들이 다 이루어져서 형편이 좀 나아지면 마음이 느슨해집니다. 누군가에게 자기의 성공을 자랑하고 싶어지고, 자기도 모르게 마음이 교만해져서 옛날같지가 않습니다. 주위 사람을 대하는 것이나 목사를 대하는 태도가 이전과는 많이 다릅니다. 이런 모습을 볼 때 제 마음이 얼마나 아픈지 모릅니다. 하나님이 그런 모습을 보고 가만 계시지 않을 것이 뻔하기 때문입니다. 결국은 물질을 다 잃고 다시금 나락으로 떨어져서 실패에 몸부림치는 모습을 자주 보게 됩니다.

아브라함을 보십시오. 100세에 아들을 낳았으니 얼마나 기뻤겠습니까? 동네 사람들을 불러다가 그 기쁨을 축하하고 싶은 마음이 얼마나 간절했겠습니까? 하지만 그는 먼저 하나님의 말씀에 순종했습니다.

당신은 하나님의 복을 받은 존재입니까? 그렇다면 당신 자신을 살펴보십시오. 하나님이 지난 몇 년 간 당신의 기도에 얼마나 신실하게 응답하셨는지, 그래서 얼마나 많은 축복을 내리셨는지 되돌아보십시오. 그리고 축복을 받은 이후 당신의 삶이 어떻게 변했는지도 점검해보십시오. 전보다 더 겸손하고, 더 순종하고, 더 헌신합니까? 아니면 축복 그 자체에만 빠져서 어느 순간 주님 곁을 떠나 멀찍이 뒤따라가고 있지는 않습니까? 수많은 사람들이 그렇게 잘못된 길로 가고 있습니다. 어리석은 짓입니다. 결국 실패자로 전락할 수밖에 없습니다.

아브라함과 같이 최후의 승자가 되기를 원합니까? 그렇다면 하나님의 말씀이 이루어졌을 때 더욱 순종하는 삶을 살기 바랍니다. 하나님이 복을 주시면 주실수록 더 많이 드리고, 더 많이 헌신하고, 더 많은 사람들을 섬길 수 있는 겸손함이 우리에게 있어야 합니다.

삶의 위기를 극복하라

세 번째로, 최후의 승자가 되기 위해서는 삶의 위기를 잘 극복해야 합니다. 하나님의 약속이 성취된 후에 아브라함 가정의 모든 문제가 사라졌습니까? 본문을 보면 또 다른 문제가 찾아옵니다. 그것도 누구 한 사람만의 문제가 아니라 사라와 이삭, 하갈과 이스마엘 사이에 문제가 생겼고 그 중간에서 아브라함은 이중의 고통을 당하게 됩니다.

그러면 사라와 이삭에게 닥쳐온 위기는 무엇입니까? 이삭이 커가는데 이스마엘이 자꾸 이삭을 괴롭힙니다. 아이들끼리는 그런 일이 흔히 있지 않습니까? 그런데 이삭이 사라에게 얼마나 귀중한 아들입니까? 그 귀한 아들이 첩의 자식한테 놀림을 당하고 괴롭힘당하는 것을 사라는 도저히 참고 봐줄 수가 없었습니다. 그래서 애들 싸움이 어른 싸움이 된다고 사라가 처음에는 하갈에게 따지다가 결국에는 아브라함에게 가서 이스마엘과 하갈을 쫓아내라고 억지를 부리게 됩니다. 이 와중에 두 사람 사이에 낀 아브라함은 심각하게 고민을 합니다. 어쨌든 둘 다 자기 자식이고 하갈 역시 자신의 아이를 낳아준 여자인데 냉정하게 내칠 수가 없지 않습니까?

아브라함이 고민하고 있는데 하나님이 찾아오셔서 이렇게 말씀하십니다. "네 아이나 네 여종을 위하여 근심치 말고 사라가 네게 이른 말을 다 들으라 이삭에게서 나는 자라야 네 씨라 칭할 것임이니라" 창 21:12 . 이렇게 해서 아브라함은 하갈과 이스마엘을 떠나보냅니다.

그렇다면 하갈과 이스마엘은 이 위기를 어떻게 넘겼을까요? 떡과 물 한 포대를 가지고 광야로 떠났는데 중도에 그만 길을 잃어버리고 맙니다. 이제 물도 다 떨어져서 어린 이스마엘이 목이 말라 죽어갑니다. 하갈이 얼마나 가슴 아팠을까요? 그래서 차마 자기 아들이 목말라 죽어가는 모습을 두고 볼 수가 없어서 화살 사정거리 정도 되는 곳에 가서 통곡하며 하나님을 향해 웁니다. 그 소리를 들으신 하나님이 하나님의 사자로 하여금 하갈을 위로하게 하십니다. "하갈아 무슨 일이냐 두려워 말라 하나님이 저기 있는 아이의 소리를 들으셨나니 일어나 아이를 일으켜 네 손으로 붙들라 그로 큰 민족을 이루게 하리라 하시니라" 창 21:17 하-18 . 그리고 하갈의 눈을 열어 샘물이 어디 있는가를 보여주시고 그들을 인도해 주셨습니다.

우리 인생에서는 어려움이 끊이지 않습니다. 아무리 하나님 앞에서 헌신된 삶을 살더라도 위기를 만나게 됩니다. 그 위기 앞에서 우리는 얼마나 연약한 존재인지 모릅니다. 어느 날 아침 걸려온 전화 한 통으로도 우리 삶이 산산조각나버릴 수 있습니다. 우리가 누리고 있는 행복이라는 것이 얼마나 일시적이고 깨어지기 쉬운 것인지 모릅니다.

아프가니스탄에서 탈레반에 인질로 잡혀 있다가 돌아온 분들을 생각해보십시오. 그분들이 선교 여행을 떠날 때 누가 그렇게 되리라고 상상이나 했겠습니까? 선교 여행을 떠나는 자녀들을 보며 그 부모님들은 얼마나 뿌듯해했을까요? 그런데 어느 날 걸려온 한 통의 전화가 그들 21명 가족의 인생을 송두리째 바꾸어놓았습니다. 그 가족들이 50일 넘는 기간 동안 얼마나 불안하고 힘들었겠습니까? 게다가 돌아오지 못한 두 분의 가족들이 당한 고통과 슬픔은 어떻게 헤아릴 수 있겠습니까? 이것이 바로 우리의 인생입니다.

이렇듯 우리 인생에는 언제든지 위기가 닥칠 수 있습니다. 밖에서 어려움이 오든, 관계에서 어려움이 오든, 어느 날 내 마음이 허전해지든, 사탄이 공격하든, 어느 때에라도 우리에게는 위기가 닥칠 수 있습니다. 그러면 이런 위기를 어떻게 해결해야 합니까? 본문에서는 아브라함의 이중고를 하나님이 해결하셨다고 말씀하고 있습니다. 하나님이 고민하고 있는 아브라함에게 찾아오셔서 말씀해주셨고, 통곡하고 있는 하갈에게 오셔서 위로하시고 길을 열어주셨습니다.

인생의 위기에서 헤어나오고 싶습니까? 그렇다면 하나님을 신뢰하십시오. 우리에게 위기가 닥쳤을 때 하나님은 가장 가까운 곳에 와 계십니다. 우리가 약속의 말씀을 믿고, 기다리고, 약속의 말씀이 이루어졌을 때 하나님 앞에 더 순종하고, 인생의 위기에서 하나님을 의지함으로 그 위기를 극복한다면 우리 역시 아브라함처럼 최후에 승자가 될 수 있습니다.

미국에 있을 때 인디애나에서 열린 한 집회에 참석한 적이 있는데 저는 그때 그 순간을 아직도 잊을 수가 없습니다. 수만 명의 사람들이 모인 대부흥회였는데 제가 그곳에서 은혜를 받은 것은 설교가 아니라 찬양 때문이었습니다. 마지막 날 말씀이 끝나고 마지막 찬양을 하는데 연세가

지긋한 장애인 두 분이 무대 위로 등장하셨습니다. 두 분 다 태어나면서부터 평생 휠체어에서 사셨던 분들인데 자신들이 예수 안에서 어떻게 승리했는지를 간증하면서 찬양을 하는데 뭐라고 형언할 수 없는 감동이 밀려왔습니다. 그분들이 부른 찬양의 가사는 이렇습니다.

"예수 안에 승리, 예수 안에 승리, 형제여 일어나 주 찬송하여라. 예수 승리."

예수 안에 승리가 있는 줄 믿으십니까? 언젠가 그 주님이 다시 오십니다. 그리고 그때 우리는 주 앞에서 자랑스러운 면류관을 쓰게 될 것입니다. 하나님 앞에서 최후의 승자가 될 것을 다짐하십시오.

17장

모리아
– 순종의 길

창세기 22:1–14

그 일 후에 하나님이 아브라함을 시험하시려고 그를 부르시되 아브라함아 하시니 그가 가로되 내가 여기 있나이다 여호와께서 가라사대 네 아들 네 사랑하는 독자 이삭을 데리고 모리아 땅으로 가서 내가 네게 지시하는 한 산 거기서 그를 번제로 드리라 아브라함이 아침에 일찌기 일어나 나귀에 안장을 지우고 두 사환과 그 아들 이삭을 데리고 번제에 쓸 나무를 쪼개어 가지고 떠나 하나님의 자기에게 지시하시는 곳으로 가더니 제 삼 일에 아브라함이 눈을 들어 그곳을 멀리 바라본지라 이에 아브라함이 사환에게 이르되 너희는 나귀와 함께 여기서 기다리라 내가 아이와 함께 저기 가서 경배하고 너희에게로 돌아오리라 하고 아브라함이 이에 번제 나무를 취하여 그 아들 이삭에게 지우고 자기는 불과 칼을 손에 들고 두 사람이 동행하더니 이삭이 그 아비 아브라함에게 말하여 가로되 내 아버지여 하니 그가 가로되 내 아들아 내가 여기 있노라 이삭이 가로되 불과 나무는 있거니와 번제할 어린 양은 어디 있나이까 아브라함이 가로되 아들아 번제할 어린 양은 하나님이 자기를 위하여 친히 준비하시리라 하고 두 사람이 함께 나아가서 하나님이 그에게 지시하신 곳에 이른지라 이에 아브라함이 그곳에 단을 쌓고 나무를 벌여놓고 그 아들 이삭을 결박하여 단 나무 위에 놓고 손을 내밀어 칼을 잡고 그 아들을 잡으려 하더니 여호와의 사자가 하늘에서부터 그를 불러 가라사대 아브라함아 아브라함아 하시는지라 아브라함이 가로되 내가 여기 있나이다 하매 사자가 가라사대 그 아이에게 네 손을 대지 말라 아무 일도 그에게 하지 말라 네가 네 아들 네 독자라도 내게 아끼지 아니하였으니 내가 이제야 네가 하나님을 경외하는 줄을 아노라 아브라함이 눈을 들어 살펴본즉 한 수양이 뒤에 있는데 뿔이 수풀에 걸렸는지라 아브라함이 가서 그 수양을 가져다가 아들을 대신하여 번제로 드렸더라 아브라함이 그 땅 이름을 여호와이레라 하였으므로 오늘까지 사람들이 이르기를 여호와의 산에서 준비되리라 하더라.

하나님은 때로 우리의 믿음을 시험하십니다. "그 일 후에 하나님이 아브라함을 시험하시려고 그를 부르시되 아브라함아 하시니 그가 가로되 내가 여기 있나이다"창 22:1. 그런데 이 말씀이 우리에게 의아스러운 이유는 신약 성경의 한 구절 때문입니다. "사람이 시험을 받을 때에 내가 하나님께 시험을 받는다 하지 말지니 하나님은 악에게 시험을 받지도 아니하시고 친히 아무도 시험하지 아니하시느니라 오직 각 사람이 시험을 받는 것은 자기 욕심에 끌려 미혹됨이니"약 1:13-14.

분명히 성경은 하나님이 친히 아무도 시험하시지 않는다고 했는데 왜 창세기 22장에서는 하나님이 아브라함을 불러 시험하시는 것일까요?

야고보서에 나오는 '시험'이라는 단어와 창세기 22장에 나오는 '시험'이라는 단어는 그 뜻이 각기 다릅니다. 야고보서에 나오는 '시험'은 우리말로 번역하면 '유혹'이라는 뜻입니다. 하나님은 우리를 악에 빠뜨리시기 위해 유혹하지 않으신다는 말입니다. 그렇다면 왜 우리가 유혹을 받습니까? 하나님이 우리를 시험하시려고 유혹해서가 아니라 우리 욕심에 이끌려서 죄를 짓는 것입니다. 그러나 하나님은 여전히 우리를 시험하십니다. 그렇다면 이 시험은 어떤 시험일까요? 바로 연단입니다.

교사는 학생들에게 시험을 치게 합니다. 학생들을 유혹해서 죄에 빠 뜨리기 위해서입니까? 그것은 학생들의 성적을 향상시키기 위해서입니다. 하나님도 마찬가지십니다. 하나님은 우리의 믿음을 성장시키기 위해 때로 우리를 시험하십니다. 모든 시험에는 다 내용이 있습니다. 영어 시험, 수학 시험, 국사 시험 등 다 내용이 다르지 않습니까? 그렇다면 오늘 창세기 22장에서 하나님이 아브라함을 시험하신 내용은 과연 무엇일까요? 그것은 바로 순종입니다.

순종과 믿음

성경은 순종을 몹시 강조합니다. 우리가 순종으로 구원을 얻는 것은 아니지만 순종으로 우리의 믿음이 진짜인지 아닌지는 검증해볼 수 있습니다. 믿음은 어떻게 자랄까요? 오직 순종을 통해서 자랍니다. 순종이 없는 믿음은 가짜입니다. 하나님을 진실로 믿고, 진실로 사랑하는 자는 하나님의 말씀에 순종하고, 그를 위해 모든 것을 헌신하는 자라고 성경은 말씀합니다.

그래서 야고보 사도는 이렇게 말했습니다. "아아 허탄한 사람아 행함이 없는 믿음이 헛것인 줄 알고자 하느냐 우리 조상 아브라함이 그 아들 이삭을 제단에 드릴 때에 행함으로 의롭다 하심을 받은 것이 아니냐 네가 보거니와 믿음이 그의 행함과 함께 일하고 행함으로 믿음이 온전케 되었느니라" 약 2:20-22. 순종이 있어야 그 믿음이 진짜입니다.

그런데 오늘 하나님이 아브라함에게 주신 시험의 내용은 너무나 어렵고 충격적인 것입니다. 하나님이 주신 시험 문제는 애매하지 않고 분명합니다. "여호와께서 가라사대 네 아들 네 사랑하는 독자 이삭을 데리고 모리아 땅으로 가서 내가 네게 지시하는 한 산 거기서 그를 번제로 드리라"창 22:2.

이 무슨 청천벽력 같은 소리입니까? 그러나 그 말씀을 들은 아브라함은 다음 날 아침 일찍 일어나 나무를 준비하고 이삭과 두 사환을 데리고 하나님이 지시하신 산으로 출발합니다. 그 길은 사흘이나 걸리는 아주 먼 여정입니다. 그 사흘 길을 걸어가는 동안 아브라함의 마음이 얼마나 괴로웠을까 한번 상상해보십시오. 이런저런 생각으로 얼마나 심란했을까요?

사흘 뒤에 저 멀리 하나님이 지시하신 산 모리아가 보입니다. 그곳에서 아브라함은 사환들에게 이렇게 말합니다. "너희는 나귀와 함께 여기서 기다리라 내가 아이와 함께 저기 가서 경배하고 너희에게로 돌아오리라"창 22:5. 아브라함이 무슨 의도로 이런 말을 했을까요? 사환들에게 지금 자기가 하는 일을 숨기기 위해서일까요? 물론 그럴 가능성도 있습니다. 아니면 아브라함에게 어떤 분명한 확신이 있었을까요? 본문에는 나타나지 않지만 히브리서 11장을 보면 이에 대한 해답이 나옵니다.

"아브라함은 시험을 받을 때에 믿음으로 이삭을 드렸으니 저는 약속을 받은 자로되 그 독생자를 드렸느니라 저에게 이미 말씀하시기를 네 자손이라 칭할 자는 이삭으로 말미암으리라 하셨으니 저가 하나님이 능히 죽은 자 가운데서 다시 살리실 줄로 생각한지라 비유컨대 죽은 자 가운데서 도로 받은 것이니라" 히 11:17-19.

아브라함이 사환들에게 했던 말은 자신이 하는 일을 감추기 위해서 한 것이 아니었습니다. 분명히 알 수는 없지만 아브라함의 마음속에는 믿음이 있었습니다. '하나님이 어떻게 그렇게 잔혹한 명령을 하실 수 있는가? 여기에는 분명히 어떤 뜻이 있을 것이다' 라는 믿음이 있었기 때문에 순종할 수 있었던 것입니다. 순종과 믿음은 언제나 같이 가는 법입니다. 우리가 왜 순종하지 못합니까? 그 이유는 단 하나입니다. 우리에게 믿음이 없기 때문입니다. '하나님 말씀대로 살아서 과연 성공할 수 있을까' 하는 생각과 의심 때문에 우리는 순종하지 못합니다. 믿음이 순종을 낳고 순종이 믿음을 성장시킵니다.

아브라함과 이삭이 산에 올라가는데 불쑥 이삭이 질문을 던집니다. "불과 나무는 있거니와 번제할 어린 양은 어디 있나이까?" 창 22:7 하. 너무나 정곡을 찌르는 질문이었습니다. 이때 아브라함은 이렇게 대답합니다. "번제할 어린 양은 하나님이 자기를 위하여 친히 준비하시리라" 창 22:8. 물론 이삭에게 자신의 마음을 감추고 싶어서 둘러댄 것도 있지만 아브라함의 마음속에는 어떤 믿음이 있었던 것 같습니다.

마침내 산에 올라가서 이삭을 결박하여 제단에 올려놓고 칼을 들어 그를 잡으려 하는데 하나님이 아브라함을 부르십니다. 얼마나 급하셨던지 "아브라함아, 아브라함아" 두 번이나 부르셨습니다. 그리고 말씀하십니다. "그 아이에게 네 손을 대지 말라 아무 일도 그에게 하지 말라 네가 네 아들 네 독자라도 내게 아끼지 아니하였으니 내가 이제야 네가 하나님을 경외하는 줄을 아노라" 창 22:12. 그리고 뒤를 돌아보니 양 한 마리가 수풀에 걸려 있습니다. 그래서 그 양을 가져다가 번제를 드렸습니다.

순종 – 외로움과 불확실의 길

본문은 특별히 순종의 대가와 축복에 대해 많은 것들을 이야기합니다. 그러므로 본문은 반복해서 깊이 있게 묵상해야 합니다. 저는 본문 말씀을 통해 하나님이 말씀하시는 순종이 얼마나 어려우며, 우리가 온전한 순종을 하기 위해서는 어떤 대가를 치러야 하는지 그리고 하나님 앞에 순종했을 때 우리가 어떤 축복을 받을 수 있는가에 대해서 살펴보고자 합니다.

순종은 거저 되는 것이 아닙니다. 순종에는 반드시 대가가 따릅니다. 본문을 보니 먼저 순종은 '외로운 길' 이라고 말씀합니다. 하나님 앞에 순종하기를 원합니까? 그렇다면 외로운 골짜기를 지나야 합니다. 아브라함이 하나님으로부터 이삭을 바치라는 말씀을 들은 후에 한 행동을 보십시오. 그는 누구에게도 그 말을 하지 않았습니다. 아브라함의 마음이 얼마나 답답했을까요? 만약 아브라함이 아내 사라에게 이 사실을 털어놓고 상의를 했다고 합시다. "여보, 하나님이 이삭을 번제로 바치라고 하셨어." 그러면 사라가 어떻게 말했을까요? "여보, 하나님의 말씀이니 순종해야 하지 않겠어요?" 아마 이렇게 말하지는 않았을 것입니다. 세상 어떤 어머니가 이렇게 말할 수 있겠습니까? 그러니 아브라함이 얼마나 외로웠겠습니까? 그 누구에게도 밝힐 수 없는 고통 때문에 정말 힘들었을 것입니다.

제가 살아오면서 깨달은 점 하나는 하나님이 우리에게 무엇인가를 말씀하시면 다른 사람과 상의할 필요가 없습니다. 그런데도 우리가 상의를 하는 이유는 하나님의 말씀에 순종하기 싫어서입니다. 자기 이야기를 듣는 누군가가 반대해주기를 원하기 때문에 상의를 하는 것이지, 굳이 신앙적인 조언을 필요로 해서가 아닙니다. 하나님이 내게 말씀하시면 그냥 순종하면 되지 무슨 말이 필요하겠습니까? 아브라함은 그렇게 했습니다. 외로움의 길을 홀로 걸어갔습니다. 그는 갈대아 우르에서 하나님이 떠나라고 하셨을 때에도 누구와도 상의하지 않고 그 외로움의 길을 떠났습니다, 하지만 이번에는 그때보다 몇 배 더 힘든 결정을 내려야만 합니다. 모리아 땅까지 가는 사흘 동안, 아브라함은 얼마나 힘들고 외로웠을까요? 그러나 그는 자신의 짐을 묵묵히 지고 갔습니다.

순종의 길은 하나님 앞에서 내가 결정해야 할 외로운 결단입니다. 하나님이 당신에게 뭔가를 깨우쳐주셨습니까? 그렇다면 사람과 상의하지 말고 그저 순종하시기를 바랍니다. 외롭더라도 그 짐을 지고 홀로 걸어가십시오.

순종은 외로움의 길일 뿐만 아니라 불확실의 길이기도 합니다. 하나님은 우리에게 순종을 요구하실 때 앞으로의 일을 미리 보여주시면서 순종을 요구하지 않으십니다. 아브라함에게 본토 아비 친척 집을 떠나라고 하실 때도 목적지를 가르쳐주지 않으셨습니다.

본문을 보면 구체적으로 어느 산인지도 가르쳐주지 않으시고 그저 "내가 네게 지시하는 한 산 거기서 그를 번제로 드리라"고만 말씀하셨습니다. 우리말로는 '내가 네게 지시하는 산'으로 되어 있지만 '내가 네게 지시할 산'이 정확한 번역입니다. 결국 "일단 네가 길을 떠나면 그때서야 구체적으로 방향을 알려주겠다"는 말씀입니다.

게다가 양을 미리 준비해놓으셨다는 말은 더더욱 하지 않은 채로, 그냥 이삭을 바치라고만 말씀하십니다. 아무런 대안과 계획도 알려주시지 않은 채로 말입니다. 결과를 미리 알고서 행하는 것은 순종이 아닙니다. 그러면 하나님은 왜 그렇게 하실까요? 모든 상황이 불확실할 때 비로소 하나님만이 확실해지기 때문입니다. 즉, 환경을 보지 말고 하나님 한 분만 바라보고 순종하라는 것입니다. 결과를 계산하지 않고 하나님만 보고 행하는 것, 그것이 바로 믿음입니다. 그것이 순종입니다. 그러므로 순종은 오직 믿음으로만 갈 수 있는 길입니다. 아무나 갈 수 있는 길이 아닙니다.

아비라면 도저히 받아들일 수 없는 명령에 아브라함이 어떻게 순종할 수 있었습니까? 오직 믿음으로 가능했습니다. 두 사환에게 "우리가 경배하고 돌아올 것이다"라고 담담하게 얘기하며 "번제할 어린 양은 어디 있습니까?"라는 이삭의 질문에 "하나님이 친히 예비하실 것이다"라고 대답한 아브라함처럼 하나님에 대한 절대적인 신뢰, 그분의 선하심을 절대적으로 믿는 자만이 온전한 순종의 삶을 살 수 있습니다.

하지만 우리가 순종의 길을 간다고 해서 항상 평안하기만 한 것은 아닙니다. 근심이 있을 수 있습니다. 미래에 대한 불확실성 때문에 불안할 수도 있습니다. 우리가 이러한 고통의 과정을 건너서야 비로소 순종의 열매를 맛볼 수 있습니다. 순종은 외롭고 불확실할 뿐만 아니라 고통스럽습니다.

아브라함이 느꼈을 마음의 고통을 한번 상상해보십시오. 얼마나 두렵고 외로웠을까요? 이삭은 자신의 꿈이요, 비전이자 그의 존재 이유였습니다. 이삭은 무려 백세에 낳은 아들, 그토록 오래 기다려서 낳은 아들, 그의 모든 것을 주고서라도 바꿀 수 없는 귀한 아들입니다. 그런데 지금 하나님은 그 아들을 바치라고 하십니다. 아마 다른 것을 바치라고 하셨으면 억만금이라도 기꺼이 바쳤을 것입니다. 그러나 이삭만은 그럴 수 없었습니다. 순종이 어려운 이유가 바로 여기에 있습니다. 하나님은 언제나 우리의 가장 귀한 것을 바치라고 말씀하십니다.

누가 순종이 즐겁다고 했습니까? 그것은 고통의 길이자 하나님에 대한 온전한 헌신이 없으면 갈 수 없는 길입니다. 본문은 우리가 하나님 앞에서 순종의 삶을 살기 위해서는 때로 외로움의 골짜기, 고통의 계곡을 건너야 한다고 말씀합니다. 당신이 정말 순종의 삶을 살고자 한다면 이런 어려움들이 닥쳐올 것입니다. 신앙 생활은 결코 쉬운 것이 아닙니다.

하지만 순종에는 고통만 따르는 것이 아닙니다. 순종에는 하나님의 놀라운 복이 따라온다고 본문에서도 말씀합니다. 그러면 순종을 통해 우리가 얻을 수 있는 복은 무엇입니까?

순종의 축복

먼저, 순종은 하나님과의 깊은 만남을 갖게 해줍니다. 아브라함은 외로움과 불안과 고통의 골짜기를 지나 사흘 만에 모리아 산에 도착했습니다. 모리아 산에 도착한 아브라함은 이제 하나님의 음성을 듣게 됩니다. 그곳까지는 외로이 혼자서 왔지만, 하나님이 지시하신 곳으로 가니 하나님이 먼저 오셔서 기다리고 계셨습니다. 하나님은 모리아 산에 먼저 오셔서 고통 가운데서 그곳까지 오고 있는 아브라함을 지켜보고 계셨던 것입니다.

우리가 왜 하나님을 깊이 있게 만나지 못하는 줄 아십니까? 신앙 생활을 오래 하고서도 우리 삶에 하나님과의 깊이 있는 만남의 체험이 없는 이유는 우리의 삶에 모리아로 대표되는 온전한 순종이 없기 때문입니다.

아브라함은 모리아 산에서 비로소 하나님을 더 가까이 만나게 됩니다. 자신의 모든 것을 희생하고서 외롭고, 불안하고, 고통스러운 길을 걸어본 적이 없는 사람은 결코 하나님을 깊이 있게 체험할 수 없습니다.

그저 멀찍이 떨어져서 뒤따라가는 신앙, 하나님의 음성을 들어본 적도 없고 하나님을 체험하지도 못해서 기쁨도 없고, 삶의 변화도 없는, 그래서 영향력도 전혀 없는 신앙이 혹시 우리의 모습은 아닐까요? 삶의 영향력은 아무나 얻을 수 있는 것이 아닙니다. 하나님을 깊이 만나는 것은 아무 데서나 이루어지는 것이 아닙니다. 하나님을 만나기 원합니까? 그렇다면 모리아 산으로 올라가시기 바랍니다. 내게 가장 소중한 것, 이것 아니면 안 된다 싶은 것을 손에서 내려놓아야 합니다. 그 순간 하나님이 우리에게 찾아와 말씀하십니다. 이것이 순종의 복입니다.

두번째로, 우리는 순종할 때 하나님을 깊이 만나게 될 뿐 아니라 순종을 통해서 하나님이 우리를 위해 예비해놓으신 것들을 보게 됩니다. 아브라함이 모리아 산에 올라가 이삭을 제물로 드리려고 칼을 들었을 때, 갑작스런 하나님의 음성을 듣고 뒤를 돌아보니 양이 있었습니다. 아브라함이 그 양을 보고 얼마나 놀랐을까요? 저는 하나님이 이렇게 우리를 놀라게 하시는 분이라고 생각합니다. 예기치 않았던 선물과 기습적인 축하 파티가 우리를 기쁘게 하듯이 아브라함이 그 양을 보았을 때 얼마나 기뻤겠습니까? 그리고 하나님의 숨은 의도를 파악할 수 있지 않았겠습니까? '그렇구나. 이삭에게 손도 못 대게 하신 것이 하나님의 뜻이었구나. 하나님이 이미 이삭 대신에 양을 준비해놓으셨구나. 하나님의 작정이셨구나.' 그래서 아브라함이 그곳 이름을 뭐라고 불렀습니까? '여호와 이레', 직역하면 '하나님이 다 보고 계신다' 또는 '하나님이 다 예비하신다'는 뜻입니다.

모리아에서 아브라함은 자신에게 가장 좋은 것을 예비해놓으신 하나님의 선물을 발견하게 됩니다. 그 순간 두려움의 장소였던 모리아는 구원의 장소, 소망의 장소로 바뀌게 됩니다. 하나님은 우리를 위해서도 놀라운 것들을 준비해놓고 계십니다. 그런데 어떤 사람은 평생을 가도 그것을 얻지 못합니다. 모리아에 가본 적이 없기 때문입니다. 아브라함이 모리아에 가지 않았더라면 그 양을 어떻게 발견할 수 있었겠습니까? 하나님이 자신을 위해 예비해놓으신 것을 어떻게 맛볼 수 있었겠습니까? 순종이야말로 하나님이 우리를 위해 예비해놓으신 것들을 보게 합니다. 오직 순종을 통해서만이 이 모든 것이 가능합니다. 하나님이 우리를 위하여 예비해놓으신 것들을 모두 받기 원합니까? 그렇다면 당신의 발걸음을 모리아로 옮기기 바랍니다.

세 번째로, 순종은 우리에게 임한 하나님의 복을 더욱 풍성하게 만듭니다. 아브라함이 자신의 가장 소중한 것을 포기했을 때 그 소중한 것을 풍성함과 감사 속에서 다시 돌려받았습니다. 순종은 언제나 감사를 낳습니다. 일견 잔인해 보이는 이 명령에 순종함으로써 누가 유익을 얻었습니까? 하나님입니까? 아브라함 자신이 유익을 얻었습니다. 그렇다면 무엇을 얻었을까요? 감사와 감격입니다.

아브라함은 아마도 돌아오는 길에 감격의 눈물을 흘렸을 것입니다. '그래, 하나님은 이 모든 것을 준비해놓으셨어. 아, 하나님은 얼마나 선하신 분인가!' 하며 감격해했을 것입니다. 그리고 이삭과의 관계도 이전 같지 않았을 것입니다. 어떻게 같을 수가 있겠습니까? 거의 잃을 뻔했다가 다시 얻은 아들인데 말입니다. 모르긴 몰라도 이삭과 아브라함의 관계는 더 가까워졌을 것입니다. 그렇다면 그렇게 큰일을 겪고 난 이삭은 어땠을까요? 아버지가 자신을 향해 칼을 들었을 때 얼마나 놀랍고 두려웠을까요? 아마 뭐라고 형언할 수 없었을 것입니다. 하지만 하나님이 예비해놓으신 모든 것을 보고나서는 하나님뿐 아니라 자기 아버지에 대한 인식도 달라졌을 것입니다. '그래, 신앙이란 저런 것이구나. 나도 하나님 앞에서 아버지처럼 저렇게 살아야지!' 라는 각오를 했을지도 모릅니다.

순종은 언제나 우리에게 베푸시는 하나님의 축복을 더욱 풍성하게 만듭니다. 우리가 하나님을 위해 가장 소중한 것을 포기함으로써 실제로 잃는 것은 아무것도 없습니다. 오히려 우리는 더 소중한 것을 얻게 됩니다. 우리는 하나님을 얻고, 그분이 예비해놓으신 것들을 얻고, 하나님뿐 아니라 우리 주위에 있는 사람들과 깊고 아름다운 관계를 맺게 될 것입니다.

우리는 우리에게 순종이 요구될 때 '과연 하나님이 나를 사랑하시는가?' '하나님이 나를 축복하실 능력이 있는가?' 하는 질문을 하게 됩니다. 왜 우리가 순종하지 못합니까? 그 이유는 우리가 하나님의 사랑과 능력을 의심하기 때문입니다. 혹시 순종을 요구받고 있는데 하나님의 사랑과 능력이 의심되는 분이 있습니까? 그렇다면 모리아 산에 한번 올라가 보십시오.

저는 어느 목사님의 간증을 듣고 많이 운 적이 있습니다. 그분은 참 특이한 분이셨는데 어느 날 창세기 22장을 읽고 너무 은혜를 받아서 아들과 함께 이스라엘로 가셨습니다. 모리아 산이 어디인지 확실하지는 않지만 대충 그곳으로 추정되는 산이 있습니다. 그분이 그곳에 가서 아침 일찍 자기 아들의 손을 잡고 산 위로 올라갔습니다. 그냥 올라간 것이 아니라 아들에게는 말하지 않았지만 가슴에 칼을 하나 품고 올라갔습니다. 그렇게 올라가는데 그때서야 창세기 22장의 말씀이 책상머리에서 읽을 때와는 천지 차이가 있음을 깨닫게 되었습니다. 이제 산 위에 올라가서 그 칼로 아들을 찔러 하나님께 바친다고 생각하니 발걸음이 얼마나 무겁고 두렵던지 산에 올라가 울었다고 합니다. 그러자 그 아들이 "아빠 왜 울어?" 하고 물었습니다. 그 목사님은 "그냥 그런 일이 있어" 하고 얼버무리고 말았습니다. 순종은 고통의 길입니다.

지금 견디기 힘든 고통 속에서 하나님이 당신에게 너무하신다는 생각이 듭니까? 그렇다면 이 사실을 기억하십시오. 우리가 모리아 산에 올라가기 전에 하나님은 자신의 독생자의 손을 잡고 산에 올라가셨습니다.

그 산의 이름은 갈보리입니다. 아브라함이 사흘을 걸어갔듯이 하나님의 아들은 이땅에 오셔서 3년이라는 공생애 기간을 가지셨습니다. 그분은 자신이 가야 할 최종 목적지인 갈보리 산에서 어떤 일이 일어날지 훤히 알고 계셨습니다. 3년이 지난 어느 날 아버지는 그 아들을 갈보리 산으로 데리고 가셔서 십자가에 못 박으셨습니다. 그분은 아들이 당하는 고통의 소리를 다 들어야 했습니다. "아버지여, 어찌하여 나를 버리시나이까?" 그분은 차마 그 광경을 볼 수가 없어서 온 하늘을 어둠으로 덮어버리셨습니다.

그날 모리아 산 제단 위에 바쳐진 것은 우리의 아들이 아니라 하나님이 예비해놓으신 어린 양이었습니다. 바로 우리를 대신해서 제물이 된, 세상 죄를 지고 가시는 하나님의 어린 양이었습니다. 모리아에 가본 사람만이 하나님이 예비하신 어린 양을 만나볼 수 있습니다. 나의 가장 소중한 것을 하나님께 드려본 사람만이 하나님이 나를 위해 예비하신 것이 어떤 것인지를 이해할 수가 있습니다.

당신이 십자가를 알고 있다고 말하지 마십시오. 당신의 가장 소중한 것을 바치기 전까지는, 모리아에 가기 전까지는 십자가를 안다고 함부로 말하지 마십시오. 순종의 길을 걸어본 사람만이 하나님이 자신을 위해 무엇을 준비해놓으셨는지 볼 수 있습니다. 그분이 우리를 위해서 준비하신 것은 바로 그분 자신이었습니다. 성자 하나님 말입니다.

우리에게 무엇이 더 필요합니까? 우리가 순종하는 것에 대한 어떤 증거가 더 필요합니까? 하나님의 사랑이 의심되십니까? 모리아에 올라가십시오. 그리고 그곳에서 하나님보다 더 사랑하는 것을 내려놓으십시오.

그러면 그곳에서 하나님을 만나게 될 것입니다. 그뿐 아니라 우리를 위해 예비해놓으신 놀라운 것을 만날 수 있습니다. 그리고 거기서 하나님의 어린 양, 십자가의 의미를 깨닫게 되고 하나님의 지극한 사랑에 감격할 것입니다. 이 사랑이 우리의 남은 생을 든든히 떠받쳐서 세상 그 어떤 것도 우리를 그리스도 예수 안에 있는 하나님의 사랑으로부터 끊을 수 없을 것입니다. 우리 모두 이런 순종의 길을 걸어갈 수 있기를 바랍니다.

18장

천국에 이르는 계단 막벨라

창세기 23:16-20

아브라함이 에브론의 말을 좇아 에브론이 헷 족속의 듣는 데서 말한 대로 상고의 통용하는 은 사백 세겔을 달아 에브론에게 주었더니 마므레 앞 막벨라에 있는 에브론의 밭을 바꾸어 그 속의 굴과 그 사방에 둘린 수목을 다 성문에 들어온 헷 족속 앞에서 아브라함의 소유로 정한지라 그 후에 아브라함이 그 아내 사라를 가나안 땅 마므레 앞 막벨라 밭 굴에 장사하였더라 (마므레는 곧 헤브론이라) 이와 같이 그 밭과 그 속의 굴을 헷 족속이 아브라함 소유 매장지로 정하였더라.

이땅을 살아가는 우리에게는 반드시 건너가야 할 계단이 있습니다. 그것은 인생의 마지막 지점인 천국에 이르는 계단, 즉 막벨라입니다. 여기서 막벨라는 아브라함과 그의 후손들이 묻혔던 무덤의 이름입니다. 그 이름이 본문에 첫 번째로 등장합니다. 우리가 이땅에서의 삶을 살고 나서, 아니 우리가 이땅에 사는 동안 어떻게 인생의 마지막 지점인 막벨라에 아름답게 도착할 수 있을까요?

본문을 통해 그 진리를 살펴보고자 합니다. 본문 창세기 23장 1절에서는 사라의 향년享年을 밝히고 있습니다. 향년이란 이땅에서 산 기간, 즉 수명을 뜻합니다. 놀랍게도 성경에서는 여자의 향년을 말하지 않고 있습니다. 예외로 유일하게 향년을 밝힌 여자가 바로 사라입니다. 이것이야말로 사라의 인생이 얼마나 중요했는지에 대한 간접적인 증명이라고 볼 수 있습니다.

사라는 믿음의 길을 걷는 모든 사람들의 영적 어머니입니다. 본문 1절이 그녀의 수명에 대해 이야기한다면 2절은 죽음을 이야기합니다. 사라는 기럇아르바, 곧 지금의 헤브론에서 죽었습니다. 헤브론은 마므레와 마주하고 있는 곳입니다. 즉, 사라는 아브라함이 늘 하나님과 만나고 하나님께 제단을 쌓던 마므레 옆의 거룩한 장소에서 죽었습니다.

만약 당신과 백년을 해로하던 아내가 죽었다면 당신은 어떻게 하겠습니까? 한 세기를 함께한 아내가 죽었습니다. 아브라함의 연약함 때문에 몇 번이나 다른 남자에게 넘어갈 위기를 겪으면서도 여전히 그를 신뢰하고 존경하던 사라가 죽었습니다. 과연 아브라함은 어떻게 했을까요? 아브라함은 통곡했습니다. "사라가 가나안 땅 헤브론 곧 기럇아르바에서 죽으매 아브라함이 들어가서 사라를 위하여 슬퍼하며 애통하다가" 창 23:2.

하지만 그는 오래 통곡할 수도 없었습니다. 자신이 당장 해결해야 할 중요한 문제가 있었기 때문입니다. 놀랍게도 아브라함은 그 아내를 장사할 땅 몇 평도 없었습니다. 그는 그곳에서 사라를 장사할 땅을 살 수 있는 권리조차 가지고 있지 않았습니다. 아브라함은 하나님으로부터 가나안 땅을 약속받았습니다. 그러나 그는 지금 사랑하는 아내를 묻을 땅 몇 평도 소유하지 못하고 있습니다. 도대체 어떻게 해야 합니까? 아브라함은 아내의 죽음을 애통해할 시간도 갖지 못한 채 땅을 얻기 위한 협상에 들어가야만 했습니다.

사실 우리는 실생활에서 이런 경험을 자주 하게 됩니다. 사랑하는 사람이 죽었을 때 그를 위하여 마음을 정리하고, 애곡할 시간도 없이 장례 준비로 바빴던 기억이 있지 않습니까? 저도 그랬던 것 같습니다.

본문을 연구하면서 아버님과 어머님 그리고 누님을 떠나보내면서 마음을 정리하고 진심으로 애곡해야 함에도 불구하고 장례 준비 때문에 조급해했던 제 모습을 돌아보았습니다. 아브라함이 꼭 그랬습니다. 아마 '아내를 어디에다 묻어야 하나' 하는 생각 때문에 무척 조급했을 것입니다.

아브라함의 입장이 되어 이 본문을 다시 한 번 읽어보십시오. 그는 생각다 못해 헷 족속에게 찾아갔습니다. 처음에는 별 문제 없이 순조롭게 해결되는 것같아 보였습니다. 헷 족속이 아브라함에게 "당신이 원하는 대로 하십시오"라고 말했기 때문입니다.

"헷 족속이 아브라함에게 대답하여 가로되 내 주여 들으소서 당신은 우리 중 하나님의 방백이시니 우리 묘실 중에서 좋은 것을 택하여 당신의 죽은 자를 장사하소서 우리 중에서 자기 묘실에 당신의 죽은 자 장사함을 금할 자가 없으리이다" 창 23:5-6.

그러나 이 말을 자세히 보면 그들은 지금 아브라함에게 무덤만 제공하고 있습니다. 그 당시의 무덤은 우리 시대의 무덤과는 많이 다릅니다. 당시의 장례법은 굴을 파서 그 안에다 시신을 안치해놓았다가 시신이 다 썩으면 작은 항아리에 넣는 것이었습니다. 그러니까 오늘날로 말하면 화장과 비슷합니다. 지금 헷 족속이 아브라함에게 말하고 있는 것이 바로 이것입니다. "아무 곳에서나 화장을 하십시오. 우리의 화장터를 빌려드리겠습니다".

그러나 아브라함의 마음은 그렇지 않았습니다. 백 년을 같이 살았던 소중한 아내를 화장하기보다는 땅을 사서 그곳에 묻어주고 싶었습니다. 그래서 아브라함은 헷 족속에게 "막벨라 굴의 화장터를 빌려줄 것이 아니라, 그 굴을 저에게 좀 파십시오"라고 간청합니다. 그러자 에브론이 나와서 이렇게 말합니다. "그 굴을 그냥 쓰십시오. 그리고 그 근처에 있는 밭까지도 다 가지세요". 얼핏 보면 에브론이 아브라함에게 호의를 베풀고 있는 것처럼 보입니다. 그러나 주석가들의 생각에 따르면 반드시 그렇지만도 않다고 합니다. 당시 문화에 따르면 이것은 완곡한 거절의 표시라고 합니다. 다시 말해서 값을 올리려는 의도라는 것입니다.

성경을 전체적으로 읽어보면, 요구하는 것 이상의 것을 주겠다는 말은 거절의 뜻입니다. 즉, 아브라함이 "굴을 좀 파십시오" 했더니 "아니요. 그냥 가지세요. 그것 말고 이것도 몽땅 가지세요"라고 말하는 것입니다. 어떤 뉘앙스인지 아시겠지요? 우리도 어떤 물건에 대해 너무 싸게 달라고 하면 "그냥 다 가져가지 그래?"라고 말하지 않습니까? 특별히 23장 13절을 보십시오. "그 땅 백성의 듣는데 에브론에게 말하여 가로되 당신이 합당히 여기면 청컨대 내 말을 들으시오 내가 그 밭값을 당신에게 주리니 당신은 내게서 받으시오 내가 나의 죽은 자를 거기 장사하겠노라."

그러자 마침내 에브론이 속내를 드러내고 은 사백 세겔을 내라고 합니다. 은 사백 세겔이 어느 정도의 돈인지 아십니까? 아브라함 때보다 천 년쯤 뒤인 사무엘하에 보면 땅이 얼마에 거래되었는지가 나옵니다. "왕이 아라우나에게 이르되 그렇지 아니하다 내가 값을 주고 네게서 사리라 값 없이는 내 하나님 여호와께 번제를 드리지 아니하리라 하고 은 오십 세겔로 타작마당과 소를 사고" 삼하 24:24. 여기에 나오는 타작마당과 소의 값이 오십 세겔입니다.

그런데 그보다 천 년 전에, 물론 당시의 물가는 오늘날처럼 그렇게 급격하게 오르지 않았다고 치더라도, 사백 세겔이면 도대체 얼마만한 돈입니까? 이것 때문에 주석가들은 에브론의 제의를 거절이라고 봅니다. 결국 아브라함에게 바가지를 씌우기 위해 이렇게 돌려 말한 것입니다. 아마 아브라함은 자기 수중에 있는 현금을 다 긁어모았을 것입니다. 그는 현금을 몽땅 다 긁어 그 막벨라 굴을 에브론에게서 샀습니다. 그리고 그곳에서 사라의 장례를 치렀습니다.

본문이 우리에게 말하고자 하는 것이 무엇입니까? 왜 하나님은 사라의 장례 이야기에 성경 한 장을 전부 할애하고 계시는 것일까요? 막벨라 굴 앞에서 대체 우리는 무엇을 배워야 합니까? 하나님은 여기서 우리가 어떻게 해야 인생의 마지막 지점인 막벨라에 아름답게 도착할 수 있는지를 가르쳐주십니다. 어떻게 하면 우리가 막벨라 굴 앞에 하나님이 기뻐하시는 모습으로 도착할 수 있을까요?

나그네와 행인임을 기억하라

먼저, 우리가 이 땅에서 나그네와 행인임을 기억해야 합니다. 우리가 훗날 반드시 겪어야 할 죽음 앞에 아름다운 모습으로 이르기 위해서는 우리가 나그네임을 절대 잊어서는 안 됩니다.

아브라함이 헷 족속에게서 하나님의 방백으로 불리기는 했지만 실상 그는 땅 한 평 없이 살았습니다. 너무 놀랍지 않습니까? 이것이 바로 하나님의 약속을 받았던, 복의 통로로 부름받았던 아브라함의 모습이었습니다. 그는 아내를 묻을 땅 한 평도 없었습니다. 이것이 아브라함에게 얼마나 큰 시험거리가 되었겠습니까? 오늘날로 말하면 집 한 채도 없이 산 것입니다. 하나님의 복을 받은 자요, 믿음의 조상으로 불린 그인데 말입니다. '하나님이 나에게 복을 주시겠다고 하셨는데 나는 왜 이땅에서 이렇게 살아야 하는가? 아내가 죽었는데 장사할 땅 한 평도 없다니 말이 되는가?' 아브라함에게 이것은 분명 시험거리였을 것입니다.

하나님은 창세기 13장에서 롯이 떠난 후 망연자실해 있는 아브라함에게 눈에 보이는 모든 땅을 그와 그 후손들에게 주실 것이라고 약속하셨습니다. 하지만 현실은 은 사백 세겔을 주고서야 아내를 묻을 수 있는 굴 하나를 겨우 얻을 수 있었을 뿐이었습니다.

이 사실은 도대체 무엇을 말씀하는 것입니까? 이것이 바로 이땅을 살아가는 우리 그리스도인의 삶일 수도 있다는 말입니다. 오늘날 성도들이 가장 좋아하는 것은 뭐니뭐니해도 이땅에서의 복입니다. 그래서 이땅에서의 복을 강조하는 교회는 부흥합니다. 이땅에서 건강하고, 사업이 잘 되고, 큰 평수의 아파트를 가지는 이런 것들에만 관심이 있습니다.

얼마 전에 우리 교회에서 어떤 전도사님을 모시고 집회를 했습니다. 그런데 그 집회 뒤에 십일조 금액이 갑자기 늘어났습니다. 저는 이것 때문에 매우 심란했습니다. 성도들이 십일조를 많이 내는데 기분이 좋지 않은 목사는 아마 저뿐일 것입니다. 제가 왜 심란했는지 아십니까? 물론 그 집회는 좋았습니다. 그 전도사님은 성경에 있는 그대로 전했을 뿐입니다. 하지만 그 집회를 한 마디로 요약하면 '십일조를 하면 복을 받는다' 는 것입니다. 그런데 제가 심란했던 이유는, 우리 성도들이 이땅에서의 복에만 너무 관심을 기울이고 있는 것 같아서였습니다. 우리가 바라는 축복은 이땅의 것이 전부가 아닙니다. 우리가 장차 하나님 나라에서 누릴 복에 비하면 이땅에서의 복은 지극히 사소한 것입니다. 성경은 우리가 이땅에서는 나그네일 뿐이라고 말씀합니다. 나그네에게는 집이 필요없습니다. 이곳은 그냥 스쳐 지나가는 장소일 뿐입니다. 나그네의 집은 자기 고향에 있는 집입니다. 우리의 집은 이곳이 아닌, 저 영원한 하늘나라에 있습니다.

당신은 복을 더 받기 위해서 십일조를 합니까? 물론 하나님은 십일조를 하는 사람에게 복을 주십니다. 그러나 우리는 복을 더 받기 위해서 십일조를 하는 것이 아니라, 하나님이 우리를 위해서 예비해놓으신 놀라운 축복, 그 사랑, 그 은혜에 감격하여 헌금을 드려야 하는 것입니다.

우리는 나그네입니다. 이 사실을 잊지 마십시오. 믿음의 조상이자 축복의 통로였던 아브라함은 이땅에서 아내를 장사지낼 손바닥만큼의 땅도 없었습니다. 그는 그렇게 살다가 갔습니다. 그래서 사도 베드로는 이렇게 말합니다. "사랑하는 자들아 나그네와 행인 같은 너희를 권하노니 영혼을 거스려 싸우는 육체의 정욕을 제어하라" 벧전 2:11.

행인은 한 마디로 말하면 길손입니다. 그 반대말은 정착자요, 안주자입니다. 이땅은 우리의 종착지가 아닙니다. 우리는 목적지를 향해, 저 천국 본향을 향해 길을 떠나는 길손인 것입니다.

인생의 마지막 단계에서 승리하기를 원합니까? 막벨라 앞에서 하나님께 영광돌리기를 원합니까? 그러면 당신 자신이 나그네임을 늘 기억하고 사십시오. 언젠가는 다 버리고 떠나야 하는, 이땅에서 아무것도 소유할 것이 없는 자임을 잊지 마십시오. 그렇다면 물질의 많고 적음이 무슨 대수이겠습니까? 조금 어렵게 살면 어떻고, 조금 낫게 산다고 한들 그게 무슨 자랑거리겠습니까? 그냥 하나님이 주시는 복대로 누리고 사는 것입니다. 막벨라 앞에서, 천국에 이르는 마지막 계단에서 떳떳하게 서 있기 위해서는 우리가 나그네라는 사실을 명심해야 합니다.

죽음을 준비하는 삶을 살라

두 번째로, 성경은 죽음을 준비하며 살아야 한다고 말씀합니다. 우리는 날마다 죽음을 준비하면서 살아야 합니다. 그러면 어떻게 죽음을 준비할 수 있습니까? 사실 우리는 언제 이땅을 떠날지 알 수 없습니다. 혹 질병으로, 아니면 갑작스러운 사고로 우리는 언제라도 이땅을 떠날 수 있습니다. 설령 그렇게 갑자기 떠나지는 않는다 하더라도 한 가지 확실한 것은 우리 역시 막벨라를 향해 한 걸음 한 걸음 나아가고 있다는 것입니다. 하루가 지나갔습니까? 그만큼 막벨라에 다가간 것입니다.

어떤 신학자가 이런 말을 했습니다. "우리가 죽음 앞에 미리 서볼 수만 있다면 이땅에서 겪는 대부분의 고통과 문제들은 다 해결될 것이다." 우리가 죽음 앞에 미리 서볼 수만 있다면, 우리의 호흡이 멎는 그날 이땅에서 우리가 그토록 소중하게 여기던 것들이 아무것도 아님을 발견하고는 놀랄 것입니다. 그렇게 사랑하던 아파트, 명예, 멋진 차, 화려한 경력 등이 죽음 앞에서는 아무것도 아니었음을 발견하고 아마 당혹스러울 것입니다. 그리고 이땅에서 사는 동안 대수롭지 않게 여겼던 것들이 얼마나 소중했는지를 알고서 또한 놀랄 것입니다. 서로 사랑하는 것, 친밀함, 용서, 소박한 기쁨, 단칸방에서 아이를 배 위에 올려놓고 비행기 태워주던 그 순간 등등, 이땅에서 살 동안은 그냥 하찮다고 생각했던 것들이 그 때에는 매우 소중하게 다가올 것입니다.

그날을 미리 맞이할 수 있다면 우리는 이땅에서 참으로 가치 있는 것들에 남은 삶을 투자하게 될 것입니다. 평수 큰 집보다는 소박하지만 사람 냄새가 물씬 풍기는 가정을, 통장 잔고보다는 따뜻한 손잡음을, 오해와 원망보다는 웃음과 용서를 더 귀히 여기게 될 것입니다. 이제 잠시 후 우리가 이땅을 떠난다고 생각하면 더 이상 오해와 미움으로 우리 자신을 괴롭히지는 않을 것입니다.

성경은 우리에게 죽음을 받아들이라고 말씀합니다. 그래서 이렇게 권고합니다. "우리에게 우리 날 계수함을 가르치사 지혜의 마음을 얻게 하소서" 시 90:12. 마치 죽지 않을 것처럼, 이땅에서 영원히 살 것처럼 사는 것은 불신앙이요, 어리석은 삶입니다.

지금 당신의 마음을 한번 들여다보십시오. 그 안에 무엇이 있습니까? 참 자유가 있습니까? 다 두고 떠날 준비가 되어 있습니까? 주님 앞에 서서 그분을 떳떳이 만날 준비가 되어 있습니까? 언젠가 당신이 그분 앞에 설 때 "하나님, 이것입니다" 하고 내어놓을 것이 있습니까?

성경은 하나님 앞에서 우리가 이땅에서 산 삶을 결산할 날이 올 것이라고 말씀합니다. 그날, 우리가 살아온 모든 삶의 모습이 하나님의 장부 위에 영상으로 뜰 것입니다. 우리 삶이 하나님 보시기에 합당한지, 아닌지에 대한 판단은 의외로 간단할지도 모릅니다. 우리가 이땅에 살면서 어디에 중점을 두고 살았는지를 보면 됩니다. 우리가 가장 염려하던 것, 우리가 최고의 가치를 두고 살아온 것, 가장 많은 시간과 정열을 투자한 것이 무엇이냐가 바로 심판대에서의 결산 기준이 될 것입니다.

고린도전서 3장에서는 심판의 모습을 이렇게 묘사하고 있습니다. "만일 누구든지 금이나 은이나 보석이나 나무나 풀이나 짚으로 이 터 위에 세우면 각각 공력이 나타날 터인데 그날이 공력을 밝히리니 이는 불로 나타내고 그 불이 각 사람의 공력이 어떠한 것을 시험할 것임이니라" 고전 3:12-13.

나무나 풀이나 짚으로 지은 집은 겉모습은 멀쩡해 보여도 불을 견딜 만한 내구성이 없습니다. 즉, 신앙 생활의 겉모습은 어떻게 해서 꾸며댈 수 있지만 시험을 견딜 만한 신앙의 실력까지 갖출 수는 없다는 뜻입니다. 성경은 이것을 부끄러운 구원이라고 말씀합니다. 교회에서의 직분, 많은 헌금, 헌신, 겉으로 나무랄 데가 없는 것들을 모두가 존경했습니다. 하지만 시험이 지나가고나자 아무것도 남은 것이 없습니다. 반면에 겉으로는 보잘것없어 보이던 사람들이 막상 시험이 닥치자 무엇인가를 남깁니다. 바로 금과 은과 보석입니다. 그들 내면의 신앙의 모습이 그렇다는 말입니다.

우리 모두에게는 막벨라가 기다리고 있습니다. 우리가 무엇을 위해 살았는가, 무엇을 좇아갔는가에 대해 우리는 반드시 테스트를 받을 것입니다. 그날 막벨라에 들어설 때 하나님이 우리에게 내리시는 평가는 어떠할까요? 바울은 이 부분에 대해 너무나도 당당하게 고백합니다.

"내가 선한 싸움을 싸우고 나의 달려갈 길을 마치고 믿음을 지켰으니 이제 후로는 나를 위하여 의의 면류관이 예비되었으므로 주 곧 의로우신 재판장이 그 날에 내게 주실 것이니 내게만 아니라 주의 나타나심을 사모하는 모든 자에게니라" 딤후 4:7-8.

성경은 우리에게 죽음을 준비하라고 말씀합니다. 죽음 앞에 미리 한 번 서보십시오. 그러면 인생의 해답은 의외로 간단해집니다. 이것이 본문이 우리에게 주는 교훈입니다.

아름다운 추억을 남기라

마지막으로, 막벨라에 아름답게 도착하기 위해서는 후손들에게 아름다운 추억을 남기는 삶을 살아야 합니다.

창세기에는 많은 장례 기록이 나오는데 신기하게도 모든 장례가 막벨라 굴에서 치러졌습니다. 즉, 아브라함의 후손들은 하나같이 막벨라 굴에 조상의 시신을 묻었다는 말입니다. 그 후손들이 아브라함이 마련한 막벨라 굴에 자신의 부모와 조상을 묻으면서 어떤 생각을 했을까요? 그곳은 아브라함이 늘 하나님을 만나곤 했던 마므레 바로 옆이니까, 그곳을 방문할 때마다 믿음의 조상 아브라함을 생각하면서 그 후손들이 얼마나 은혜를 받았겠습니까? 사람이 죽는다고 해서 모든 것이 끝나지는 않습니다. 어쩌면 죽어서 더 많은 영향력을 끼치는지도 모릅니다.

며칠 전에 어떤 집사님이 제게 이렇게 말했습니다. "목사님, 추석이 다가오면 성묘 가는 것 때문에 두렵습니다." 그래서 제가 차가 많이 막혀서 그러냐고 물었더니 그게 아니라 아버지 성묘를 갈 때마다 마음이 너무 아프다는 것입니다. 아버지 무덤 앞에 서면 평생을 잘못 살았던 아버지의 삶, 날마다 술을 마시고서 어머니를 때리던 모습들이 떠올라서 그 나이가 돼서도 펑펑 울고 온다는 것입니다. 어쩌면 사람은 죽어서 더 많은 영향력을 남기는지도 모릅니다.

당신은 천국에 이르는 마지막 계단 막벨라에서 하나님을 영광스럽게 맞이하며 그 순간을 기쁘게 맞기를 원합니까? 그렇다면 이땅에서 사는 동안 자녀들에게 아름다운 추억을 남기시기 바랍니다. 이 세상에서 부모가 남겨줄 수 있는 유산은 재물이 아니라 아름다운 추억입니다. 사는 것이 비록 힘들지라도 그에 굴하지 않고 하나님을 찬양하고 믿음으로 살려고 하는 모습을 자식들에게 남겨주어야 합니다. 그래서 자식들이 부모님의 무덤 앞에서 '그래, 우리 부모님은 참으로 믿음이 좋으셨어'라고 고백할 수 있도록 신앙의 본을 보이는 부모가 되어야 합니다. 이것이 자녀들에게 남겨줄 수 있는 가장 큰 선물입니다.

당신의 자녀들에게 한을 심어주지 마십시오. 그리스도인의 막벨라는 후손에게 은혜를 전달하는 곳이어야 합니다. 그리스도인에게 있어서 막벨라는 축복이 되어야 합니다. 자신에게 축복이 될 뿐 아니라 그 후손들이 와서 하나님의 영광을 찬송하며 자랑스러운 조상을 기릴 수 있는 곳이어야 합니다. 이것이 성경이 우리에게 권고하는 우리의 마지막 지점 막벨라입니다.

막벨라 앞에 서는 날이 축복이 되기 위해서는 이땅에서 사는 동안 나그네의 삶을 살아야 합니다. 그리고 아직 해결하지 못한 문제가 있으면 오늘 해결하십시오. 마음을 닫아두었던 대상이 있으면 마음을 열고, 돈 모으는 것에만 혈안이 돼 있었다면 주위 사람에게 베푸십시오.

만약 오늘 우리가 이땅을 떠나야 한다면 지금껏 쌓아놓은 그 모든 것이 무슨 소용이 있겠습니까? 그것으로는 결코 막벨라 앞에 자랑스럽게 서지 못합니다. 그리고 자녀들에게 믿음의 선배로서의 아름다운 모습도 많이 보여주십시오. 그 동안 적조했던 분에게 연락도 하시고, 정녕 하나님의 사람으로서 제대로 살아보십시오. 그래서 우리 모두가 막벨라 앞에서 만났을 때, "집사님, 정말 열심히 사셨군요"라고 인사하며 하나님 앞에 영광돌릴 수 있게 되기를 바랍니다.

19장

복된 가정

창세기 24:1-9

아브라함이 나이 많아 늙었고 여호와께서 그의 범사에 복을 주
셨더라 아브라함이 자기 집 모든 소유를 맡은 늙은 종에게 이르
되 청컨대 네 손을 내 환도뼈 밑에 넣으라 내가 너로 하늘의 하
나님, 땅의 하나님이신 여호와를 가리켜 맹세하게 하노니 너는
나의 거하는 이 지방 가나안 족속의 딸 중에서 내 아들을 위하
여 아내를 택하지 말고 내 고향 내 족속에게로 가서 내 아들 이
삭을 위하여 아내를 택하라 종이 가로되 여자가 나를 좇아 이
땅으로 오고자 아니하거든 내가 주인의 아들을 주인의 나오신
땅으로 인도하여 돌아가리이까 아브라함이 그에게 이르되 삼가
내 아들을 그리로 데리고 돌아가지 말라 하늘의 하나님 여호와
께서 나를 내 아버지의 집과 내 본토에서 떠나게 하시고 내게
말씀하시며 내게 맹세하여 이르시기를 이 땅을 네 씨에게 주리
라 하셨으니 그가 그 사자를 네 앞서 보내실지라 네가 거기서
내 아들을 위하여 아내를 택할지니라 만일 여자가 너를 좇아 오
고자 아니하면 나의 이 맹세가 너와 상관이 없나니 오직 내 아
들을 데리고 그리로 가지 말찌니라 종이 이에 주인 아브라함의
환도뼈 아래 손을 넣고 이 일에 대하여 그에게 맹세하였더라.

추석이나 설날 같은 명절에 우리 민족은 대이동을 합니다. 통계에 의하면 보통 2천 3백만 명 정도가 고향을 찾아간다고 합니다. 우리나라 총인구의 절반 정도가 되는 숫자입니다. 정말 대단한 숫자가 아닐 수 없습니다. 찾아갈 부모님이 계시다는 것이 얼마나 행복한 일인지 아십니까? 제가 막내라서 상대적으로 젊었을 때 부모님을 보내드릴 수밖에 없었는데, 명절만 되면 왠지 마음 한 구석이 빈 것 같은 느낌이 듭니다.

이런 명절을 생각할 때 한 가지 안타까운 점은 모두가 이렇게 가족을 만나기 위해 먼 길을 떠남에도 불구하고 막상 우리의 가정들은 무너져내리고 있다는 것입니다. 주위의 가정을 한번 돌아보십시오. 주변 친척들의 가정을 한번 보십시오. 그야말로 이혼이 급증하고 있습니다. 옛날에는 이혼하기가 굉장히 어려웠습니다. 주위의 이목도 그렇고, 판사도 도장을 잘 찍어주지 않았습니다.

그러나 요즘은 이혼하기가 얼마나 쉬운지 모릅니다. 부부간에 합의가 되었다면 본인들이 법정에 갈 필요도 없습니다. 이혼 대리 업체에 돈 10만원만 주면 그들이 알아서 판사의 도장을 받아옵니다. 우리나라에서 하루에 381쌍이 이혼을 하고 있습니다. 가정이 급속도로 무너지고 있습니다.

얼마 전 부산 지하철 물품 보관함에서 갓난아이가 죽은 채로 발견되어 사회가 발칵 뒤집힌 적이 있습니다. 도대체 어떤 사람이 갓난아이를 거기에 버렸을까 하고 다들 궁금해했는데 막상 범인이 잡히고나자 오히려 더 큰 충격 속에 빠져들었습니다. 범인은 다름아닌 평범한 가정 주부였습니다. 컴퓨터로 채팅을 하다가 만난 남자와 불륜의 관계를 맺었는데 그 결과 아이가 생겼고, 아이를 낳자마자 죽여서는 물품 보관함에 버린 것입니다.

우리 가정들이 점점 무너지고 있습니다. 이렇게 무너지는 가정이 많으면 당연히 추석에 가족을 만나러 가는 사람 수도 줄어야 하는데 오히려 그 수는 날이 갈수록 늘어나고 있습니다. 그 이유에 대해 생각해본 적이 있습니까? 그 이유는 가정이 무너져갈수록 우리 마음 깊은 곳에 아름답고 복된 가정에 대한 동경이 생기기 때문입니다. 아름다운 가정에 대한 동경, 그것은 하나님이 주신 지울 수 없는 본능입니다. 누군들 아름다운 가정을 동경하지 않겠습니까? 모두가 다 복된 가정을 꿈꿉니다. 단지 현실 세계에서 그것이 이루어지지 않아 안타까워할 뿐입니다.

본문은 이삭의 결혼에 관한 이야기입니다. 성경에서 단일한 사건을 다룬 본문 중에서 가장 긴 본문이 바로 창세기 24장입니다. 본문에 등장하는 사람은 네 사람입니다. 아브라함과 아브라함의 종 엘리에셀, 이삭과 리브가, 이렇게 네 사람이 주인공입니다. 하나님은 이 네 사람의 면면 속에 복된 가정을 이룰 수 있는 비결을 숨겨놓으셨습니다.

명절을 맞아 가족을 만나러 떠나기 전에 창세기 24장에서 이들 개개인 안에 있는 보물들을 한번 찾아보시기 바랍니다.

영적인 환경을 만들라

먼저 우리가 하나님 앞에서 복된 가정을 만들기 원한다면 가족 간에 영적인 환경을 만들어주기 위해 노력해야 합니다. 정말 당신의 가정이 아름답고 하나님 앞에 복 받는 가정이 되기를 원합니까? 그러면 가족 구성원 모두가 다른 식구들에게 영적인 환경을 만들어주고자 노력해야 합니다. 그런 가정이 하나님 앞에 복을 받습니다.

본문을 보면 사라가 죽고 아브라함은 이제 은퇴할 준비를 하고 있습니다. 다음 장인 창세기 25장에서는 아브라함이 죽습니다. 그러나 그는 은퇴하기 전에, 하나님 나라에 가기 전에 마지막으로 해야 할 일이 하나 있었습니다. 그것은 자신이 사랑하는 아들, 이삭을 위해 아내를 구해주는 일이었습니다.

요즘은 서로 눈이 맞아서 결혼하겠다고 하면 아무도 막지 못하지만, 당시는 그렇지 않았습니다. 자식의 아내는 부모가 구해주었습니다. 아브라함은 자기가 죽기 전에 마지막으로 사랑하는 아들을 위해 아내를 구해주고자 했습니다. 하지만 그가 직접 하기에는 나이가 너무 많아서 자신의 충성스러운 종 엘리에셀에게 이 일을 부탁합니다. 엘리에셀에게 부탁하면서 아브라함은 한 가지만은 분명하게 못을 박았습니다. 그것은 이삭의 아내를 이곳 가나안이 아닌 자신의 고향에서 구해오라는 것이었습니다. 그 당시 가나안 여인들과 결혼한 믿음의 자손들이 하나님을 떠나 우상을 섬기는 일이 비일비재했기 때문입니다. 가나안 여인들은 결혼만 하면 남자들을 어떻게든 유혹해서 자신이 섬기는 우상을 섬기게 만들었습니다. 이런 이유 때문에 아브라함은 이삭의 아내를 가나안 땅에서 구하지 않기로 결심했던 것입니다.

그래서 그는 엘리에셀에게 특별히 부탁을 했습니다. 그러자 엘리에셀이 이렇게 질문합니다. "주인이시여, 제가 만일 당신의 고향에 가서 여자를 택해서 데리고 올 때에 이곳으로 오지 않겠다고 하면 어떻게 합니까? 이삭을 데리고 가서 당신의 고향에서 살게 할까요?" 이에 아브라함이 대답합니다. "그렇게 하지 말라." 이삭을 그곳으로 데리고 가지 말라는 것입니다.

우상을 섬기는 가나안에서 살지 않고 차라리 자기 고향에 가서 살면 더 좋을 텐데 왜 가지 못하게 했을까요? 아브라함은 그 이유를 이렇게 말합니다. "하늘의 하나님 여호와께서 나를 내 아버지의 집과 내 본토에서 떠나게 하시고 내게 말씀하시며 내게 맹세하여 이르시기를 이땅을 네 씨에게 주리라 하셨으니 그가 그 사자를 네 앞서 보내실지라 네가 거기서 내 아들을 위하여 아내를 택할지니라 만일 여자가 너를 좇아오고자 아니하면 나의 이 맹세가 너와 상관이 없나니 오직 내 아들을 데리고 그리로 가지 말지니라" 창 24:7-8.

여기서 '이 땅'은 가나안을 말합니다. 왜 이삭이 메소포타미아로 가서는 안 된다고 말합니까? 그 이유는 간단합니다. 하나님이 그로 하여금 본토 친척 아비 집을 떠나게 했고, 그 후손에게 이 땅을 주겠다고 하셨으니 이삭이 이곳을 떠나 메소포타미아로 가서 사는 것은 하나님의 뜻이 아니라는 것입니다.

아브라함은 이삭의 아내를 자신의 고향에서 구하려고 하면서, 왜 이삭은 그곳에 가서 살지 못하게 합니까? 그것은 이삭의 신앙을 위해서였습니다. 이것이 본문에 숨겨져 있는 보물입니다. 아브라함은 그 무엇보다 아들의 신앙이 우선이었고 그것을 위해 그렇게 애를 썼다고 성경은 말씀하고 있습니다. 아브라함은 혹 이삭이 가나안 여인과 결혼하여 하나님을 떠날까 염려해서 그 먼 곳까지 가서 아내를 구하게 했으며, 또한 자신을 이 땅으로 부르신 하나님의 뜻을 좇기 위해서 이삭이 고향으로 돌아가지 못하게 했습니다. 오직 아들의 신앙만이 아브라함의 관심사였습니다.

당신은 어떻습니까? 당신의 자녀에게 지금 물려주려고 하는 것은 무엇입니까? 세상적인 성공, 명예와 부, 출세와 신앙 가운데 한 가지를 택해야 한다면 당신은 과연 무엇을 선택하겠습니까? 아브라함처럼 주저 없이 신앙을 선택할 수 있겠습니까? 당신은 자녀에게 신앙적인 환경을 만들어주기 위해 최선을 다했습니까? 정말 자녀들에게 하나님과 그의 나라와 그의 의를 강조하고 있습니까? 당신 자신에게 이렇게 질문해보십시오. "나는 자녀들에게 신앙적인 환경을 만들어주기 위해 무엇을 희생하고 투자해왔는가?"

우리가 정말로 하나님이 살아 계신 것과 그가 자기를 찾는 자들에게 상 주시는 이심을 믿는다면 우리는 자녀들에게 무엇보다 하나님을 가르치고자 노력해야 합니다. 그 무엇을 희생해서라도 자녀에게 신앙적인 환경을 만들어주고자 노력해야 합니다. 이것은 남편과 아내 그리고 부모에 대해서도 마찬가지입니다. 이것이 복된 가정의 비결입니다. 가족 구성원 각자는 다른 식구들에게 신앙적인 환경을 만들어주기 위해 노력해야 합니다. 이 세상에서 내가 다른 가족에게 줄 수 있는 최대의 선물은 바로 그들의 신앙이 자라도록 도와주는 일임을 명심하시기 바랍니다.

명절에 가족들이 모일 때 이런 마음을 가지고 가시기 바랍니다. 오랜만에 가족들을 만나서 불평과 원망만 일삼다보면 돌아오는 걸음이 얼마나 쓸쓸합니까? 그렇게 하지 말고 기도하십시오. 짧은 만남의 시간 동안 그들이 당신으로 말미암아 신앙의 눈을 뜨도록 간절히 기도하고 떠나면 그들이 도전을 받을 것입니다. 때로는 놀라운 일이 일어납니다. 나는 별로 한 일이 없는데 웬일인지 그들의 마음이 열립니다. 남편은 아내에게, 아내는 남편에게, 부모는 자식에게, 자식은 부모에게, 서로의 신앙을 위해 애쓰고 수고하는 가정을 한번 꿈꿔보십시오. 이런 가정이 복 받은 가정입니다. 자손대대에 이르기까지 하나님의 복이 흘러넘칠 것입니다.

충성과 지혜로 서로 섬기라

두 번째로, 복된 가정을 이루기 위해서는 가족 구성원이 서로를 충성과 지혜로 섬겨야 합니다. 본문에서 가장 돋보이는 주인공은 누구일까요? 아브라함도 아니고 이삭도 아닙니다. 본문의 주인공은 엘리에셀입니다. 그는 비록 나이가 많아 늙었지만 주인이 맡긴 일을 정성을 다하여 감당합니다. 그는 주인의 말을 듣고 약대 열 필과 많은 선물들을 약대 등에 싣고 주인의 고향으로 떠납니다. 가나안에서 메소포타미아까지는 장장 700킬로미터가 넘습니다. 그 당시 자동차도 없이 그 먼 길을 가는 것을 상상해보십시오. 거기에다 신부에게 줄 선물을 약대에 잔뜩 싣고 갔으니 강도들의 표적이 되기에 딱 좋았습니다. 엘리에셀의 입장에서 더욱 곤혹스러웠던 것은 그곳에서 자신이 직접 신부감을 택해야 한다는 것이었습니다. 어느 집안의 누구라는 말도 없이 무조건 자기가 알아서 데려와야 합니다. 만약 그렇게 해서 신부감을 데리고 왔는데 아브라함이나 이삭이 마음에 들어하지 않으면 어쩌겠습니까? 엘리에셀이 느낀 부담감이 얼마나 컸겠습니까?

그러나 그는 그 길을 묵묵히 떠납니다. 마침내 아브라함의 고향 메소포타미아에 도착합니다. 당연히 목이 말랐을 것입니다. 그래서 약대들을 데리고 우물가에 가서 앉았습니다. 그런데 이렇게 메소포타미아에 도착한 엘리에셀이 처음으로 한 일은 무엇이었을까요? "그가 가로되 우리 주인 아브라함의 하나님 여호와여 원컨대 오늘날 나로 순적히 만나게 하사 나의 주인 아브라함에게 은혜를 베푸시옵소서" 창 24:12.

그가 제일 먼저 한 것은 기도였습니다. 하나님과의 관계가 바르지 않은 충성은 타인을 파멸로 이끕니다. 과거의 역사를 돌이켜보십시오. 얼마나 많은 사람들이 충성이라는 이름하에 불의를 행했는지 모릅니다. 그래서 복은커녕 양쪽 다 망하는 경우를 우리는 종종 보아왔습니다.

과거 박 대통령을 시해했던 김재규의 부하 가운데 박흥주라는 대령이 있었습니다. 그는 그리스도인이었습니다. 당시 중앙정보부 대령이면 하늘을 나는 새도 떨어뜨릴 수 있을 만큼 그 권세가 막강했습니다. 하지만 그는 매우 성실하고 검소한 사람이었습니다. 그런데 제가 보기에는 그분이 김재규의 대통령 시해 계획을 알고서도 하나님께 기도하지 않은 것 같습니다. 그렇게 큰일을 앞두고서, 그것도 한 나라의 대통령을 시해할 것이라는 사실을 알고서도 기도를 하지 않았다는 것은 그분이 하나님과 올바른 관계를 갖지 못했음을 보여주는 것입니다. 그가 엘리에셀처럼 그 일이 일어나기 전에 하나님께 무릎 꿇고 기도했더라면 그런 비극이 일어나지 않았을지도 모릅니다. 그리고 아마 그의 인생은 달라졌을 것입니다.

충성은 아무나 하는 것이 아닙니다. 가족에 대한 충성도 마찬가지입니다. 진정한 마음으로 가족을 사랑하기 위해서는 먼저 자신이 하나님께 나아가야 합니다. 기도의 삶을 살아야 합니다. 엘리에셀처럼 하나님과의 관계를 올바르게 한 다음에야 비로소 다른 식구를 사랑할 수 있고, 충성할 수 있음을 기억하기 바랍니다.

엘리에셀은 기도하는 가운데 한 가지를 간구합니다. "내가 이 우물가에 앉아 있으면 이제 소녀들이 물을 길러 올 것입니다. 그러면 제가 그들에게 물을 달라고 요청을 하겠습니다. 제가 물을 달라고 할 때 저에게 물을 줄 뿐 아니라 제가 요청하지 않아도 '당신의 약대에게도 물을 먹이리이까?' 하고 물을 길어 약대에게 물을 주는 그 여자가 하나님이 지정한 여자임을 제가 알게 하옵소서."

엘리에셀은 굉장히 지혜로운 사람이었습니다. 지금 그가 기도한 내용은 간단한 요청같지만 실제로는 그렇지 않습니다. 지금 그가 하고자 하는 일은 한 여자의 인격을 가늠해볼 수 있는 훌륭한 시험입니다. 엘리에셀은 먼 길을 걸어왔기 때문에 누가 보아도 한눈에 먼 곳에서 온 나그네임을 알 수 있을 것입니다. 그 먼 길을 오는 동안 얼마나 목이 마르고, 약대 역시 목이 마르지 않겠습니까? 사람에게 물 주는 것 정도는 누구나 할 수 있습니다. 그러나 이쪽에서 부탁하지도 않았는데 약대의 목마름까지 신경써주는 것은 아무나 할 수 있는 일이 아닙니다. 굉장히 사려 깊은 사람만이 할 수 있는 일입니다. 더군다나 약대 열 마리에게 물을 먹이는 것은 보통 일이 아닙니다.

약대는 보통 40갤런, 항아리 하나만큼의 물을 마신다고 합니다. 그러니까 엘레에셀이 끌고 온 약대 열 마리 전부에게 물을 먹이려면 물을 열 번이나 길어야 한다는 말인데, 이 일은 보통의 인내심으로는 할 수 없는 일입니다. 그뿐 아닙니다. 당시 우물은 두레박으로 물을 퍼올리는 것이 아니라 걸어 내려가서 물을 긷는, 타원형의 큰 저수지 같은 곳이었습니다. 그러니까 약대 전부에게 물을 먹이기 위해서는 열 번을 오르락내리락해야만 합니다. 과연 처음 보는 나그네를 위해 이 정도 수고를 할 여자가 어디 있겠습니까? 하지만 엘리에셀은 이삭의 신부감이 이 정도의 덕목을 갖춰야 한다고 생각해서 이런 기도를 드린 것입니다.

그가 얼마나 지혜로운지 한번 생각해보십시오. 그는 한 가정의 며느리로서나 아내로서 갖춰야 할 성품을 놓고 하나님께 기도드렸습니다. 이얼마나 훌륭한 시험 문제입니까? 이것이 오늘 본문이 우리에게 말씀하는 바입니다. 다른 사람을 사랑하고 가족에게 내 충성을 바치기 위해서는 충성뿐만 아니라 지혜도 필요하다는 것입니다. 모든 가족 구성원은 다른 식구를 사랑할 때 지혜가 필요합니다. 이것을 명심하십시오. 저는 목회를 하면 할수록 이것을 절감하게 됩니다. 마음은 착하고 다 좋은데 지혜가 없는 사람은 결국 악을 행하게 됩니다. 다른 사람의 가슴에 비수를 꽂고 맙니다.

당신은 가족에게 어떻게 하고 있는지 돌아보십시오. 가족에 대한 당신의 충성은 어떻습니까? 과연 지혜롭습니까? 혹 일방통행은 아닙니까? 상대방의 마음은 헤아리지 못하고 자신의 생각만을 강요하지는 않습니까? 사실 대부분의 가정불화가 여기에서 시작됩니다. 사려 깊게, 지혜롭게 상대방을 살펴야 하는데 늘 자기 방식으로 밀어붙입니다. 한 마디로 말하면 충성스럽고자 하는 마음은 있지만 지혜가 없는 것입니다.

보통 여자들은 무슨 일을 하든지 간에 먼저 마음이 열려야 합니다. 그리고 마음을 여는 데 시간이 오래 걸립니다. 하지만 남자는 충동적입니다. 그래서 자기가 할 만큼 했는데 여자가 따라와주지 않는다고 생각하면 화를 냅니다. "널 위해서 내가 이렇게 열심히 충성하는데 도대체 뭐가 불만이냐?" 그런데 여자는 전혀 그렇지 않습니다. 그게 사랑으로 와닿지 않는 것을 어떡합니까? 그래서 늘 서로 싸웁니다. 서로 사랑하지 않아서 그런 것은 아닙니다. 사랑하긴 하지만 사랑하는 방식이 틀려서 그렇습니다. 상대방의 마음을 열지 않고 하는 충성, 지혜가 없는 충성은 사랑이 아니라 스토킹입니다.

엘리에셀은 주인에게 충성할 때 그냥 충성한 것이 아닙니다. 다짜고짜 아무 여자나 데리고 왔더라면 이삭은 물론 아브라함의 마음에도 들지 않았을 것입니다. 그가 얼마나 지혜롭습니까? 우물가에서 지혜를 발휘해서 그렇게 기도했더니 어떻게 됐습니까? 그 동네에서 가장 아름답고 성격이 좋은 리브가가 와서는 그가 기도한 대로 행했습니다. "내가 당신의 약대에게도 물을 먹이리이까?" 하고서는 얼굴 한번 찡그리지 않고 약대 열 마리에게 물을 다 먹였습니다. 그는 자신이 기도한 대로 순적히 이삭의 아내를 구해 돌아왔습니다.

하나님과 깊은 교제를 가지라

세 번째로, 복된 가정을 이루기 위해서는 하나님과 깊은 교제가 있어야 합니다. 본문 마지막에는 참으로 아름다운 모습이 등장합니다. 제가 화가라면 그림으로 옮기고 싶은 장면입니다.

"이삭이 저물 때에 들에 나가 묵상하다가 눈을 들어 보매 약대들이 오더라 리브가가 눈을 들어 이삭을 바라보고 약대에서 내려 종에게 말하되 들에서 배회하다가 우리에게로 마주 오는 자가 누구뇨 종이 가로되 이는 내 주인이니이다 리브가가 면박을 취하여 스스로 가리우더라 종이 그 행한 일을 다 이삭에게 고하매 이삭이 리브가를 인도하여 모친 사라의 장막으로 들이고 그를 취하여 아내를 삼고 사랑하였으니 이삭이 모친 상사 후에 위로를 얻었더라" 창 24:63-67.

이 얼마나 아름다운 모습입니까? 그날 종이 돌아오고 있는데 이삭은 들에 나가 있었습니다. 그가 무엇을 하고 있었을까요? 도착할 신부를 기다리며 마음이 설레어 집에 있지 못하고 나와 있었던 것일까요? 본문을 그렇게 읽었다면 잘못 이해한 것입니다.

당시에는 전화도 없어서 종이 언제 돌아올지 전혀 예측할 수 없었습니다. 그런데 왜 이삭은 들에 나가 있었습니까? 그 구절을 다시 한 번 보십시오. "이삭이 저물 때에 들에 나가 묵상하다가"63절. 히브리어로 이 구절을 보면 이 일은 늘 습관적으로 해왔던 일임을 알 수 있습니다. 이삭은 지금 리브가를 맞이하기 위해서 들로 나간 것이 아닙니다. 황혼이 질 때면 언제나 들로 나가서 묵상하는 것이 이삭의 습관이었다고 성경은 말씀합니다. 다시 말하면 하나님을 깊이 묵상하는 것이 이삭의 삶의 일부였다는 것입니다. 지는 해를 바라보며 하나님과 교제를 하는 이삭을 한 번 상상해보십시오. 얼마나 아름다운 모습입니까?

가족을 가장 사랑하는 길은 내가 하나님 앞에 올바로 서는 것입니다. 내가 하나님과의 깊은 교제를 통해 하나님과 가까워지는 것이 내 가족을 사랑하는 지름길입니다. 왜냐하면 하나님이 없는 사랑과 충성은 맹목적인 집착에 불과하기 때문입니다. 가족에 대한 당신의 사랑을 한번 돌아보십시오. 얼마나 많은 사람들이 하나님과는 전혀 교제가 없으면서 가족을 사랑한다고 말하는지 모릅니다. 그래서 자신과 가족을 못살게 굽니다. 이것은 사랑이 아니고 집착입니다. 이렇게 하면 오히려 상대방에게 상처와 피해를 줄 뿐입니다.

가족을 진정으로 사랑하기 원합니까? 그러면 오늘 이삭처럼 날마다 시간을 정해놓고 하나님 앞에 나아가 당신의 영혼을 하나님께 드리십시오. 거기에 길이 있습니다.

복의 근원이 되라

1쇄 발행	2008년 10월 1일
2쇄 발행	2023년 7월 25일
지은이	박정근
펴낸이	고종율
펴낸곳	주)도서출판 디모데〈파이디온선교회 출판 사역 기관〉
등록	2005년 6월 16일 제 319-2005-24호
주소	서울특별시 서초구 서초대로 141-25(방배동, 세일빌딩)
전화	마케팅실 070) 4018-4141
팩스	마케팅실 02) 6919-2381
홈페이지	www.timothybook.com
ISBN	978-89-388-1388-6

ⓒ 2008 도서출판 디모데 All rights reserved. 〈Printed in Korea〉